Inhalt

Inhalt

So arbeitest du mit dem Abiturtraining

Methoden

Im Methodenteil findest du hilfreiche Tipps für deine Lernphase. Hier lernst du, wie du dein Lernen organisieren und optimieren kannst.

Methode

Den Arbeitsplatz organisieren

Wie du deine Lernumgebung gestaltest, hat direkten Einfluss darauf, wie erfolgreich und konzentriert du lernen und arbeiten kannst. Die folgenden Vorschläge helfen dir, dich und deine Umgebung optimal für die Lernphase vorzubereiten.

1 Ein organisierter Arbeitsplatz

Arbeitsplatz festlegen • Ein fester Ort zum Lernen lässt dich besser fokussieren. Ein separater Schreibtisch in ruhiger und heller Umgebung ist optimal. Das Bett ist zum Lernen nicht so gut geeignet, da dein Gehirn es mit dem Schlafen assoziiert. Wähle also deinen Schreibtisch als festen Arbeitsplatz für die Prüfungsvorbereitung.

Alles griffbereit haben • Halte deinen Schreibtisch so leer wie möglich. Lege nur die Materialien bereit, die du für deine Lernphase brauchst. Dazu gehören z. B. deine Aufzeichnungen aus dem Unterricht, dein Schulbuch, Papier und Schreibmaterial sowie ein Laptop oder Tablet.

Viel trinken • Stelle dir gleich zu Beginn ein großes Glas Wasser bereit. Bei so viel Denksport benötigt dein Gehirn ausreichend Flüssigkeit. Achte deshalb darauf, beim Lernen regelmäßig zu trinken.

Frische Luft tanken • Dein Gehirn braucht beim Lernen viel Sauerstoff und deshalb frische Luft. Am besten öffnest du vor dem Lernen und auch währenddessen regelmäßig die Fenster.

Ablenkungen minimieren • Stelle sicher, dass dich dein Handy beim Lernen nicht ablenkt. Pausiere unnötige Apps oder nutze extra Konzentrationsapps, um dich in der Lernphase nicht ablenken zu lassen. Falls du dein Handy gerade nicht zum Lernen brauchst, kannst du es in ein anderes Zimmer legen. Kopfhörer oder Ohrstöpsel können dir dabei helfen, dich nicht von Geräuschen in deiner Umgebung stören zu lassen.

Angenehme Atmosphäre schaffen • Wenn du deine Umgebung individuell gestaltest, z. B. mit Pflanzen, kann das dazu beitragen, dass du dich beim Lernen wohlfühlst. Das ist wichtig, damit du deine Lernphase mit positiven Eindrücken verbindest und deine Motivation steigt. Achte aber auch auf genug Platz und wenige Ablenkungen.

Lernoutfit tragen • Vermeide es, locker im Pyjama zu lernen. Wenn du für deine Lernphase stattdessen Kleidung wählst, die du auch in deiner Prüfungssituation anziehen würdest, kann das deine Konzentrationsfähigkeit und Lernbereitschaft fördern.

Gemeinsam lernen • Sich online oder offline mit anderen zum Lernen zu verabreden, kann motivieren. Ihr könnt ruhig nebeneinander lernen oder euch Lerninhalte gegenseitig abfragen und erklären. Im Internet findest du auch Videos, in denen Menschen für mehrere Stunden konzentriert lernen und arbeiten (Suchbegriff: "study with me"). Dadurch fühlst du dich in deiner Lernphase nicht allein und wirst motiviert, deine Lernzeit sinnvoll zu nutzen.

Ein aufgeräumter und organisierter Arbeitsplatz hilft dir dabei, motiviert und fokussiert zu lernen.

12

Methode

10 Tipps für deine Lernphase

Du sitzt endlich am Schreibtisch und möchtest anfangen zu lernen. Hier sind 10 Tipps für dich, mit denen du deine Lernphase bis zum Abi erfolgreich nutzen und dein Lernen effizienter gestalten kannst.

1 Ausreichend schlafen • Schlaf ist besonders wichtig, damit dein Gehirn die erlernten Inhalte verarbeiten und ins Langzeitgedächtnis übernehmen kann. Nur mit ausreichend Schlaf kannst du am nächsten Tag ausgeruht starten und produktiv sein. Daher sollte ausreichend erholsamer Schlaf für dich eine hohe Priorität haben.

2 Überblick verschaffen • Mache dir einen Überblick, wie viele Tage dir bis zur Prüfung zur Verfügung stehen und was du bis dahin können musst. Indem du deine Ziele und Lernzeiten planst, kannst du besser einschätzen, wie viel Zeit dir für die einzelnen Lernfelder bleibt.

3 Produktiv sein • Kenne und nutze deine produktivste Phase am Tag. Morgens können sich viele Menschen am besten konzentrieren. Nach Mahlzeiten hat man meistens ein Konzentrationstief. Du siehst dich eher als Nachteule? Wenn du nachts lernen möchtest, verwechsle eine produktive Lernphase nicht mit gestresstem, übermüdetem Pauken.

4 Prokrastination vermeiden • Du schiebst dein Lernen immer vor dir her und kommst mit der Prüfungsvorbereitung nicht voran? Prokrastinieren ist ein Schutzmechanismus deines Gehirns, um dich vor Stress zu schützen. Besonders beim Lernen für das Abitur scheint die Menge an Lerninhalten ein unüberwindbares Hindernis und sorgt für Stress. Suche dir aktiv Möglichkeiten, um deinen Stress zu managen. So kannst du deinem Gehirn signalisieren, dass alles in Ordnung ist. Wenn du dir den Lernstoff in kleinere Portionen einteilst, wirkt der Aufwand machbar und nicht so überwältigend. Setze dir daher lieber mehrere kleine Lernziele statt einem großen.

5 Zeiten einteilen • Lerne in festgelegten Zeitblöcken. Du musst nicht 24/7 produktiv sein. Pausen sind sogar sehr wichtig für das Lernen. Nutze hierfür z. B. die Pomodoro-Technik. Dabei dauert eine Arbeitsphase 25 min mit anschließend 5 min Pause. Nach vier Arbeitsdurchgängen legst du eine längere Pause ein. Die Zeitspannen kannst du natürlich individuell an deine Bedürfnisse anpassen.

6 Pausen machen • Mache genügend erholsame Pausen. Diese sind wichtig, damit dein Kopf das Gelernte verarbeiten kann. Nach einer Pause bist du dann wieder aufnahmefähig und kannst effektiv weiterarbeiten. Nach einer erfolgreichen Lernphase solltest du dich auch belohnen. Triff dich mit Freunden, mache Sport, bewege dich an der frischen Luft oder gehe anderen Offline-Hobbys nach. Es ist daher sinnvoll, wenn du dir deinen Tag vorher in produktive Phasen, Pausen und Freizeit einteilst. Achte also darauf, dass du dich beim Lernen konzentrieren kannst.

7 Fragen formulieren • Sich Lösungen und Zusammenfassungen durchzulesen, reicht für ein umfassendes Verständnis meistens nicht aus. Versuche, vor und nach dem Lernen eines Themas aktiv Fragen zu formulieren und zu beantworten. Nur so kannst du dich selbst überprüfen und feststellen, ob du alles Notwendige verstanden und Wissenslücken geschlossen hast.

8 Hilfsmittel verwenden • Es gibt viele Hilfsmittel und Medien, um ein schwieriges Thema besser zu verstehen. Es kann hilfreich sein, sich die Erklärung eines Themas von mehreren Quellen (z. B. Schulbuch, Websites, Erklärvideos) einzuholen. Pass auf, dass die Inhalte dabei relevant und die Quellen vertrauenswürdig sind.

9 Recherchieren • Um tiefere Zusammenhänge zu erkennen, kann es dir helfen, zusätzliche Infos zu recherchieren. Diese bieten deinem Gehirn mehr Anknüpfungspunkte und du kannst dir die notwendigen Inhalte besser merken.

10 Aus Fehlern lernen • Du wirst bei der Prüfungsvorbereitung immer wieder Fehler machen. Lass dich davon nicht abschrecken. Fehler zu machen ist hilfreich und sogar wichtig für den Lernfortschritt. Sie helfen dir, Schwierigkeiten zu erkennen, aus ihnen zu lernen und dich zu verbessern.

2 Gutes Planen zahlt sich aus

13

Inhaltsteil Abiturwissen und Übungsaufgaben

Im Inhaltsteil findest du zu jedem Thema eine Einstiegsseite mit zwei QR-Codes und eine „Ich kann"-Liste zum Abhaken.

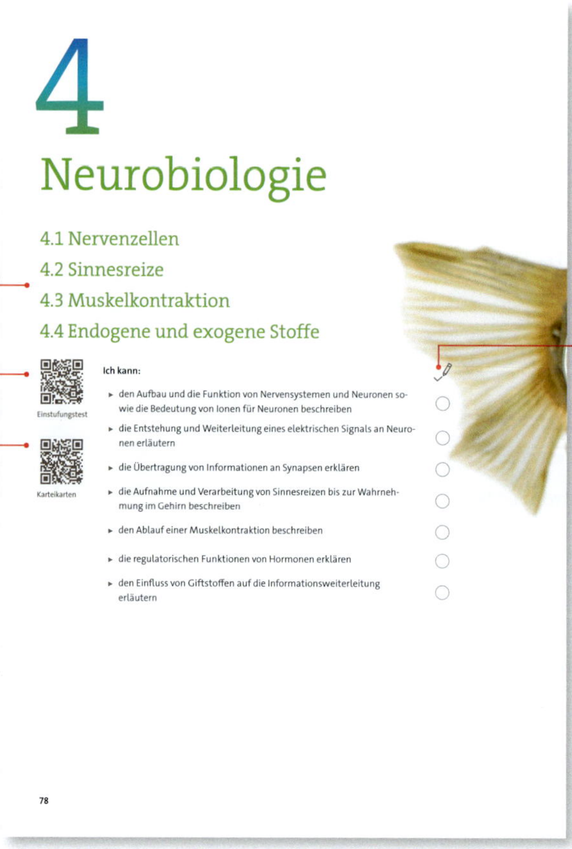

4

Neurobiologie

4.1 Nervenzellen
4.2 Sinnesreize
4.3 Muskelkontraktion
4.4 Endogene und exogene Stoffe

Einstufungstest

Karteikarten

Ich kann:

- den Aufbau und die Funktion von Nervensystemen und Neuronen sowie die Bedeutung von Ionen für Neuronen beschreiben
- die Entstehung und Weiterleitung eines elektrischen Signals an Neuronen erläutern
- die Übertragung von Informationen an Synapsen erklären
- die Aufnahme und Verarbeitung von Sinnesreizen bis zur Wahrnehmung im Gehirn beschreiben
- den Ablauf einer Muskelkontraktion beschreiben
- die regulatorischen Funktionen von Hormonen erklären
- den Einfluss von Giftstoffen auf die Informationsweiterleitung erläutern

78

Unterkapitel

QR-Code für Einstufungstest

QR-Code für Karteikarten

„Ich kann"-Liste zum Abhaken

Abiturwissen

Zu jedem Thema findest du die abiturrelevanten Themen in übersichtlichen Boxen zusammengefasst.

QR-Code für Zusatzinhalte

Merksätze in grün

Kreise zum Abhaken der gelernten Boxen

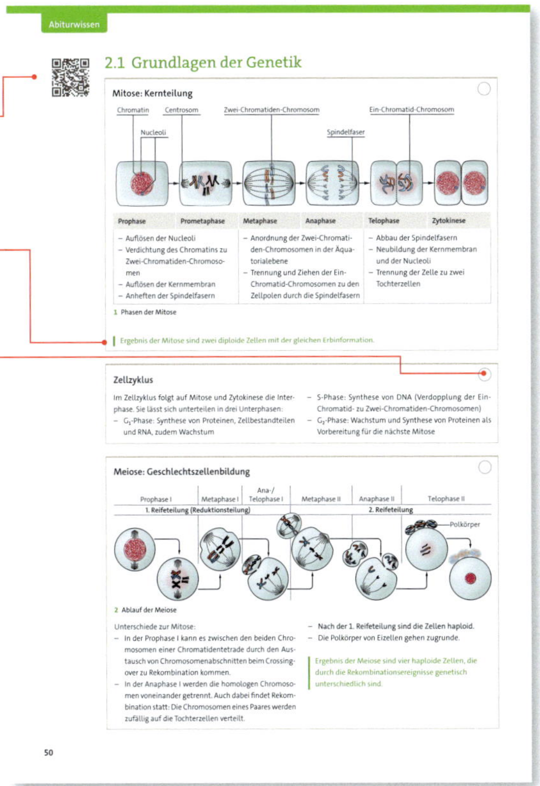

Check-up

Im Check-up zu jedem Thema kannst du dein Wissen an realistischen Übungsaufgaben testen.

Umfangreiche Aufgaben auf Abiturniveau

QR-Code für Lösungen

Kurze Aufgaben

Zeichenbereich für Aufgaben

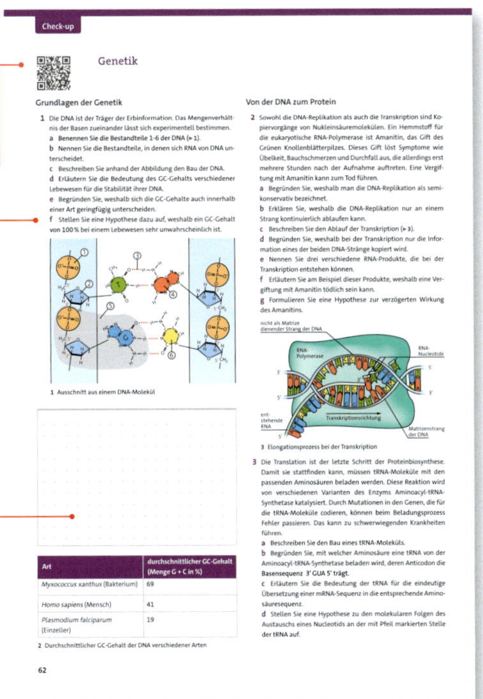

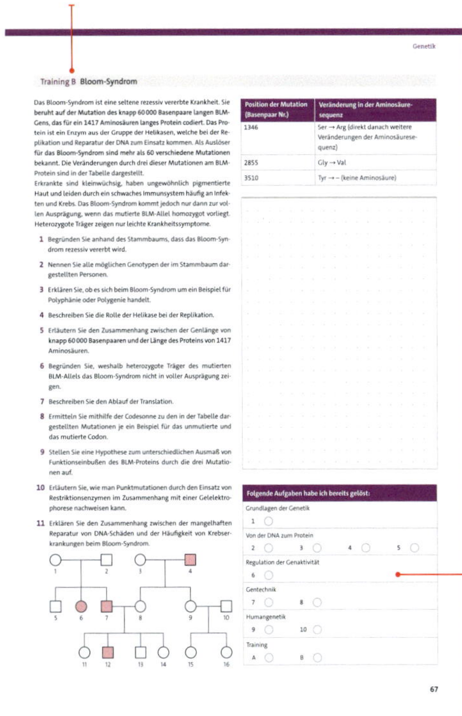

Tabelle zum Abhaken gelöster Aufgaben

Klausurtraining

Mit den originalen Abituraufgaben kannst du dich testen und optimal auf die Realbedingungen vorbereiten.

Ein QR-Code führt dich zu den Beispiellösungen der Klausur

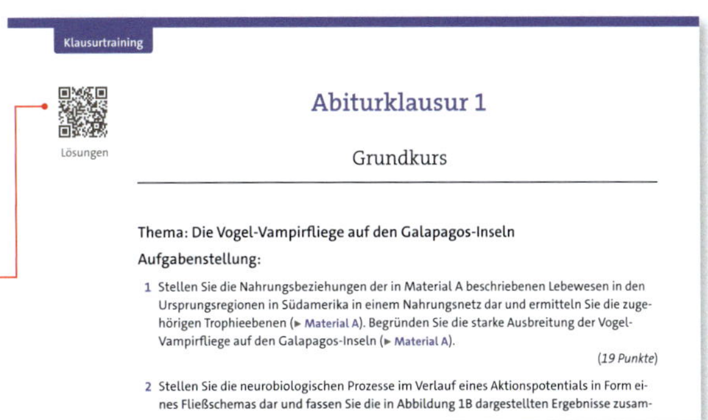

Dein Lerntracker

Für eine optimale Vorbereitung ist es wichtig, dass du dir deine Ziele in Lernphasen einteilst. Mit einem Lerntracker kannst du deinen Lernfortschritt planen und festhalten.

Thema/Aufgabe	Beginn	Ende	Kommentar	
Methoden zum Lernen				○
				○
				○
				○
				○
				○
				○
				○
				○
				○
				○
				○
				○
				○
				○
				○
				○
				○
				○
				○
				○

Methoden

- Den Arbeitsplatz organisieren
- 10 Tipps für deine Lernphase
- Assoziatives Lernen
- Sachverhalte visualisieren
- Active Recall
- Richtig recherchieren
- Texte verstehen
- Diagramme auswerten
- Abbildungen verstehen
- Versuchsprotokolle anlegen
- Aufgaben verstehen – Operatoren
- Eine mündliche Prüfung vorbereiten

Den Arbeitsplatz organisieren

Wie du deine Lernumgebung gestaltest, hat direkten Einfluss darauf, wie erfolgreich und konzentriert du lernen und arbeiten kannst. Die folgenden Vorschläge helfen dir, dich und deine Umgebung optimal für die Lernphase vorzubereiten.

1 Ein organisierter Arbeitsplatz

Arbeitsplatz festlegen • Ein fester Ort zum Lernen lässt dich besser fokussieren. Ein separater Schreibtisch in ruhiger und heller Umgebung ist optimal. Das Bett ist zum Lernen nicht so gut geeignet, da dein Gehirn es mit dem Schlafen assoziiert. Wähle also deinen Schreibtisch als festen Arbeitsplatz für die Prüfungsvorbereitung.

Alles griffbereit haben • Halte deinen Schreibtisch so leer wie möglich. Lege nur die Materialien bereit, die du für deine Lernphase brauchst. Dazu gehören z. B. deine Aufzeichnungen aus dem Unterricht, dein Schulbuch, Papier und Schreibmaterial sowie ein Laptop oder Tablet.

Viel trinken • Stelle dir gleich zu Beginn ein großes Glas Wasser bereit. Bei so viel Denksport benötigt dein Gehirn ausreichend Flüssigkeit. Achte deshalb darauf, beim Lernen regelmäßig zu trinken.

Frische Luft tanken • Dein Gehirn braucht beim Lernen viel Sauerstoff und deshalb frische Luft. Am besten öffnest du vor dem Lernen und auch währenddessen regelmäßig die Fenster.

Ablenkungen minimieren • Stelle sicher, dass dich dein Handy beim Lernen nicht ablenkt. Pausiere unnötige Apps oder nutze extra Konzentrationsapps, um dich in der Lernphase nicht ablenken zu lassen. Falls du dein Handy gerade nicht zum Lernen brauchst, kannst du es in ein anderes Zimmer legen. Kopfhörer oder Ohrstöpsel können dir dabei helfen, dich nicht von Geräuschen in deiner Umgebung stören zu lassen.

Angenehme Atmosphäre schaffen • Wenn du deine Umgebung individuell gestaltest, z. B. mit Pflanzen, kann das dazu beitragen, dass du dich beim Lernen wohlfühlst. Das ist wichtig, damit du deine Lernphase mit positiven Eindrücken verbindest und deine Motivation steigt. Achte aber auch auf genug Platz und wenige Ablenkungen.

Lernoutfit tragen • Vermeide es, locker im Pyjama zu lernen. Wenn du für deine Lernphase stattdessen Kleidung wählst, die du auch in deiner Prüfungssituation anziehen würdest, kann das deine Konzentrationsfähigkeit und Lernbereitschaft fördern.

Gemeinsam lernen • Sich online oder offline mit anderen zum Lernen zu verabreden, kann motivieren. Ihr könnt ruhig nebeneinander lernen oder euch Lerninhalte gegenseitig abfragen und erklären. Im Internet findest du auch Videos, in denen Menschen für mehrere Stunden konzentriert lernen und arbeiten (Suchbegriff: "study with me"). Dadurch fühlst du dich in deiner Lernphase nicht allein und wirst motiviert, deine Lernzeit sinnvoll zu nutzen.

> Ein aufgeräumter und organisierter Arbeitsplatz hilft dir dabei, motiviert und fokussiert zu lernen.

10 Tipps für deine Lernphase

Du sitzt endlich am Schreibtisch und möchtest anfangen zu lernen. Hier sind 10 Tipps für dich, mit denen du deine Lernphase bis zum Abi erfolgreich nutzen und dein Lernen effizienter gestalten kannst.

1 **Ausreichend schlafen** • Schlaf ist besonders wichtig, damit dein Gehirn die erlernten Inhalte verarbeiten und ins Langzeitgedächtnis übernehmen kann. Nur mit ausreichend Schlaf kannst du am nächsten Tag ausgeruht starten und produktiv sein. Daher sollte ausreichend erholsamer Schlaf für dich eine hohe Priorität haben.

2 **Überblick verschaffen** • Mache dir einen Überblick, wie viele Tage dir bis zur Prüfung zur Verfügung stehen und was du bis dahin können musst. Indem du deine Ziele und Lernzeiten planst, kannst du besser einschätzen, wie viel Zeit dir für die einzelnen Lernfelder bleibt.

3 **Produktiv sein** • Kenne und nutze deine produktivste Phase am Tag. Morgens können sich viele Menschen am besten konzentrieren. Nach Mahlzeiten hat man meistens ein Konzentrationstief. Du siehst dich eher als Nachteule? Wenn du nachts lernen möchtest, verwechsle eine produktive Lernphase nicht mit gestresstem, übermüdetem Pauken.

4 **Prokrastination vermeiden** • Du schiebst dein Lernen immer vor dir her und kommst mit der Prüfungsvorbereitung nicht voran? Prokrastinieren ist ein Schutzmechanismus deines Gehirns, um dich vor Stress zu schützen. Besonders beim Lernen für das Abitur scheint die Menge an Lerninhalten ein unüberwindbares Hindernis und sorgt für Stress. Suche dir aktiv Möglichkeiten, um deinen Stress zu managen. So kannst du deinem Gehirn signalisieren, dass alles in Ordnung ist. Wenn du dir den Lernstoff in kleinere Portionen einteilst, wirkt der Aufwand machbar und nicht so überwältigend. Setze dir daher lieber mehrere kleine Lernziele statt einem großen.

5 **Zeiten einteilen** • Lerne in festgelegten Zeitblöcken. Du musst nicht 24/7 produktiv sein. Pausen sind sogar sehr wichtig für das Lernen. Nutze hierfür z. B. die Pomodoro-Technik. Dabei dauert eine Arbeitsphase 25 min mit anschließend 5 min Pause. Nach vier Arbeitsdurchgängen legst du eine längere Pause ein. Die Zeitspannen kannst du natürlich individuell an deine Bedürfnisse anpassen.

6 **Pausen machen** • Mache genügend erholsame Pausen. Diese sind wichtig, damit dein Kopf das Gelernte verarbeiten kann. Nach einer Pause bist du dann wieder aufnahmefähig und kannst effektiv weiterarbeiten. Nach einer erfolgreichen Lernphase solltest du dich auch belohnen. Triff dich mit Freunden, mache Sport, bewege dich an der frischen Luft oder gehe anderen Offline-Hobbys nach. Es ist daher sinnvoll, wenn du dir deinen Tag vorher in produktive Phasen, Pausen und Freizeit einteilst. Achte also darauf, dass du dich beim Lernen konzentrieren kannst.

7 **Fragen formulieren** • Sich Lösungen und Zusammenfassungen durchzulesen, reicht für ein umfassendes Verständnis meistens nicht aus. Versuche, vor und nach dem Lernen eines Themas aktiv Fragen zu formulieren und zu beantworten. Nur so kannst du dich selbst überprüfen und feststellen, ob du alles Notwendige verstanden und Wissenslücken geschlossen hast.

8 **Hilfsmittel verwenden** • Es gibt viele Hilfsmittel und Medien, um ein schwieriges Thema besser zu verstehen. Es kann hilfreich sein, sich die Erklärung eines Themas von mehreren Quellen (z. B. Schulbuch, Websites, Erklärvideos) einzuholen. Pass auf, dass die Inhalte dabei relevant und die Quellen vertrauenswürdig sind.

9 **Recherchieren** • Um tiefere Zusammenhänge zu erkennen, kann es dir helfen, zusätzliche Infos zu recherchieren. Diese bieten deinem Gehirn mehr Anknüpfungspunkte und du kannst dir die notwendigen Inhalte besser merken.

10 **Aus Fehlern lernen** • Du wirst bei der Prüfungsvorbereitung immer wieder Fehler machen. Lass dich davon nicht abschrecken. Fehler zu machen ist hilfreich und sogar wichtig für den Lernfortschritt. Sie helfen dir, Schwierigkeiten zu erkennen, aus ihnen zu lernen und dich zu verbessern.

2 Gutes Planen zahlt sich aus

Assoziatives Lernen

Wenn dir monotones Wiederholen beim Lernen nicht mehr weiter hilft, versuche es mal mit dem assoziativen Lernen. Das assoziative Lernen ist eine wirksame Methode, um sich Wissen mithilfe von Verknüpfungen schnell und erfolgreich zu merken. So entgehst du dem stumpfen Auswendiglernen und gestaltest dein Lernen dynamischer.

Assoziationen und Vorwissen • Das Wort *assoziieren* bedeutet so viel wie *verknüpfen, vernetzen* oder *verbinden*. Es handelt sich bei Assoziationen um Vorstellungen, die einer Person schnell zu einem bestimmten Thema einfallen. Über Assoziationen werden neue Inhalte mit deinem Vorwissen verknüpft. Also mit dem Wissen, das du bereits hast, bevor du dich mit einem Thema intensiver auseinandersetzt. Dein Vorwissen bietet dir dann Anknüpfungspunkte für das neue Wissen. Mithilfe dieser Vernetzung kannst du das verknüpfte Wissen schneller abrufen. Der Vorteil dieser Technik ist, dass sie ganz individuell genutzt werden kann. Kreativität kann hierbei besonders hilfreich sein, denn kreative Verknüpfungen erleichtern dir später, das Gelernte abzurufen.

> Beim assoziativen Lernen verknüpfst du neue Inhalte mit deinem Vorwissen. Dadurch kannst du das neu erlernte Wissen einfacher abrufen.

Assoziationsmethode • Diese Methode kannst du auf verschiedene Arten für dich nutzen. Am besten trägst du dein Vorwissen zunächst zusammen, um anschließend neue Inhalte damit zu verknüpfen. Dazu gibt es unterschiedliche Darstellungsformen. Du kannst dein Vorwissen in einer einfachen Liste mit Stichpunkten notieren. Du könntest aber auch visualisierende Assoziationssterne oder umfangreichere ABC-Listen nutzen. Bei einem Assoziationsstern handelt es sich um einen Stern mit beliebig vielen Zacken. In die Mitte des Sterns schreibst du das übergeordnete Thema und an den Zacken notierst du deine Assoziationen.

ABC-Listen • Bei ABC-Listen notierst du zunächst die Buchstaben des Alphabets untereinander. Als Überschrift dient das Thema, zu dem die ABC-Liste angelegt wird. Die Begriffe, die du mit dem Thema assoziierst, notierst du bei dem entsprechenden Anfangsbuchstaben. Die Begriffe können unabhängig von der alphabetischen Reihenfolge aufgeschrieben werden. Du kannst dabei einzelne Buchstaben freilassen oder auch mehrere Wörter zu einem Buchstaben zuordnen.

Wenn du diese Methoden zu unterschiedlichen Zeitpunkten des Lernprozesses durchführst, wirst du deinen Wissenszuwachs bemerken.

Merksätze • Auch während des Lernens kannst du visualisierte Übersichten verwenden, um deinen Wissensstand zu reflektieren und neue Informationen mit deinem Vorwissen zu verknüpfen (▸ S. 15). Wie kannst du dir aber besonders schwer zu merkende Fachbegriffe, Formeln und Abfolgen einprägen? Hier profitierst du besonders von kreativen oder skurrilen Eselsbrücken und Merksätzen. Im Internet findest du zu vielen Abi-Themen bereits gute Merksätze. Nimm dir daher bei einem schwierigen Thema am Anfang kurz Zeit für eine passende Assoziation und lerne dadurch einfacher und schneller.

Loci-Methode • Bei der Loci-Methode bringst du Lerninhalte in eine gedankliche Bildreihenfolge und verknüpfst diese mit einem bekannten Ort. Dadurch entwickelst du eine kleine Geschichte. Schaue dich beispielsweise in deinem Zimmer um. Bestimmte Möbelstücke kannst du mit einer wichtigen Info verknüpfen. Je mehr du diese Info verbildlichen und mit dem Möbelstück in eine Geschichte einspannen kannst, desto leichter wird es dir fallen, dich an die Informationen zu erinnern.

1 **Überlege dir, wie du das Thema Zellzyklus mithilfe der Loci-Methode visualisieren könntest.**

1 Beispiel einer möglichen Verknüpfungsroute zur Loci-Methode in einem Zimmer

Sachverhalte visualisieren

Du kannst Lerninhalte in verschiedener Form visuell darstellen und strukturieren. Mit diesen Techniken machst du dir Themen übersichtlicher und leichter zugänglich. Du bekommst einen Überblick darüber, welche Inhalte für ein bestimmtes Thema relevant sind. Dadurch nimmst du eventuelle Wissenslücken wahr und kannst sie dann mit den passenden Inhalten füllen.

Mind-Map • Notizen solltest du beim Lernen abwechslungsreich und dynamisch gestalten, um das assoziative Denken zu verstärken. Ein effektives Denkwerkzeug dafür ist die Mind-Map. Wenn du eine Mind-Map erstellen willst, positionierst du das Thema in der Mitte des Blattes (▶ 2). Vom Thema aus ziehst du mehrere Linien mit Oberbegriffen. Davon gehen wiederum weitere Linien mit Unterbegriffen aus. Mithilfe von Größe, Farben, Symbolen und Pfeilen kannst du Hierarchien und Kategorien hervorheben. Diese Technik kann im Kontext von Brainstorming, aber auch bei gezielten Zusammenfassungen genutzt werden.

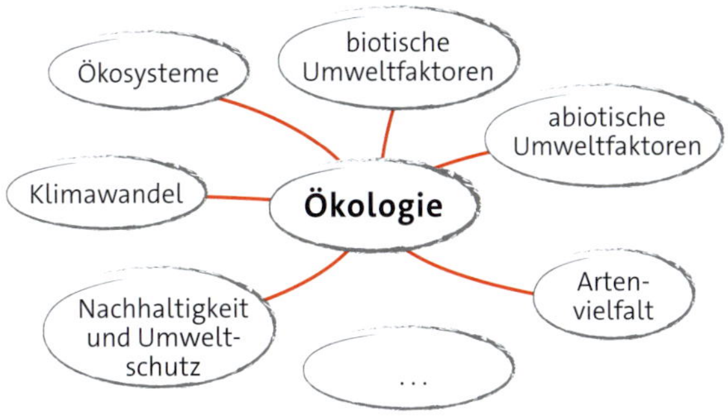

2 Mind-Map zum Thema Ökologie

Concept-Map • Bei einer Concept-Map (▶ 3) geht es um die Darstellung von Begriffshierarchien und deren Beziehung zueinander. Dadurch kannst du komplexe Sachverhalte und logische Verbindungen visualisieren. Das Thema steht ganz oben. Ausgehend von diesem entwickelst du die Concept-Map. Die zentralen Begriffe stehen in logischen Beziehungen zueinander, was mithilfe von Pfeilen dargestellt wird. An die Pfeile wird jeweils die logische Beziehung geschrieben, zum Beispiel: *ist Teil von, besteht aus, ist größer als, führt zu, bewirkt, weil,* etc.

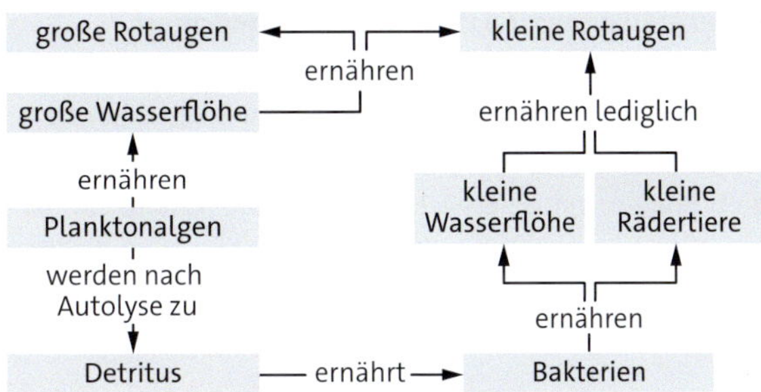

3 Concept-Map zu Nahrungsbeziehungen eines Sees

Venn-Diagramm • Beim Vergleichen stellst du zwei Inhalte nebeneinander und suchst Gemeinsamkeiten und Unterschiede. Dadurch kann es dir gelingen, besondere Merkmale zu verdeutlichen. Dein Gehirn setzt sich beim Vergleichen tiefer mit dem Inhalt auseinander, als wenn du ihn isoliert betrachtest. Du kannst Vergleiche in einer Tabelle darstellen oder auch ein Venn-Diagramm nutzen (▶ 4). Ein Venn-Diagramm besteht aus zwei Kreisen, die sich in der Mitte überlappen können. In die einzelnen Kreisteile schreibst du die Aspekte, die für die einzelnen Sachverhalte typisch sind. In dem mittleren sich überschneidenden Teil notierst du die Gemeinsamkeiten. Auch der Vergleich von drei Sachverhalten ist mit einem Venn-Diagramm möglich.

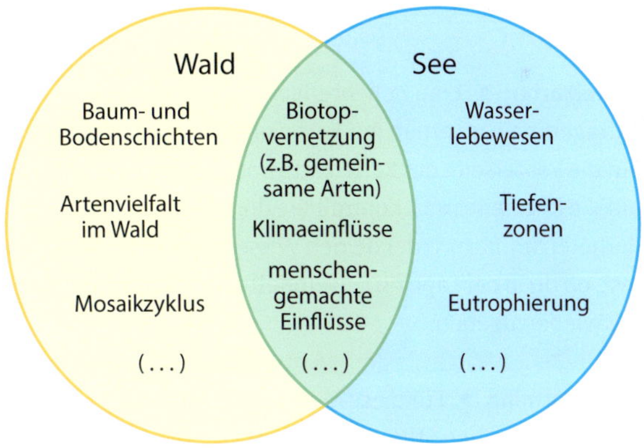

4 Venn-Diagramm zum Ökosystem Wald und See

1 Probiere hier deine bevorzugte Variante aus und strukturiere dein Wissen zum Thema Biotische Umweltfaktoren.

Active Recall

Lesen, markieren und Stichpunkte aufschreiben allein helfen dir beim Lernen nicht weiter? Mit der Methode des aktiven Abrufens von Lerninhalten (Active Recall) lernst du gezielt, festigst das erworbene Wissen nachhaltig und erkennst offene Baustellen, an denen du noch arbeiten musst.

Ziel der Methode • Die Methode des Active Recalls setzt auf ein aktives Auseinandersetzen mit den Lerninhalten. Dabei stellst du dir bewusst Fragen zu thematischen Schwerpunkten, fasst dein Wissen zum Thema zusammen und erklärst Zusammenhänge mit eigenen Worten. So regst du intensives Nachdenken an und sorgst für einen langfristigen Lernerfolg.

Meistens basiert diese Technik darauf, dass du die thematischen Grundlagen bereits verstanden und dir Vorwissen angeeignet hast. Trotzdem kannst du dir bereits vor der Erarbeitung eines Lerninhaltes Fragen stellen, die du im Laufe der Erarbeitungsphase beantworten möchtest.

Umsetzung • Verschaffe dir zuerst einen Überblick zu einem Lernfeld. Formuliere währenddessen und danach gezielt Fragen, mit deren Antworten du die Inhalte sinnvoll wiedergeben, beschreiben und vergleichen kannst. Diese Fragen können kurz sein oder auch einen prüfungsähnlichen Charakter haben.

> Beim Active Recall stellt man sich gezielt Fragen und beantwortet sie mit Fachbegriffen und in eigenen Worten.

In diesem Abi-Trainer findest du QR-Codes zu passenden digitalen Karteikarten auf den Einstiegsseiten der Themenbereiche.

Karteikarten • Eine beliebte Technik, um sein Wissen abzufragen, ist das Lernen mit Karteikarten. Schreibe die Frage auf die Vorderseite der Karteikarte und eine genaue Antwort auf die Rückseite (▸ 1). Kontrolliere durch regelmäßiges Wiederholen immer wieder deinen Wissensstand. So stellst du fest, ob du in der Lage bist, die Inhalte korrekt und vollständig wiederzugeben.

Brainstorming • Für diese Methode nimmst du dir ein leeres Blatt und einen Stift und versuchst zu einem Überthema alle gelernten Informationen aus dem Kopf aufzuschreiben. Dabei muss nicht alles vollständig sein. Denn diese Methode eignet sich besonders gut, um noch vorhandene Wissenslücken aufzuzeigen. Du kannst anschließend die Lücken füllen, Fehler verbessern und die Methode wiederholen. Ein Brainstorming hilft dir dabei, dein Wissen abzubilden und zu strukturieren.

Bevor du mit dem Lernen beginnst, schreibe alle Fachwörter und Begriffe auf ein leeres Blatt, die dir zu dem Thema des Kapitels einfallen. Nun kannst du dich genauer mit dem Inhalt beschäftigen. Dafür schaust du dir z. B. in diesem Prüfungstrainer eine Lernbox im Bereich Abiturwissen an. Wenn du den Inhalt verstanden hast, schließe das Buch und nimm dir wieder ein leeres Blatt. Versuche so viele der gelernten Informationen wie möglich korrekt aufzuschreiben. Danach vergleichst du deine Notizen mit der Lernbox und füllst die Lücken auf. Wiederhole die Methode, bis du zufrieden bist. Du kannst diese Methode in zeitlichen Abständen immer wieder wiederholen, um deinen Wissensstand im kleineren oder größeren Umfang zu testen.

Erklären • Etwas mit eigenen Worten zu erklären, ist die beste Art, um festzustellen, ob du Inhalte wirklich verstanden hast und aus dem Gedächtnis abrufen kannst. Inhalte zu verstehen und sich langfristig zu merken gelingt dir besser, wenn du versuchst, dir selbst oder einer anderen Person diese Inhalte zu erklären. Diese Technik kannst du allein üben, indem du mit dir selbst sprichst, oder auch mit anderen: einem Haustier, einem Familienmitglied oder Freunden. Dadurch bist du gezwungen, mit eigenen Worten Zusammenhänge verständlich darzustellen. Durch Nachfragen vom Gegenüber musst du spontan agieren. Dabei merkst du schnell, ob du alles richtig verstanden hast und welche Inhalte du dir noch einmal genauer anschauen musst. Dabei kann es sich auch lohnen, die Situation wie ein Interview oder eine mündliche Prüfung zu gestalten. So können auch bewusst schwierige Nachfragen gestellt werden, auf die man antworten muss. Das hilft sowohl der fragenden als auch der antwortenden Person.

> Übe immer wieder, die wichtigsten Lerninhalte zu erklären und mit eigenen Worten wiederzugeben.

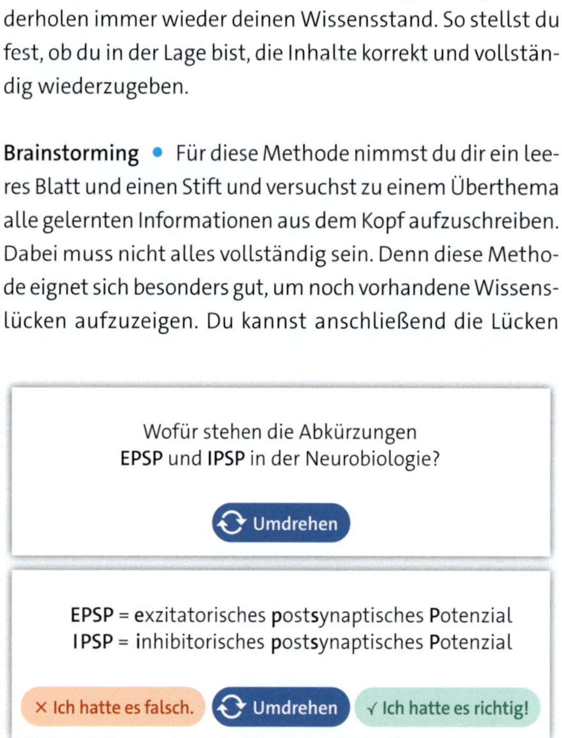

1 Karteikarte zum postsynaptischen Potenzial

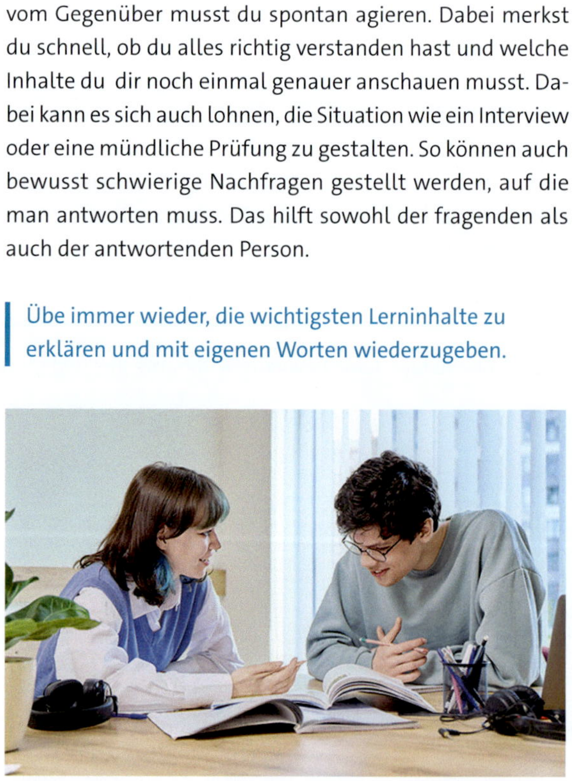

2 Gegenseitiges Erklären hilft, sich aktiv zu erinnern

Richtig recherchieren

Bei einer Recherche geht es darum, selbstständig Informationen zu ermitteln und Nachforschungen anzustellen. Hierbei kannst du unterschiedliche Quellen und Medien nutzen. Insbesondere dein Schulbuch und die Suche im Internet können dir helfen, schnell an das benötigte Wissen zu gelangen.

Schulbuch • Eine effektive Variante, um deine Wissenslücken bei Unklarheiten zu schließen, ist die Schulbuch-Recherche. Das Schulbuch bietet dir unterschiedliche Merkmale, die dir dabei helfen können, offene Fragen zu beantworten.

Das Inhaltsverzeichnis findest du vorne im Schulbuch. Dort hast du einen Überblick über alle Kapitel des Buches und kannst nach Themen entsprechend den Titeln der einzelnen Kapitel suchen. Folglich handelt es sich bei diesem Vorgehen nicht um eine detaillierte Suche, sondern um eine Auswahl passender Themen für eine grobe Orientierung.

Dem gegenüber steht die detaillierte Recherche mithilfe des Registers. Das Register befindet sich hinten im Schulbuch und beinhaltet konkrete Begriffe, die in den einzelnen Texten des Buches genannt werden. Zu den alphabetisch geordneten Fachbegriffen sind die jeweiligen Seitenzahlen vermerkt, auf denen du Informationen zu dem gewählten Sachverhalt findest. Das bietet dir eine detaillierte Übersicht und du kannst Begriffe und Themen gezielter finden und nachlesen.

Zusätzlich weisen Schulbücher häufig ein Glossar auf, in dem du relevante Fachbegriffe sowie die entsprechenden Definitionen findest. Die im Glossar dargestellten Definitionen kannst du nutzen, um die Bedeutung eines Begriffes erneut nachzuschlagen. Begriffe, die du nur schwer aus einem Text ableiten kannst, können meistens mithilfe des Glossars besser verstanden und eingeordnet werden.

> Im Schulbuch kann man über das Inhaltsverzeichnis, das Register oder das Glossar Informationen zu abiturrelevanten Themen recherchieren.

Internet • Eine weitere Variante für die eigene Recherche ist die Nutzung des Internets. Zur Recherche im Internet kannst du unterschiedliche Online-Suchmaschinen nutzen. Ein Vorteil der Internetrecherche ist die große Anzahl an zur Verfügung stehenden Quellen. Zu diesen zählen nicht nur Texte, sondern auch Bilder, Animationen und Videos.

3 Verschiedene Quellen helfen bei der Vorbereitung.

Hast du eine interessante Quelle gefunden, solltest du dieser aber nicht blind vertrauen. Da Informationen über das Internet ungefiltert verbreitet werden können, müssen Texte und Videos auf Webseiten kritisch betrachtet werden. Es ist also wichtig, die Quellen und ihre Inhalte zunächst auf ihre Glaubwürdigkeit zu überprüfen. Dazu bietet es sich an, die Inhalte verschiedener Quellen miteinander zu vergleichen und auf seriöse Quellenangaben zu achten. So kannst du Fake News und falsche Inhalte filtern und Behauptungen von objektiven Fakten unterscheiden. Erst dann kannst du sicher sein, dass das Gelernte auch wirklich stimmt.

Bei der Eingabe der Suchanfrage über das entsprechende Feld bietet es sich nicht an, ausformulierte Fragen einzugeben. Viel gewinnbringender ist es, wenn du nach einzelnen Schlagwörtern suchst und diese gegebenenfalls variierst.

Zusätzlich gibt es Suchoperatoren, mit deren Hilfe du die Suchanfrage konkretisieren kannst. Zu diesen zählt beispielsweise das Ausschließen von Begriffen aus der Suche mithilfe eines Bindestrichs, den du direkt vor das Wort setzt. Auch die Nutzung von Anführungszeichen unterstützt das Finden bestimmter Phrasen. Sogar den Dokumententyp kannst du eingrenzen, indem du diesen in deiner Suchanfrage angibst. Dazu wird die Formulierung „filetype“ genutzt, der das entsprechende Format folgt. Bei der Suche nach PDF-Dokumenten lautet die Eingabe folglich: „filetype:pdf“. Darüber hinaus gibt es viele weitere Suchoperatoren, die du – teils abhängig von der gewählten Online-Suchmaschine – nutzen kannst.

> In Lexika, Zeitschriften und im Internet findet man viele Informationen und Darstellungen zu abiturrelevanten Themen. Man sollte gezielt suchen und auf die Zuverlässigkeit der Quellen achten.

Tipps zum Recherchieren

1. Das Inhaltsverzeichnis gibt dir einen Überblick über alle Themen im Buch. So sparst du Zeit beim Suchen.
2. Im Register stehen wichtige Fachbegriffe und wo sie im Buch zu finden sind. So kannst du effizient nach Schlagworten suchen.
3. In einem Glossar kannst du die Bedeutung essentieller Begriffe nachschlagen.
4. Im Internet findest du zahlreiche Webseiten mit Infos. Achte aber auf die Glaubwürdigkeit der Quellen.
5. Formuliere deine Begriffe in Suchmaschinen möglichst genau, um schnell die richtigen Treffer zu finden.
6. Mit Einschränkungen wie z. B. "filetype" kannst du die Ergebnisse nach deinen Anforderungen filtern.

Texte verstehen

Um die Inhalte naturwissenschaftlicher Texte besser zu verstehen, kannst du die Fünf-Schritt-Lesemethode anwenden. Damit kannst du dir effektiv neues Wissen erarbeiten und komplexere Aufgaben schnell verstehen.

Beim Lernen musst du oft längere Texte lesen und verstehen, um an wichtige Infos zu kommen. Vor allem Sachtexte können durch ihre inhaltliche Dichte anspruchsvoll und dadurch schwer zugänglich sein. Deshalb bietet es sich an, dass du dir die Aussagen von Sachtexten schrittweise erarbeitest. Wir stellen dir hier fünf Schritte vor, die dir dabei helfen können.

Schritt 1 • Der erste Schritt beginnt bereits vor dem genauen Lesen des Textes. Sieh dir zunächst die Materialien (Tabellen, Abbildungen, Diagramme) an, sofern welche vorhanden sind. Anschließend liest du die Überschrift sowie Zwischenüberschriften und die ersten drei bis fünf Zeilen des Textes. Dadurch erhältst du eine erste Vorstellung, worum es in dem Text geht. Aufgrund dieser Vorstellung entwickelst du erste Erwartungen an den Text, die in der weiteren Auseinandersetzung bestätigt oder angepasst werden.

Schritt 2 • Jetzt liest du den gesamten Text zügig durch, sodass du das Thema und die Hauptaussage des Textes anknüpfend an die bereits aufgestellten Erwartungen benennen kannst. Bei diesem zweiten Schritt geht es nicht darum, alles genau zu lesen oder zu verstehen, sondern nur um die Hauptaussage bzw. den Hauptaspekt des Textes.

Schritt 3 • Nachdem du das Thema und die Hauptaussage des Textes erfasst hast, folgt das genaue Lesen des Textes. Bei diesem Schritt identifizierst du unbekannte Fachbegriffe und Aussagen, die du anschließend durch eine gezielte Recherche oder mithilfe deiner Unterlagen aus dem Unterricht klärst. Damit sollten alle Unklarheiten beseitigt und die Inhalte verstanden sein.

Schritt 4 • Im Anschluss an das genaue Lesen des Textes markierst du im Text wichtige Schlagwörter und Kernaussagen. Dabei ist es sinnvoll, nur die Begriffe als Schlagwörter zu markieren, die für das Thema relevant und für das Verständnis von Bedeutung sind. So kannst du nachher auf einen Blick erkennen, was wichtig ist.

Schritt 5 • Schließlich fasst du den Inhalt des Textes zusammen. Dazu teilst du den Text als erstes in Sinnabschnitte ein. Absätze im Text geben dir bereits einen Hinweis darauf, wo inhaltliche Sinnabschnitte wechseln können. Trenne die Sinnabschnitte durch Linien im Text und fasse den Sinnabschnitt mit einer prägnanten Überschrift am Rand zusammen. Aus der Einteilung in Sinnabschnitte und den dazugehörigen Überschriften kannst du den Text abschließend kurz in eigenen Worten zusammenfassen.

Fünf-Schritt-Lesemethode

1 Überschriften und Materialien sichten
2 Text überfliegen und Hauptaussage erfassen
3 Genau lesen und unbekannte Begriffe klären
4 Kernaussagen markieren
5 Sinnabschnitte bilden und zusammenfassen

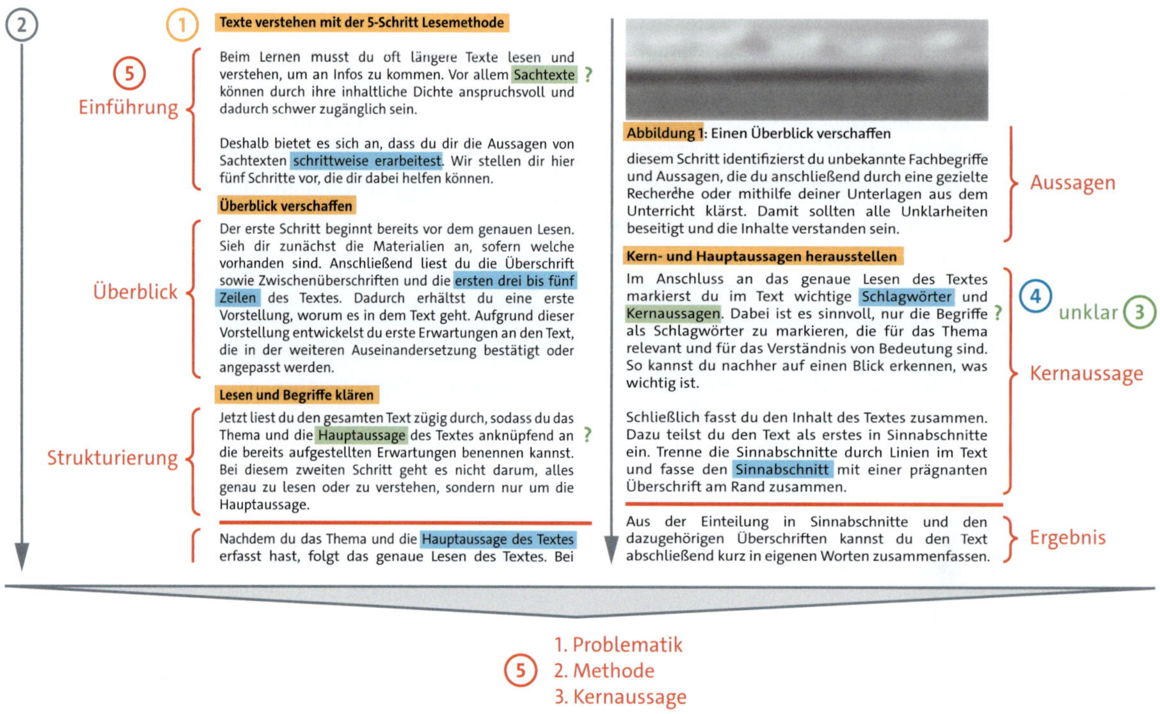

1 Die Fünf-Schritt-Lesemethode zum Verstehen von Texten

Diagramme auswerten

Um Diagramme zu verstehen und diese auswerten zu können, ist ein systematisches Vorgehen hilfreich. Die folgenden fünf Schritte geben dir Anhaltspunkte, wie du dein Vorgehen gliedern kannst, um die nötigen Erkenntnisse abzuleiten.

Selbst erstellte oder vorgegebene Diagramme werden oft auch im Rahmen einer Aufgabe betrachtet. Deshalb sind Diagramme als Teil von Aufgabenstellungen mit Operatoren wie z. B. beschreiben", „erklären" oder „deuten" verbunden. Um diese Aufgaben zu lösen, kannst du dich nach den folgenden Schritten richten:

Schritt 1 • Zunächst lohnt es sich, das Diagramm als Ganzes zu betrachten. Dabei erfasst du das Thema, erfasst den Diagrammtitel und liest die Abbildungsunterschrift. Auch die Achsenbeschriftung gibt dir Aufschluss über die Inhalte des Diagramms.

Schritt 2 • Nach dem ersten Überblick betrachtest du die einzelnen Elemente des Diagramms. Du interpretierst Beschriftungen sowie Einheiten und Größenordnungen an den Achsen. Auch die Legende und ggf. zusätzliche Infos oder Erläuterungen geben dir weitere Informationen, wie das Dargestellte zu verstehen ist. Farben und Formen sind außerdem häufige Stilmittel, an denen du die Besonderheiten der Daten erkennst.

Schritt 3 • Dann analysierst du die dargestellten Verläufe und Kurven. Stelle fest, welche Informationen das Diagramm gibt und notiere dir deine Erkenntnisse. Welche Abhängigkeiten ergeben sich aus dem Diagramm? Was sind die Grenzen der Aussagekraft des Gezeigten? Was lernt man aus der Darstellung?

Schritt 4 • Dieser Schritt ist optional. Wenn die Aufgabenstellung danach verlangt, aus den Werten des Diagramms weitere Informationen abzuleiten, kannst du dazu die theoretische Grundlage nutzen. Möglicherweise musst du aus den Werten oder z. B. aus einer Geradensteigung eine weitere Größe ermitteln.

Schritt 5 • Am Ende solltest du die herausgefundenen Erkenntnisse schriftlich zusammenfassen. In den meisten Aufgaben leitest du aus dem Diagramm bestimmte Aussagen ab, die du dann prägnant formulieren musst. Hier ist es ratsam, dass du auch begründest, woran du deine Schlussfolgerungen fest machst und woran du bestimmte Folgerungen erkennst.

Diagramme auswerten

1 Überblick verschaffen
2 Genauer betrachten
3 Verläufe und Gesamtaussage erkennen
4 Informationen und Aussagen ableiten
5 Erkenntnisse zusammenfassen

Beispiel **Temperaturoptima von C_3-, C_4- und CAM-Pflanzen**

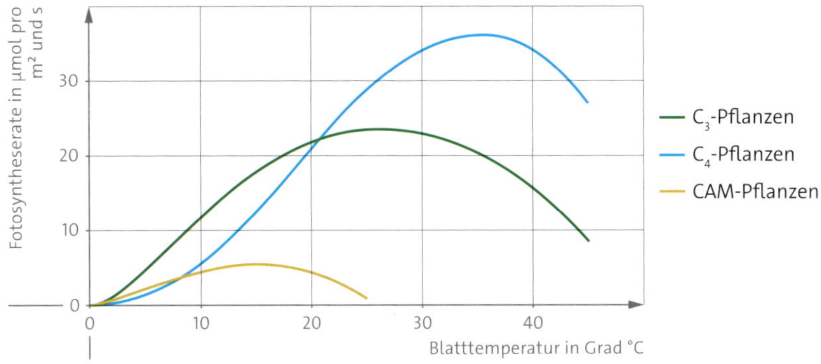

In einem Versuch wurde die Fotosyntheserate bei C_3-, C_4- und CAM-Pflanzen in Abhängigkeit von der Blatttemperatur anhand der Menge der Kohlenstoffdioxidfixierung gemessen.

Mögliche Aufgaben:

1 Beschreiben Sie das Versuchsergebnis mithilfe des Diagramms.

2 Deuten Sie das Versuchsergebnis als Angepasstheit an die jeweils typischen Standortbedingungen.

Abbildungen verstehen

Abbildungen stellen ein wesentliches Mittel zur Veranschaulichung von Inhalten und zur Vermittlung von Informationen dar. Damit du dir Inhalte von Texten und Aufgaben erschließen kannst, musst du die Aussagen von Abbildungen erkennen können. Im Folgenden stellen wir dir fünf Schritte vor, um eine Abbildung schnell zu verstehen und zu analysieren.

Biologische Abläufe und schematische oder modellhafte Zusammenhänge sind oft in Abbildungen dargestellt. Sie sind nützlich, um komplizierte Sachverhalte übersichtlich zu veranschaulichen. Verschiedene Farben, Formen, Linien, Pfeile und Beschriftungen helfen dir dabei, die Aussagen zu erkennen. Wenn du die Aussage der Abbildung verstehen willst, kannst du dir schrittweise die Bedeutung der einzelnen Komponenten erschließen.

Schritt 1 • Bevor du dich mit einer Abbildung genauer auseinandersetzt, ist es wichtig, dass du dir einen Überblick verschaffst. Hierzu solltest du die Abbildung kurz betrachten und die Abbildungsunterschrift lesen, welche die dargestellten Aspekte thematisch zusammenfasst.

Schritt 2 • Dann betrachtest du die Abbildung genauer. Lies dabei die Beschriftungen der einzelnen Bestandteile. Nimm bewusst wahr, wie Farben, Formen und Pfeile eingesetzt werden, sofern diese vorhanden sind. Hierbei bietet es sich außerdem an, auf Regelmäßigkeiten zu achten. Durch dieses Vorgehen kannst du das im ersten Schritt erschlossene Thema gegebenenfalls konkretisieren.

Schritt 3 • Im nächsten Schritt identifizierst du unbekannte Worte und Aussagen in der Beschriftung. Wenn du einen Begriff nicht kennst, solltest du diesen recherchieren. Kläre außerdem die Bedeutung von Farben und Formen. Oft werden damit zusätzliche Infos ausgedrückt, die zur Aussage der Abbildung beitragen. Fasse die Ergebnisse deiner Überlegungen in einer kurzen Randnotiz zusammen.

Schritt 4 • Im vierten Schritt interpretierst du die verschiedenen Bestandteile und leitest die Aussagen der Abbildung ab. Dazu ist es nützlich, die folgenden Punkte zu beachten.

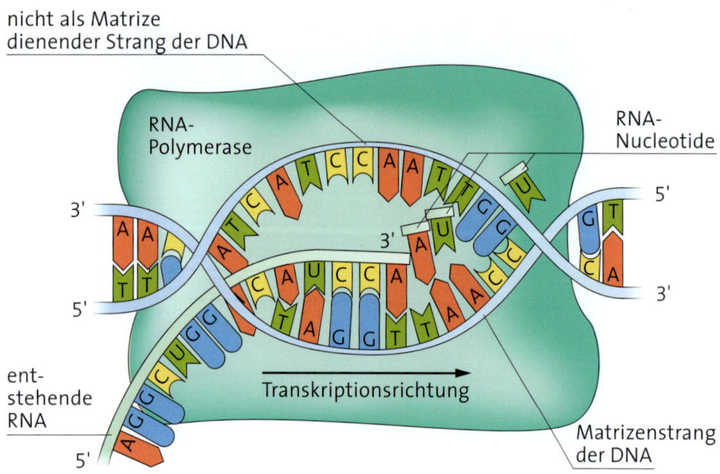

1 Elongationsprozess der Transkription

Zunächst markierst du wichtige Schlagwörter in der Abbildung. Hierbei solltest du nicht alle Beschriftungen innerhalb der Abbildung markieren, sondern Schwerpunkte setzen. Dabei kannst du dich bereits an der Aufgabenstellung orientieren. Indem du dazu unterschiedliche Farben benutzt, hältst du deine Notizen übersichtlich.

In manchen Abbildungen sind Prozesse dargestellt, z. B. durch Pfeile, Start- und Endpunkte oder Momentaufnahmen. Dann ist es sinnvoll, wenn du zunächst bestimmst, ob es sich um einen einfachen oder einen zyklischen (d. h. sich wiederholenden) Prozess handelt. Indem du die zuvor markierten Schlagwörter miteinander in Verbindung bringst, kannst du dir auch komplizierte Abläufe erschließen.

Manche Abbildungen vergleichen Sachverhalte. Dann musst du ggf. Gemeinsamkeiten und Unterschiede herausstellen. Notiere dir zu allen Punkten deine Erkenntnisse, damit du sie dann zu einer Gesamtaussage zusammenführen kannst.

Schritt 5 • Im letzten Schritt geht es wie bei allen Erschließungsmethoden um die schriftliche Zusammenfassung der konkreten Inhalte. Schaue dir dazu deine Notizen zu den einzelnen Bestandteilen der Abbildung an und fasse die Hauptaussage zusammen. Anschließend kannst du dann je nach Aufgabenstellung auf Details eingehen und Einzelheiten gezielt beschreiben. Manchmal bietet es sich auch an, die Erkenntnisse in einer Grafik zusammenzufassen (► S. 15).

> Verschaffe dir erst einen Überblick und betrachte dann die Details einer Abbildung.

Abbildungen verstehen

1 Erste Betrachtung
2 Beschriftung und Bestandteile betrachten
3 Unbekanntes klären
4 Ableitung der Aussagen
5 Inhalte festhalten

Beispiel Transkription

Abbildung ► 1 zeigt den Elongationsprozess der Transkription. Hierbei wird RNA synthetisiert.

1 Welche Bestandteile sind auf der Abbildung zu sehen? Wie würdest du den dargestellten Prozess beschreiben?

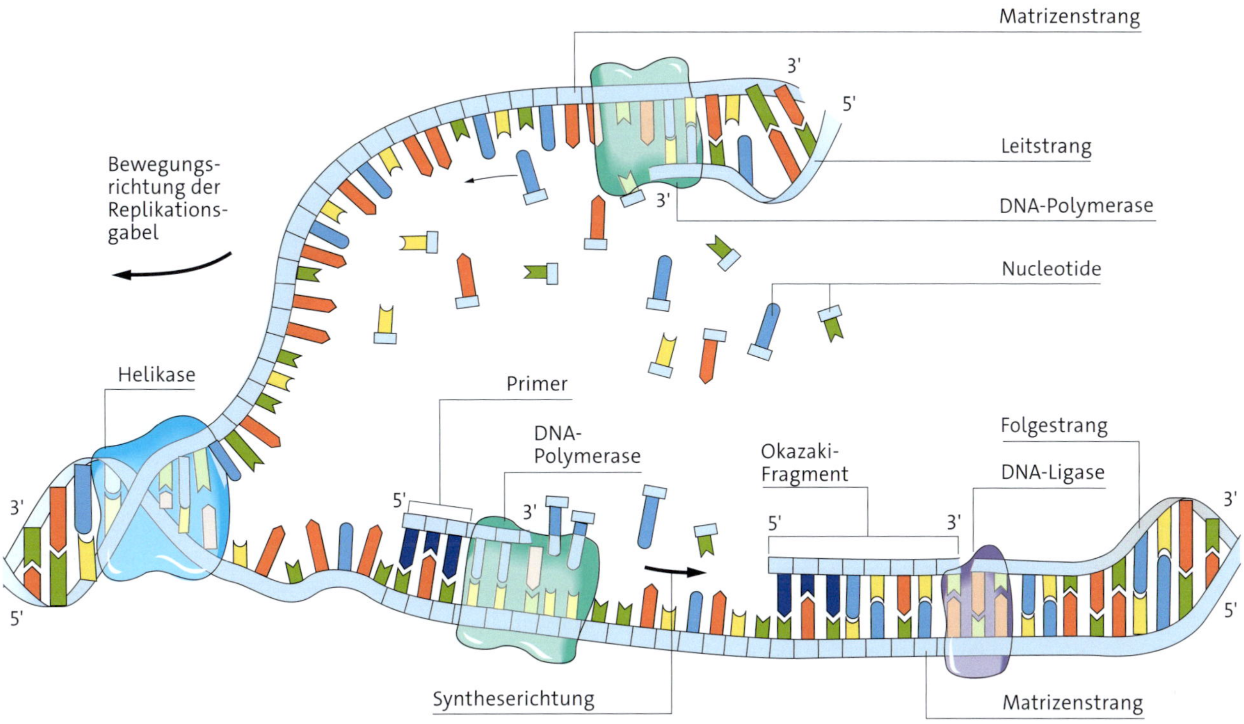

2 Ablauf der DNA-Replikation

Beispiel DNA-Replikation

Als Beispiel kann man die Abbildung ▶ 2 zum Ablauf der DNA-Replikation betrachten und anhand der beschriebenen Schritte analysieren:

Schritt 1 • Die Abbildung zeigt eine grafische Darstellung des ggf. bereits bekannten Ablaufs der DNA-Replikation. Möglicherweise kann man hier schon an sein Vorwissen anknüpfen und erkennt bestimmte Bestandteile wieder.

Schritt 2 • Die Abbildung zeigt Einzel- und Doppelstränge der DNA. Deren Enden sind mit 3' oder 5' beschriftet. Es sind Nucleotide in unterschiedlichen Farben und Formen zu sehen. Die gegenüberliegenden Basen passen von der Form her ineinander. Die Paare sind immer gleich. Auch Enzyme sind in unterschiedlichen Farben abgebildet. Die Syntheserichtung wird durch Pfeile gekennzeichnet. Verschiedene Bestandteile des Bildes sind beschriftet. Es wird ein biologischer Ablauf zu Verdopplung der DNA abgebildet.

Schritt 3 • Unbekannt ist ggf., welche Funktion die einzelnen Enzyme besitzen. Eventuell müssen auch einzelne Begriffe wie Okazaki-Fragment recherchiert werden. Man bemerkt, dass es verschiedene Stränge gibt, die sich aufgrund ihrer Position und Funktion unterscheiden. Zu den Strängen stellt sich weiterhin die Frage, wofür die Bezeichnungen mit 3' oder 5' an deren Enden jeweils stehen. Weitere Fragen kommen je nach zugehöriger Fragestellung auf.

Schritt 4 • Die Abbildung visualisiert den Ablauf der DNA-Replikation. Die farbigen Teile der Nucleotide stellen die Basen Adenin, Thymin, Guanin und Cytosin dar. Durch die Formen werden die komplementären Paarungen symbolisiert. Die dunkelblauen Basen stellen Start-Sequenzen für die DNA-Polymerase dar und befinden sich deshalb am Anfang der Okazaki-Fragmente.
Die Helikase trennt den DNA-Doppelstrang auf, sodass die Replikationsgabel entsteht. Entlang der Matrizenstränge wird die DNA durch die DNA-Polymerase verdoppelt, indem diese die im Zellplasma vorhandenen Nucleotide miteinander verknüpft. Die DNA-Polymerase arbeitet in 5'→3'-Richtung, sodass der Leitstrang kontinuierlich in Bewegungsrichtung der Replikationsgabel erstellt wird. Der Folgestrang setzt sich aus Okazaki-Fragmenten zusammen, da die DNA-Polymerase aufgrund ihrer Syntheserichtung wiederholt an den gekennzeichneten Startsequenzen ansetzt. Die DNA-Ligase verknüpft die Okazaki-Fragmente. In Kombination mit dem Vorwissen visualisiert die Abbildung die verschiedenen Bestandteile und den Ablauf der DNA-Replikation zur Verdopplung der DNA.

Schritt 5 • Je nach Aufgabenstellung sollte auf die verschiedenen Elemente der Abbildung (DNA-Stränge, Enzyme, Basen, Syntheserichtung, 5'- und 3'-Enden) Bezug genommen werden.

Versuchsprotokolle anlegen

Versuchsprotokolle dienen dazu, die Zielsetzung und Durchführung sowie die Ergebnisse eines Versuchs und deren Deutung zu dokumentieren. Diese Dokumentation zielt darauf, dass der gesamte Prozess von der Fragestellung bis hin zur Deutung von anderen detailliert nachvollzogen oder sogar erneut durchgeführt werden kann. Transparenz und Reproduzierbarkeit bilden damit zentrale Qualitätskriterien für Protokolle. Um die Lesbarkeit von Protokollen zu erleichtern, existiert eine Standardgliederung, die die vielfältigen Informationen eines Versuchsprotokolls spezifischen Abschnitten zuordnet. Die Abschnitte werden in der folgenden Tabelle charakterisiert und durch Beispiele zu einem einfachen Versuch verdeutlicht.

1. Standardgliederung eines Versuchsprotokolls mit Beispielformulierungen

<table>
<tr><th>Abschnitt</th><th>Inhalt des Abschnitts</th><th>Beispielhafte Formulierungen bzw. Abbildungen zum Transpirationsversuch</th></tr>
<tr><td>1) Fragestellung</td><td>Phänomenbezogene Fragestellung, die durch den Versuch beantwortet werden soll.</td><td>Über welche Strukturen eines Pflanzenkörpers erfolgt die Wasserdampfabgabe (Transpiration)?</td></tr>
<tr><td>2) Vermutung*</td><td>Alternative Antworten auf die Frage.</td><td>1) Die Transpiration erfolgt über die Blätter.
2) Die Transpiration erfolgt über die Sprossachse.</td></tr>
<tr><td>3) Materialien</td><td>Nennung aller Geräte, Reagenzien und Organismen (bzw. ihrer Teile), die für die Versuchsdurchführung benötigt werden.</td><td>9 möglichst gleichlange Zweige (z. B. einer Rotbuche), 12 Reagenzgläser mit Messskala in ml, Leitungswasser, Öl, Folienstift</td></tr>
<tr><td>4) Versuchsaufbau</td><td>Anordnung bzw. Kombination der Materialien während der Durchführung.</td><td>
</td></tr>
<tr><td>5) Versuchsdurchführung</td><td>Detaillierte Beschreibung der Schritte zur Vorbereitung, Durchführung und Messdatenerfassung.</td><td>Von drei Zweigen werden alle Blätter entfernt, von drei weiteren Zweigen nur die Hälfte ihrer Blätter, während drei Zweige vollständig beblättert bleiben. Nach einem Tag wird gemessen, wie stark das Wasservolumen jeweils abgenommen hat.</td></tr>
<tr><td>6) Ergebnisse**</td><td>Präzise Wiedergabe der Messdaten, in der Regel aufbereitet (z. B. durch Mittelwertbildung) bzw. strukturiert dargestellt in Form von Tabellen oder Diagrammen.</td><td><table>
<tr><th></th><th>A: Zweig vollst. beblättert</th><th>B: Zweig halb beblättert</th><th>C: Zweig entblättert</th><th>D: ohne Zweig</th></tr>
<tr><td>RG1</td><td>3,0</td><td>1,7</td><td>0,1</td><td>0,0</td></tr>
<tr><td>RG2</td><td>4,1</td><td>2,5</td><td>0,0</td><td>0,1</td></tr>
<tr><td>RG3</td><td>3,7</td><td>2,1</td><td>0,2</td><td>0,1</td></tr>
<tr><td>Mittelwert RG1-3</td><td>3,6</td><td>2,1</td><td>0,1</td><td>0,07</td></tr>
</table>
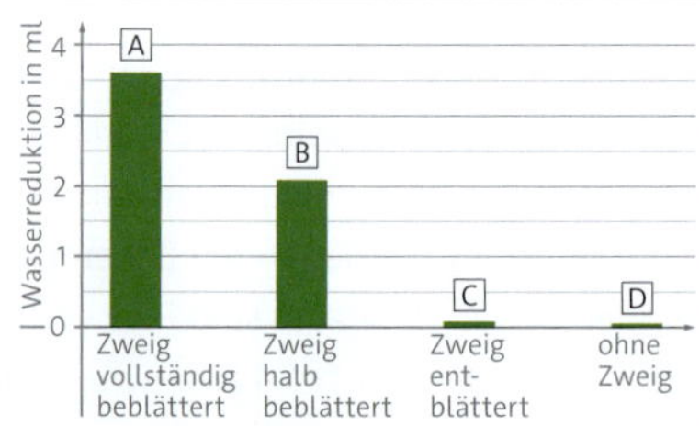

Abnahme des Wasservolumens in ml (Tabelle und Diagramm)</td></tr>
<tr><td>7) Deutung***</td><td>Erklärung der Messdaten mit dem Ziel der Prüfung, ob diese mit einer der Hypothesen vereinbar sind oder diese widerlegen.</td><td>(...) Die Mittelwerte über die jeweils drei identischen Versuchsansätze zeigen einen Zusammenhang zwischen der Menge der Blätter und der Wasserreduktion: Je mehr Blätter, desto höher ist die Wasserabnahme in den Reagenzgläsern (voll beblättert: 3,6 ml, halb beblättert: 2,1 ml, ohne Blätter 0,1 ml). Dies ist vereinbar mit Hypothese 1 und bestätigt (vorläufig), dass die Transpiration über die Blätter erfolgt.</td></tr>
</table>

*begründete Vermutungen werden als Hypothesen bezeichnet
**werden häufig auch als Beobachtungen bezeichnet
***wird häufig auch als Auswertung, Interpretation o. ä. bezeichnet

2. Hilfreiche Ergänzungen zur Darstellung von Versuchsprotokollen

Die oben dargestellte Standardgliederung eines Versuchsprotokolls wurde ursprünglich für die Kommunikation unter Forschenden entwickelt. Weiterführende Überlegungen wie Begründungen zur Versuchsstrategie oder Verknüpfungen zwischen den Abschnitten sind nicht vorgesehen, können aber dabei helfen, einen Versuch und dessen Deutung besser zu verstehen. Daher werden im Folgenden vier Erweiterungen zu bestimmten Abschnitten des Standardprotokolls mit jeweils konkretisiertem Beispiel (kursiv) vorgestellt.

Ergänzung zu 4) Versuchsaufbau – Funktionen eines Versuchsaufbaus bestimmen: Die Teile eines Versuchsaufbaus erfüllen bestimmte Funktionen, die durch folgende Begriffe verdeutlicht werden können: Experimentalansatz, Kontrollansatz, Messvariable/abhängige Variable, Testvariable/unabhängige Variable, mögliche Störvariable.

Ergänzung zu 5) Versuchsdurchführung – Vorhersagen treffen: Um die Eignung eines Versuches zur Überprüfung alternativer Hypothesen reflektieren zu können, ist es hilfreich, die Versuchsergebnisse bei jeweiliger Gültigkeit der Hypothesen vorherzusagen. Sind je nach Gültigkeit der Hypothesen unterschiedliche Versuchsergebnisse zu erwarten, ist der Versuch geeignet. Die Vorhersage der Ergebnisse ermöglicht zudem, die Datenerfassung präzise auf die zu erwartenden Effekte auszurichten.

mögliche Hypothesen	mögliche Vorhersagen
1) Die Transpiration erfolgt über die Blätter.	Ansatz A: starke Wasserabnahme im Reagenzglas; Ansatz B: deutlich geringere Wasserabnahme; Ansatz C und Negativkontrolle: ohne Veränderung
2) Die Transpiration erfolgt über die Sprossachse.	Ansätze A-C: Wasserabnahme gleich stark; Negativkontrolle ohne Veränderung

Ergänzung zu 5) Versuchsdurchführung – Schritte einer Versuchsdurchführung erklären: Alle Schritte einer Versuchsdurchführung erfüllen eine bestimmte Funktion, um die Versuchsstrategie gezielt und optimiert umzusetzen. In Form einer Tabelle können diese Funktionen übersichtlich dargestellt werden.

Versuchsschritt	Funktion
Pro Versuchsansatz werden drei Reagenzgläser befüllt.	– Messwiederholungen ermöglichen eine Überprüfung der Varianz (z. B. durch Unterschiede zwischen den Zweigen) und bieten dadurch eine zuverlässige Datenbasis durch Mittelwertbildung; Abweichungen vom Mittelwert können erst ab mindestens drei Messwiederholungen sinnvoll eingeschätzt werden
Alle Reagenzgläser werden mit derselben Wassermenge befüllt.	– sichert gleiche Bedingungen und dadurch Vergleichbarkeit der Messdaten.
In alle Reagenzgläser werden 5 Tropfen Öl gegeben.	– verhindert die freie Verdunstung über die Wasseroberfläche als möglicher Störfaktor.
...	–

Ergänzung zu 7) Deutung – Ergebnisse und Deutung verknüpfen: Eine Versuchsdeutung sollte eine detaillierte Interpretation der Ergebnisse vornehmen und nicht nur einen globalen Deutungssatz liefern. Hierzu ist es hilfreich, die Deutungsüberlegungen mit den Ergebnissen zu verknüpfen, so dass deutlich wird, welche Schlussfolgerungen aus welchen Daten abgeleitet werden.

Ergebnisse		Deutung		
Die durchschnittliche Abnahme der Wassermenge ist in den voll beblätterten Ansätzen am höchsten (3,6 ml), liegt bei halber Beblätterung auf mittlerem Niveau (2,1 ml) und im Ansatz ohne Beblätterung nahe Null (0,1 ml).	➡	Die Wasserabnahme in den Reagenzgläsern durch Transpiration ist proportional zur Menge der Blätter an den Zweigen.	➡	Die Abhängigkeit der Transpiration von der Anzahl der Blätter spricht dafür, dass die Wasserdampfabgabe über die Blätter erfolgt und bestätigt damit (vorläufig) Hypothese 1.
In den Ansätzen mit entblätterten oder ohne Zweige erfolgt nur eine ähnlich geringe Wasserreduktion von 0,1 bzw. 0,07 ml.	➡	Fehlende Unterschiede der Ansätze mit und ohne Zweig zeigen, dass die Sprossachse allein keine Transpiration ermöglicht.	➡	widerlegt Hypothese 2

Aufgaben verstehen – Operatoren

Um Aufgaben entsprechend ihren Anforderungen lösen zu können, muss man zunächst verstehen, was die Operatoren – die Verben, die zu Beginn einer Aufgabenstellung stehen – bedeuten und fordern. Dies ist nicht nur für die Arbeit mit dem Schulbuch wichtig, sondern auch für die Klausuren und Abiturprüfungen relevant. Im Folgenden findest du eine Übersicht über häufig genutzte Operatoren mit jeweils einer kurzen Erklärung, einer Beispielaufgabe und einer passenden Beispiellösung.

1) Nennen, Angeben • Der Operator „Nennen" fordert, dass (Fach-)Begriffe oder auch Sachverhalte ohne Erklärungen oder Erläuterungen aufgezählt werden.

Beispielaufgabe: Nennen Sie die Fachbegriffe der Strukturen 1–11 des abgebildeten Wirbeltierneurons.

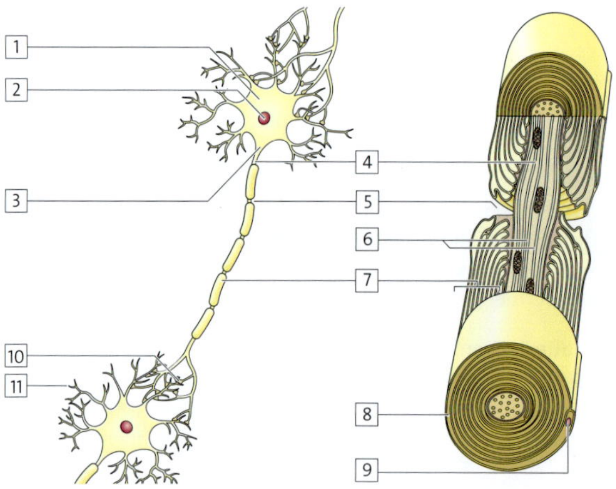

Beispiellösung:
1 – Soma
2 – Zellkern
3 – Axonhügel
4 – Axon
5 – Ranvier-Schnürring
6 – Mikrotubuli
7 – Myelinscheide
8 – Schwann-Zelle
9 – Zellkern (der Schwann-Zelle)
10 – Synapsenendknöpfchen
11 – Dendrit

2) Beschreiben • Der Operator „Beschreiben" fordert, dass man Sachverhalte oder Zusammenhänge bzgl. ihrer relevanten Merkmale strukturiert, unter Verwendung der korrekten Fachsprache und in der Regel umfassend wiedergibt.

Beispielaufgabe: Beschreiben Sie den in der Abbildung gezeigten Aufbau eines Skelettmuskels.

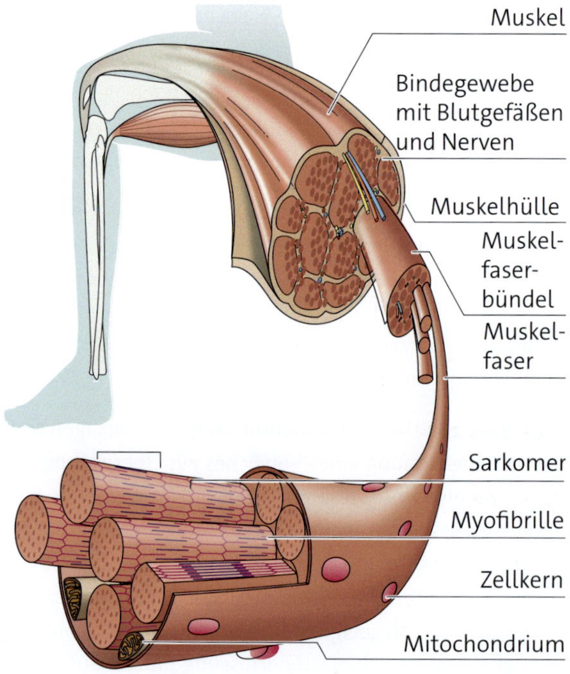

Beispiellösung: Ein Skelettmuskel besteht aus vielen Muskelfaserbündeln. Diese sind von einer Bindegewebshülle umgeben, welche Nerven und Blutgefäße beinhaltet. Die Muskelfaserbündel bestehen aus vielen Muskelfasern, die parallel zueinander liegen. Diese enthalten zudem Mitochondrien und peripher gelegene Zellkerne.
Die Muskelfasern bestehen wiederum aus vielen parallel verlaufenden Myofibrillen, in welchen sich hintereinanderliegende Sarkomere befinden.

3) Erklären • Der Operator „Erklären" fordert, dass man einen Sachverhalt in einen Zusammenhang einordnet oder ihn auf Regeln und Gesetzmäßigkeiten zurückführt und dabei verständlich darstellt.

Beispielaufgabe: Erklären Sie die Signalübertragung an einer chemischen Synapse.

Beispiellösung: Am Endknöpfchen eines Neurons findet durch das Eintreffen eines Aktionspotenzials eine kurzzeitige Depolarisierung der Plasmamembran statt, die dazu führt, dass spannungsabhängige Calciumionenkanäle geöffnet werden. Hierdurch strömen Calciumionen gemäß des Ladungs- und Konzentrationsgefälles in das Neuron. Hierdurch steigt die Ca^{2+}-Ionenkonzentration im Inneren der Zelle, was bewirkt, dass einige Vesikel mit der präsynaptischen Membran verschmelzen. Diese Vesikel enthalten Neurotransmitter, welche nach Verschmelzen der Membranen in den synaptischen Spalt freigesetzt werden. Dort diffundieren die Neurotransmitter zum postsynaptischen Neuron, wo sie an Rezeptoren binden, die Bestandteile von transmittergesteuerten Natriumionenkanälen sind, die durch die Bindung geöffnet werden. Anschließend strömen Natriumionen durch die transmittergesteuerten Kanäle an der postsynaptischen Membran ein. Dadurch wird das Neuron in diesem Bereich depolarisiert.

4) Hypothese aufstellen • Das Aufstellen einer Hypothese erfordert, dass man eine begründete Vermutung zur Erklärung eines bisher unbekannten Phänomens formuliert.

Diese hypothetischen Erklärungen werden meist durch Abwandlung oder Kombination bekannter Erklärungsansätze bzw. Erfahrungen entwickelt.

Beispielaufgabe: Stellen Sie eine Hypothese auf, weshalb ein sehr leichtes Ausdauertraining bei der Heilung von Muskelkater nach einem intensiven Training helfen könnte, eine tiefe Massage jedoch nicht.

Beispiellösung: Die hohe mechanische Belastung eines intensiven Trainings führt zu Rissbildungen in den Myofibrillen und Z-Scheiben. Durch die Risse bilden sich Entzündungen, durch die Wasser in den Muskel eintritt und auf das Bindegewebe der Muskelfaser drückt. Rezeptoren innerhalb dieses Bindegewebes lösen den Schmerz aus. Ein sehr leichtes Ausdauertraining könnte helfen, den Muskelkater zu heilen, da der Stoffwechsel durch das Training angeregt wird. Der etwas erhöhte Stoffwechsel könnte dann bewirken, dass Flüssigkeiten schneller abtransportiert werden und Entzündungen schneller abklingen. Dadurch würde der Muskelkater schneller abheilen. Eine tiefe Massage würde hingegen nicht helfen, weil diese die Risse in den Z-Scheiben zusätzlich irritieren und verstärken könnte, wodurch die Entzündung noch verstärkt werden könnte. Dies würde den Heilungsprozess des Muskelkaters eher verlangsamen.

5) Erläutern • Im Vergleich zum Operator „Erklären" fordert der Operator „Erläutern", dass ein Sachverhalt durch zusätzliche Informationen verständlich gemacht wird. Dies kann z. B. durch einen Vergleich mit einem anderen Phänomen oder durch Einordnung in ein übergeordnetes Prinzip bzw. eine Theorie erfolgen.

Beispielaufgabe: Erläutern Sie den Flaschenhalseffekt.

Beispiellösung: Beim Flaschenhalseffekt geht man von einer Ausgangspopulation mit hoher genetischer Variabilität aus. Drastische äußere Einflüsse dezimieren die Ausgangspopulation. Solche Zufallsereignisse können Einwirkungen des Menschen oder Naturkatastrophen sein. Findet eine starke Dezimierung der Population statt, weist diese anschließend eine vergleichsweise geringe genetische Variabilität auf. Die Anzahl der Allele bei den Überlebenden ist verglichen mit der Ausgangspopulation verändert. Manche Allele fehlen vollständig, andere sind über- oder unterrepräsentiert. Durch die erfolgte genetische Drift kann auch nach mehreren Generationen trotz einer wieder höheren Individuenzahl eine geringe genetische Variabilität in der Population erhalten bleiben.

6) Interpretieren/Deuten • Der Operator „Interpretieren/Deuten" verlangt das Erklären bzw. Erläutern von Ergebnissen bzw. Messdaten vor dem Hintergrund einer Fragestellung oder Hypothese.

Beispielaufgabe: Deuten Sie das Diagramm in Bezug auf eine zugrunde liegende Selektion.

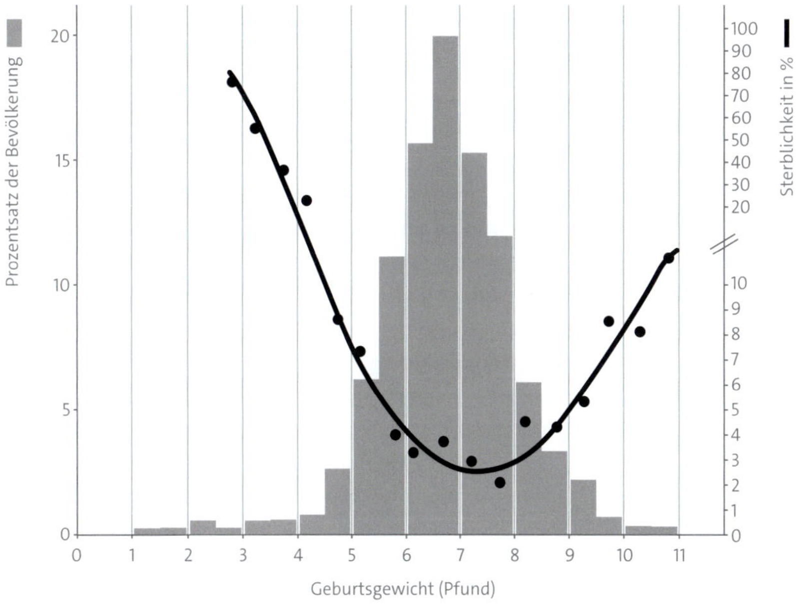

Beispiellösung: Das Diagramm zeigt die prozentuale Verteilung des Geburtsgewichts in der Bevölkerung sowie die Säuglingssterblichkeit in Abhängigkeit vom Geburtsgewicht. Die Sterblichkeit sinkt zunächst mit zunehmendem Geburtsgewicht. Die geringste Säuglingssterblichkeit wird bei einem Geburtsgewicht zwischen 3,5 und 3,75 kg erreicht. Ein schwereres Geburtsgewicht erhöht schließlich die Säuglingssterblichkeit wieder.
Der größte Selektionsdruck wirkt auf jene Säuglinge, die vom optimalen Geburtsgewicht am stärksten abweichen. Da die Überlebensrate der Säuglinge mit optimalem Geburtsgewicht am häufigsten ist, liegen gute Bedingungen für eine hohe Fortpflanzungsrate vor. Die Allele, welche ein Geburtsgewicht von rund 3,5 kg bedingen, reichern sich im Genpool der Population an, während das Auftreten eines geringen oder hohen Geburtsgewichts selektiert wird. Das Gewicht, das zu minimaler Sterblichkeit führt und somit das optimale Geburtsgewicht darstellt, stimmt nicht mit dem häufigsten Geburtsgewicht überein, sodass sich die Verhältnisse im Laufe der Zeit voraussichtlich verändern werden, bis das mittlere Geburtsgewicht dem optimalen Geburtsgewicht entspricht. Es handelt sich demnach um eine transformierende Selektion. Zu berücksichtigen ist jedoch, dass das Geburtsgewicht nicht ausschließlich genetisch bedingt ist und zudem der Fortpflanzungserfolg eines Menschen nicht unmittelbar vom Geburtsgewicht bestimmt wird. Umweltbedingungen und andere Selektionsfaktoren müssten also ebenfalls einbezogen werden.

7) Vergleichen • Der Operator „Vergleichen" fordert, dass man sowohl Unterschiede als auch Gemeinsamkeiten oder Ähnlichkeiten in Bezug auf einen oder mehrere Aspekte, den Vergleichskriterien, herausstellt.

Beispielaufgabe: Vergleichen Sie die Osmoregulation bei Süßwasser- und Meeresfischen.

Beispiellösung: Sowohl Meeres- als auch Süßwasserfische sind aufgrund ihrer Umgebung auf Osmoregulation angewiesen. Zudem nehmen die Fische in beiden Umgebungen sowohl Wasser als auch Ionen beim Trinken über das Maul auf. Außerdem geben sie beides über den Urin ab. Der Anteil von Wasser und Ionen unterscheidet sich allerdings.

Süßwasserfische leben in einer hypotonischen Umgebung, was zur Folge hat, dass sie über die Haut Wasser osmotisch aufnehmen und Ionen auf dem gleichen Weg abgeben. Den Ionenverlust gleichen die Tiere mit einer aktiven Ionenaufnahme über die Kiemen sowie einem stark verdünnten Urin mit wenigen Ionen aus. Demgegenüber befinden sich Meeresfische in einer für sie hypertonischen Umgebung, woraus ein über die Haut stattfindender osmotischer Wasserverlust sowie eine Ionenaufnahme über jene resultieren. Im Gegensatz zu Süßwasserfischen geben Meeresfische einen ionenreichen Urin sowie Ionen aktiv über die Kiemen ab.

8) Auswerten • Der Operator „Auswerten" verlangt, dass aus Ergebnissen relevante Teildaten ausgewählt und im Zusammenhang interpretiert werden, zum Beispiel bei der Auswertung von Experimenten oder Diagrammen.

Beispielaufgabe: Werten Sie das vorliegende Diagramm im Kontext von Räuber-Beute-Beziehungen aus.

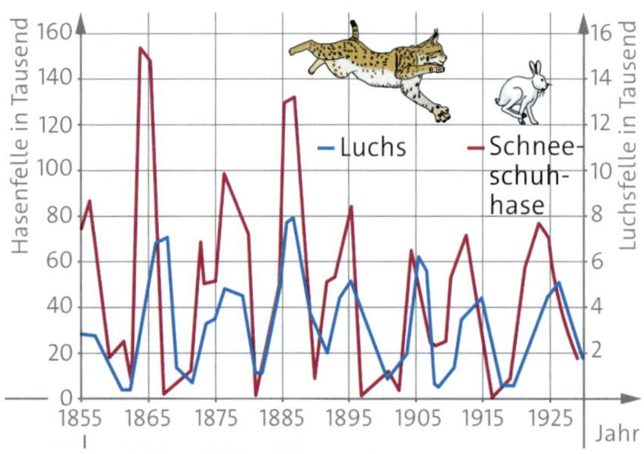

1 Von Trappern abgelieferte Felle

Beispiellösung: Die Ergebnisse machen deutlich, dass zwischen den Luchsen und den Schneeschuhhasen eine Räuber-Beute-Beziehung sowie eine daraus resultierende Abhängigkeit bestehen. Auf einen Abfall oder Anstieg der Größe der Schneeschuhhasenpopulation, gemessen an den von Trappern abgelieferten Fellen, folgt ein Abfall oder Anstieg der Größe der Luchspopulation. Aus dieser negativen Rückkopplung lässt sich schließen, dass der Schneeschuhhase eine wichtige Nahrungsquelle für den Luchs darstellt. Dennoch ist davon auszugehen, dass sich der Luchs auch von anderen Beutetieren ernährt, da trotz einer sehr geringen Anzahl der von Trappern abgelieferten Hasenfelle keine gleichwertig geringe Anzahl von Luchsfellen erkennbar ist.

9) Begründen • Der Operator „Begründen" fordert, dass Sachverhalte auf Regeln und Gesetzmäßigkeiten hinsichtlich der Ursache und Wirkung zurückgeführt werden.

Beispielaufgabe: Begründen Sie, weshalb die Wahrscheinlichkeit, an Krebs zu erkranken, mit zunehmendem Alter steigt.

Beispiellösung: Krebs entsteht durch Mutationen in Proto-Onkogenen und Tumor-Suppressorgenen. Dabei müssen beide Gruppen von Genen in derselben Zelle mutiert sein. Die Wahrscheinlichkeit dafür steigt mit zunehmendem Alter, da sich im Laufe des Lebens immer mehr Mutationen anhäufen.

10) Bewerten • Bei dem Operator „Bewerten" geht es um Entscheidungsprobleme individueller oder gesellschaftlicher Relevanz, die unter Berücksichtigung von Sachinformationen sowie individuellen Interessen bzw. gesellschaftlich anerkannten Normen und Werten begründet gelöst werden sollen.

Beispielaufgabe: Mit CRISPR/Cas werden zukünftig genetische Veränderungen in der frühen menschlichen Embryonalentwicklung möglich sein. Hierdurch könnte die Heilung schwerer genetischer Defekte wie Chorea Huntington möglich werden, aber auch genetische Veränderungen bzgl. nicht medizinischer Ziele wie der Hautfarbe. Bewerten Sie, ob auch derartige Eingriffe ohne medizinischen Anlass erlaubt werden sollten.

Beispiellösung: Einem Verbot steht zunächst das Recht auf freie Entfaltung entgegen. Dies trifft aber nur bedingt zu, da ein genetischer Eingriff in der frühen Embryonalentwicklung stets durch die Eltern und nicht den/die Betroffene/n selbst entschieden wird. Dies könnte sogar zur Folge haben, dass die Eltern gezielte Veränderungen vornehmen lassen, ohne dass diese vom späteren Kind gewünscht sind. Der Eingriff würde somit eher eine potenzielle Einschränkung des Kindes auf freie Entfaltung gemäß seiner ursprünglichen genetischen Disposition bedeuten und stellt somit eher ein Gegenargument gegen genetische Eingriffe in die Keimbahn ohne medizinischen Anlass dar.

Darüber hinaus stellen Eingriffe mit CRISPR/Cas noch immer Risiken dar: Erstens können nicht intendierte Veränderungen der Nucleotidsequenz eintreten und zweitens können die intendierten Veränderungen (durch Interaktion mit anderen Genen) zu anderen Folgen führen als geplant. Diese gesundheitlichen Risiken sind in Relation zu dem potenziellen Mehrwert eines nicht medizinisch motivierten Eingriffs als zu hoch einzuschätzen, sodass das Verfahren für diese Anwendungen nicht erlaubt werden sollte.

Eine mündliche Prüfung vorbereiten

Eine mündliche Prüfung ist für die meisten Prüflinge ungewohnter als Abiturklausuren zu schreiben. Folgende Schritte können dir helfen, dich auf die mündliche Prüfung vorzubereiten.

1 Probe vorher die Prüfungssituation, du kannst dich auch dabei filmen

Schritt 1 • Zu Beginn solltest du mit einer umfangreichen Recherche im Themenfeld starten (▶ S. 17). Setze dabei nicht so sehr auf künstliche Intelligenzen, da diese nur unzureichend auf Quellenangaben zurückgreifen können. Ordne das Themenfeld erst einmal ganz allgemein ein, um später auch über den Tellerrand hinaus Fragen beantworten zu können. Je genauer du dich mit dem jeweiligen Themenfeld auseinandergesetzt hast, umso besser bist du auch auf mögliche Fragen in der Prüfung vorbereitet.

Schritt 2 • Versuche, das Thema auch in die Themenfelder des aktuellen Lehrplans einzuordnen. Gehe dafür z. B. Kapitelübersichten durch. Während der mündlichen Befragung wird fast immer auch auf weitere im Lehrplan gesetzte Themenbereiche eingegangen. Wenn du alle großen Themenblöcke kennst, kannst du dir den Übergang zum nächsten Themenblock besser vorstellen und wirst so nicht überrascht.

Schritt 3 • Trage selbst erarbeitete Texte zur Probe deiner Familie oder Freunden vor und bitte sie, dir Feedback zu deiner Vortragsart zu geben. Sprichst du z. B. zu laut oder zu leise? Redest du eher zu schnell oder zu langsam? Kannst du verschiedene Punkte gut in einen Zusammenhang bringen oder ist der Übergang manchmal unklar? Du kannst auch mit anderen Prüflingen zusammen Prüfungssituationen proben oder dich selbst dabei filmen (▶ 1). So erkennst du schnell, was du ändern solltest (z. B. Füllworte wie „ähm" vermeiden). Je öfter du übst, umso geringer wird die Prüfungsangst.

Schritt 4 • Bereite dich gezielt auf mögliche Nachfragen vor, indem du dir schon im Vorfeld Fragen ausdenkst. Auch aus Nachfragen von Freunden zu deinen gehaltenen Vorträgen erkennst du noch mögliches Fragenpotenzial. So kannst du in der Prüfung den Gesprächs- und Fragefaden lenken und dadurch schon erste Fragen durch eigenes Beantworten gut für dich nutzen. Dadurch baust du Selbstvertrauen und Sicherheit auf. In der Prüfung kannst du auch gerne die verwendeten Fachbegriffe definieren oder Abläufe erklären, ohne dich dabei in kleinsten Details zu verlieren. Denke immer an die Fachsprache und setze die Basiskonzepte ein.

Schritt 5 • Ein Sprichwort sagt: „Wer fragt, der führt". Stelle dir selbst rhetorische Fragen, die du dir vorher zum Thema gestellt hast, und beantworte sie geschickt. So nimmst du den Prüfenden mögliche Fragen vorweg und die Prüfungszeit geht schnell vorbei. Falls dir eine für dich unverständliche Frage gestellt wird, hake durch gezielte Fragen nach, um sie dann besser beantworten zu können. So steuerst du den Prüfungsverlauf aktiv mit.

Schritt 6 • Wähle ein Outfit, das dem Tag der Abiturprüfung angemessen erscheint. Der Stil sollte aber auch zu deiner Persönlichkeit passen. Halte während der Prüfung Blickkontakt zu den Prüfenden, das wirkt selbstsicher. Schaue nicht mit gesenktem Kopf auf deine Notizen oder den Boden, sondern bleibe in einer aufrechten und selbstbewussten Körperhaltung.

Schritt 7 • Erscheine pünktlich und gut gestärkt zur Prüfung, das sorgt für einen entspannteren Beginn. Dein Körper muss an diesem Tag viel leisten. Iss und trinke vorher ausreichend, damit deinem Körper genug Energie zur Verfügung steht.

Eine mündliche Prüfung vorbereiten:

1 Recherchiere zu Beginn
2 Lehrplan anschauen und Themen einordnen
3 Probe die mündliche Prüfung
4 Entwickle weiterführende Fragen
5 Führe das Gespräch und stelle Fragen
6 Sicheres Auftreten
7 Sorge vorher für dich

Abiturwissen und Übungsaufgaben

1 Stoffwechsel

2 Genetik

3 Immunbiologie

4 Neurobiologie

5 Evolution

6 Ökologie

1 Stoffwechsel

Überblick Zellbestandteile

1.1 Zellatmung

1.2 Fotosynthese

1.3 Methoden

Einstufungstest

Karteikarten

Ich kann:

- den aufbauenden und abbauenden Stoffwechsel beschreiben und die verschiedenen Formen der Energiebereitstellung in der Zelle miteinander vergleichen
- den Ablauf und die Schritte der Zellatmung erklären
- Gärungsprozesse erklären
- Stoff- und Energiebilanzen darstellen und Energieentwertung sowie Energieumwandlung beschreiben
- die Funktionsweisen von Enzymen und deren Bedeutung für den Stoffwechsel erklären
- die Prozesse der Fotosynthese erläutern und dabei auf den Zusammenhang zwischen Primär- und Sekundärreaktionen auf stofflicher und energetischer Ebene eingehen
- die Angepasstheiten von Pflanzen und die Abhängigkeit der Fotosyntheserate von abiotischen Faktoren erklären

Die Blattschaf-Schnecke (*Costasiella kuroshimae*) ist eine Meeresschnecke. Sie frisst Algen und lagert deren Chloroplasten als Kleptoplastiden in ihre Haut ein. Welchen Nutzen hat das Tier von dieser ungewöhnlichen Strategie?

Überblick Struktur und Funktion der Zellbestandteile

Zellbestandteile • Zellen gelten als funktionelle und strukturelle Grundeinheiten aller Lebewesen. Man unterscheidet zwei Typen: eukaryotische Zellen (Eucyten) und prokaryotische Zellen (Procyten). Aus Eucyten bestehende Organismen nennt man Eukaryoten. Zu diesen zählen Pilze, Protisten, Pflanzen und Tiere. Nachfolgend erhältst du einen Überblick über die Strukturen und Funktionen der Zellbestandteile eukaryotischer Pflanzen- und Tierzellen sowie deren Unterschiede und Gemeinsamkeiten (▶ 1, 2).

Die **Endosymbiontentheorie** beschreibt die Annahme, dass Mitochondrien einst aerobe, heterotrophe Prokaryoten und Chloroplasten Fotosynthese betreibende Prokaryoten waren, die von anderen Procyten als Symbionten aufgenommen wurden (▶ 3).

1 Vergleiche die Struktur von Tierzelle und Pflanzenzelle. Erstelle dir dafür eine tabellarische Übersicht über die Gemeinsamkeiten und Unterschiede der Zellbestandteile:

a Zellbestandteile, die nur in pflanzlichen Zellen vorkommen

b Zellbestandteile, die nur in tierischen Zellen vorkommen

c Zellbestandteile, die sowohl in Tier- als auch in Pflanzenzellen vorkommen

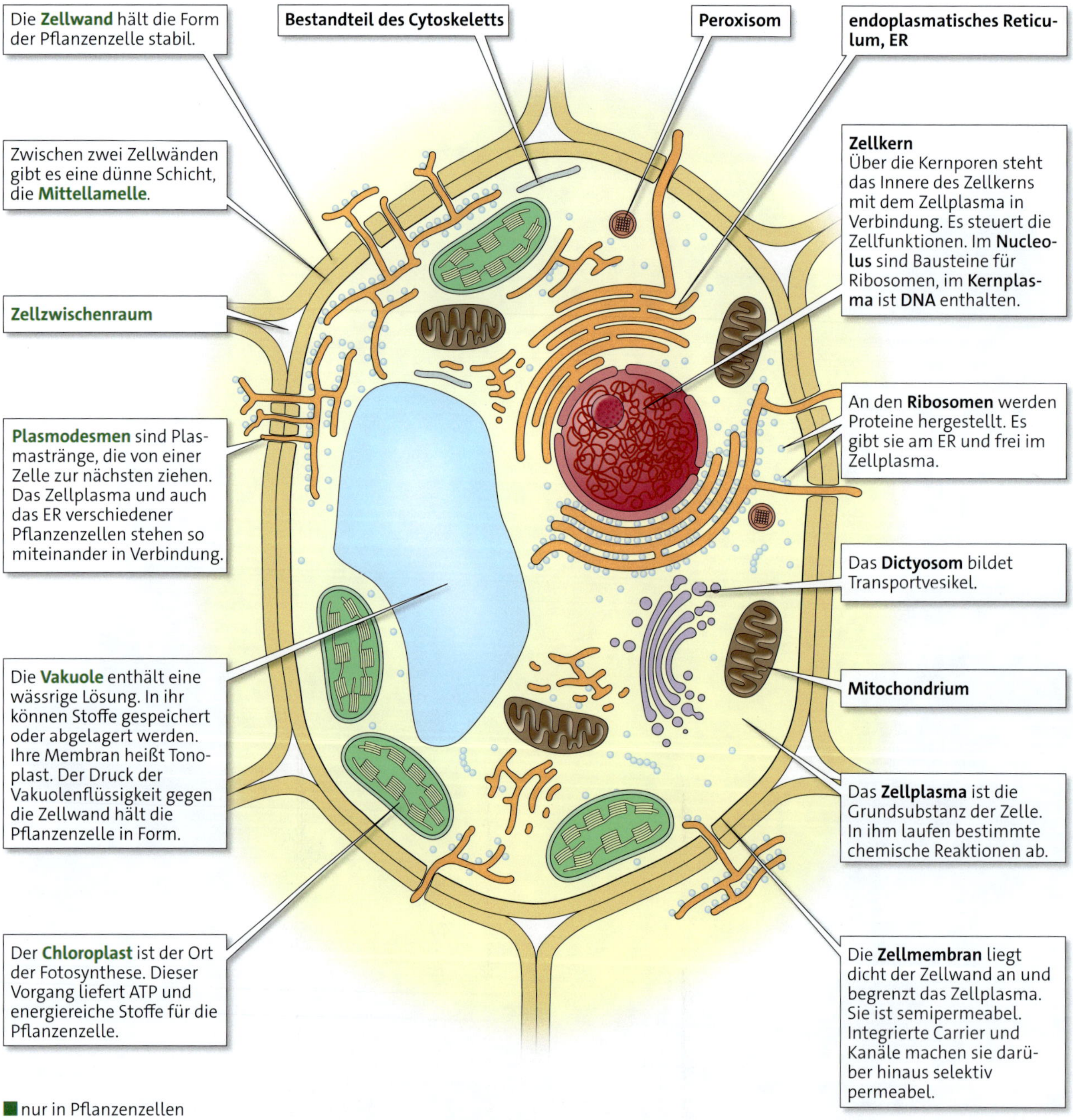

1 Pflanzenzelle (idealisiertes Schema)

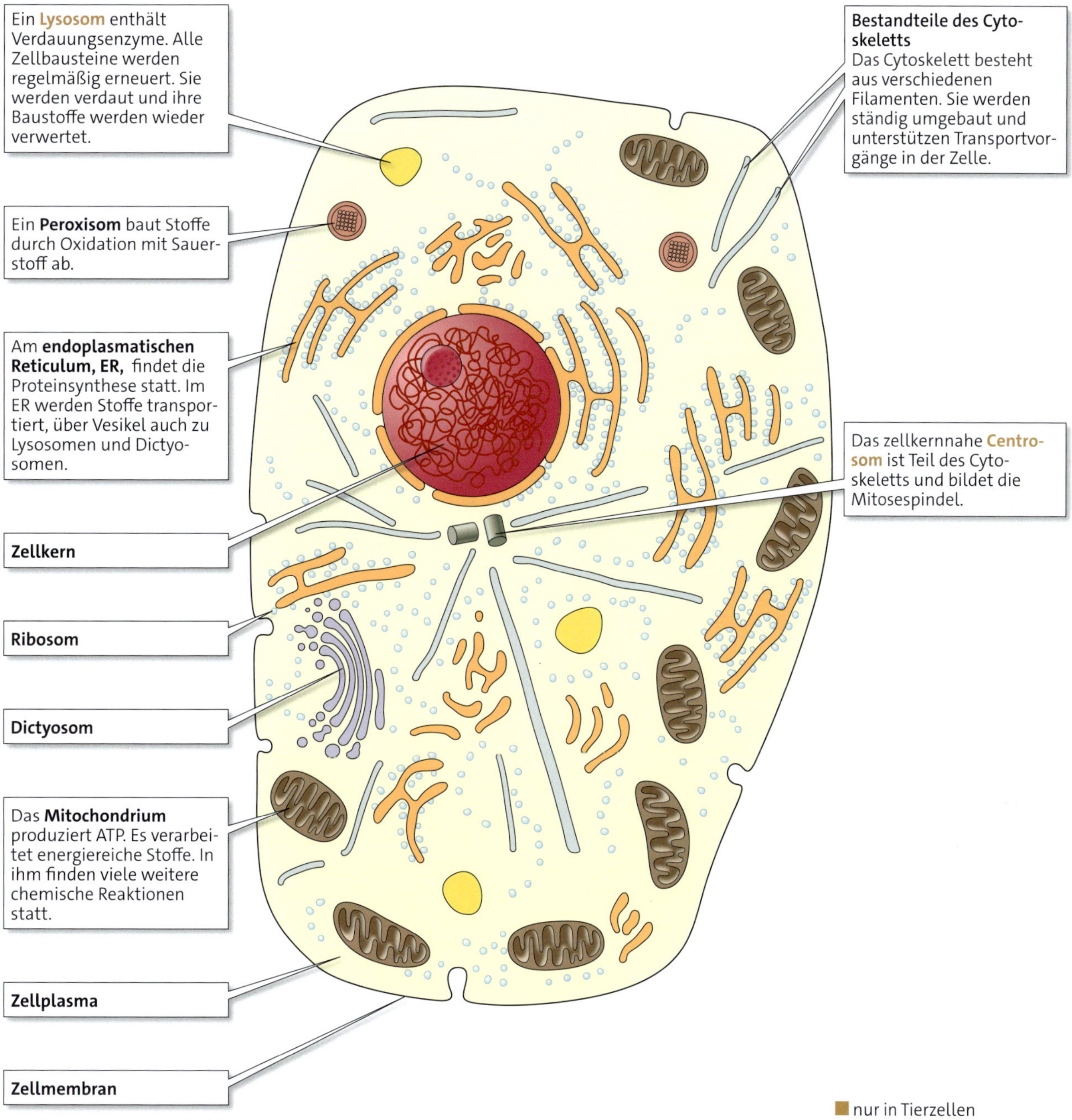

2 Tierzelle (idealisiertes Schema)

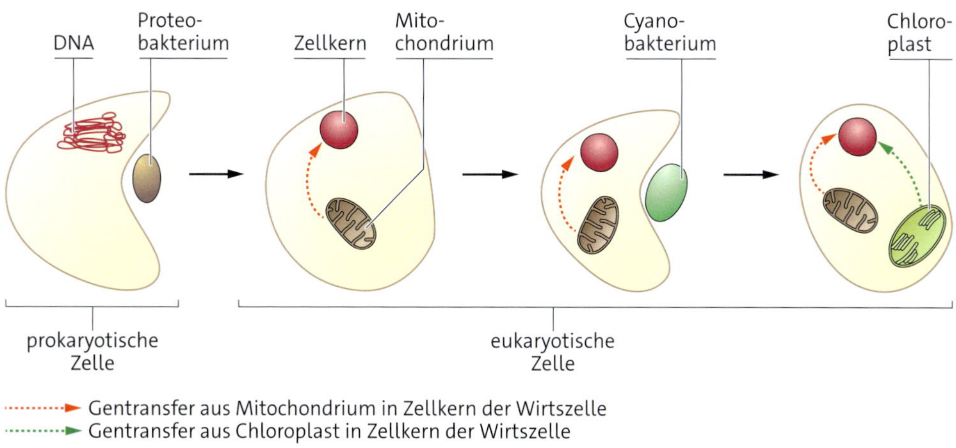

3 Endosymbiontentheorie (Schema)

1.1 Zellatmung

Energiebereitstellung in der Zelle

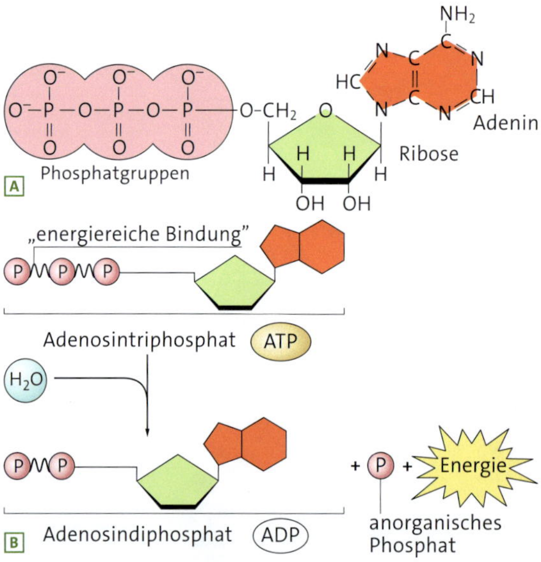

1 ATP-Molekül

Energieumsatz • Die zum Erhalt der grundlegenden Funktionen umgesetzte Energie bezeichnet man als Grundumsatz. Jede zusätzliche körperliche Beanspruchung erhöht den Energieumsatz.
Der Gesamtumsatz ergibt sich aus Grundumsatz und Leistungsumsatz und in geringerem Maß aus nahrungsbedingtem und temperaturregulierendem Energieumsatz.

Bedeutung von ATP • Adenosintriphosphat (ATP) dient als universeller Energieträger der Zelle. ATP ist ein Nucleotid aus der organischen Base Adenin, dem Zucker Ribose und drei Phosphatgruppen. Bei der Reaktion mit Wasser zerfällt ATP leicht in Adenosindiphosphat (ADP) und anorganisches Phosphat. Das durch diese Hydrolyse freigesetzte Phosphat kann enzymatisch auf ein anderes Molekül übertragen werden, das Molekül wird phosphoryliert. Es ist dadurch bereit für Reaktionen, die es im nicht phosphorylierten Zustand nicht eingehen würde.

Energiespeicher

Energiespeicher des Körpers • Die aus der Nahrung resorbierte Glucose liegt in geringen Mengen gelöst im Blutplasma vor und kann zur Deckung des unmittelbaren Energiebedarfs der Zellen verarbeitet werden. Weitere Energiereserven in Form von Kohlenhydraten liegen als langkettige Verbindung aus vielen Glucosemolekülen vor, das Glykogen. Diese Glykogenspeicher befinden sich vorwiegend in der Leber und in der Skelettmuskulatur, sind aber begrenzt.

Ein weiterer großer Energiespeicher sind Proteine, vor allem Muskelproteine. Auch diese kann der Körper zur Energiegewinnung nutzen. Den größten Energiespeicher stellen die Lipide in Zellen des Fettgewebes dar. Da die Prozesse des Fettabbaus mehr Zeit benötigen, werden Fette vor allem bei geringer, lang andauernder Belastung zur Energiebereitstellung für die Muskelarbeit genutzt.

Nutzung der Energiespeicher • Um herauszufinden, welche Energiespeicher vom Körper genutzt werden, kann man aus den gemessenen Atemgasen den **respiratorischen Quotienten** (RQ) bestimmen. Er beschreibt das Verhältnis aus der Kohlenstoffdioxidmenge der ausgeatmeten Luft und der Sauerstoffmenge der eingeatmeten Luft. Werden ausschließlich Kohlenhydrate abgebaut, beträgt der RQ-Wert genau 1,0. Zum Fettabbau ist mehr Sauerstoff nötig, der RQ-Wert liegt deshalb bei 0,7. Der RQ-Wert für Proteine beträgt 0,8.

In der Natur gibt es **aerobe** und **anaerobe Stoffwechselwege**. Beide dienen zur Energiegewinnung. Aerobe Stoffwechsel können stattfinden, wenn ausreichend Sauerstoff vorhanden ist. Dazu zählt auch die Zellatmung beim Menschen. Anaerobe Stoffwechsel hingegen finden zur Energiegewinnung in Abwesenheit von Sauerstoff statt. Dies gibt es z. B. in Form von Gärungsprozessen bei Fischen.

Enzyme

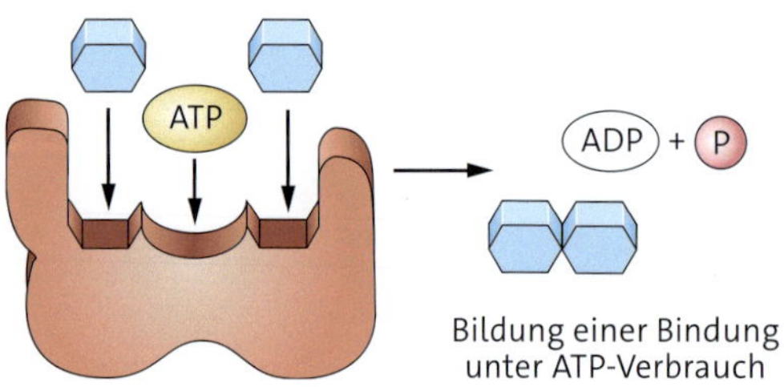

2 Enzymbeispiel: Prinzip einer Ligase

Damit die vielen biochemischen Reaktionen des Stoffwechsels in den Zellen ablaufen können, sind Proteine mit einer spezifischen Funktion, die Enzyme, erforderlich. Sie haben eine katalytische Funktion und werden daher Biokatalysatoren genannt. Als besonderes Strukturmerkmal besitzen sie ein aktives Zentrum, das die Substrate in Produkte umwandelt. Das **Schlüssel-Schloss-Modell** beschreibt, dass das Substrat in das aktive Zentrum wie ein Schlüssel ins Schloss passt.
Enzyme werden auch als Werkzeuge zur Steuerung von Produktionsprozessen und zur Herstellung von Alltagsprodukten eingesetzt.

Orte und Schritte der Zellatmung

Bei Menschen und Tieren liefert die Zellatmung die Hauptmenge an ATP. Eine Zelle baut aufgenommene Glucose schrittweise ab. Die freiwerdende Energie wird zur Bildung von ATP genutzt, das in weiteren Zellstoffwechselprozessen verwendet wird.

Eine Zelle nimmt Glucose und Sauerstoff beispielsweise aus dem Blut auf und verarbeitet sie in der Zellatmung. Im Zytoplasma wird im Rahmen der Glykolyse zunächst Glucose zu Pyruvat abgebaut. Dieses gelangt in die Mitochondrien und wird dort zu Acetyl-CoA decarboxyliert. Dabei wird Kohlenstoffdioxid freigesetzt. Acetyl-CoA wird in der Mitochondrienmatrix im Citratzyklus umgesetzt. Letztlich reagieren dabei alle Kohlenstoffatome der Glucose zu Kohlenstoffdioxid. Einige Wasserstoffatome der Glucose werden während der Glykolyse genutzt, die meisten während des Citratzyklus zur Herstellung von NADH + H^+ und $FADH_2$. Zu Beginn der Atmungskette werden diese beiden Stoffe oxidiert. Sie geben H^+-Ionen in die Matrix ab, die schließlich mit Sauerstoff zu Wasser reagieren. Der Sauerstoff ist also der endgültige Wasserstoffakzeptor bei der Zellatmung. Kohlenstoffdioxid und Wasser werden vom Blut aufgenommen.

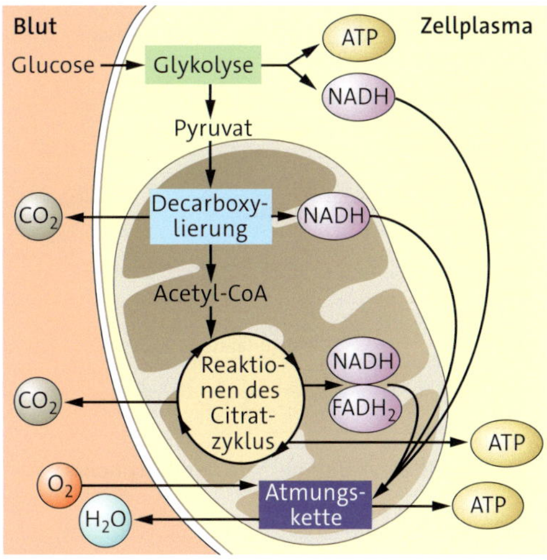

3 Orte und Schritte der Zellatmung

Glykolyse

Die Glykolyse ist eine Folge von einzelnen chemischen Reaktionen, bei der die Glucose schrittweise zu Pyruvat abgebaut wird. Dabei entstehen aus einem Molekül Glucose (bestehend aus 6 Kohlenstoffatomen) zwei Moleküle Pyruvat (bestehend aus jeweils 3 Kohlenstoffatomen). Die Glykolyse lässt sich in 3 Phasen gliedern:

1. Energieeinsatz
2. Energierückgewinnung
3. Energiegewinn

In der ersten Phase werden zunächst zwei Moleküle ATP verbraucht und damit Energie zur Herstellung von Fructose-1,6-bisphosphat bereitgestellt (Energieeinsatz). Daraus werden jeweils zwei Moleküle Glycerinaldehyd-3-phosphat gebildet. Dieses wird in der zweiten Phase in 3-Phosphoglycerat umgewandelt. Dabei wird wieder ATP gebildet und somit die eingesetzte Energie zurückgewonnen (Energierückgewinnung).
Die dritte Phase liefert Energie für die Zelle, weil beim schrittweisen Abbau zu Pyruvat wieder ATP gebildet wird (Energiegewinn), das dann zur Energieübertragung bei anderen chemischen Reaktionen zur Verfügung steht.

Die Glykolyse liefert demnach pro einem Molekül Glucose netto zwei Moleküle ATP. Zusätzlich entstehen zwei NADH + H^+.

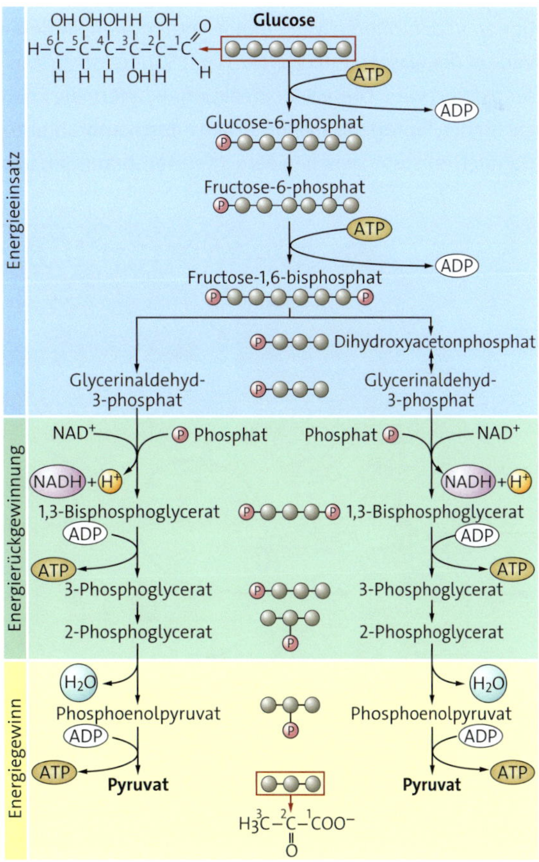

4 Phasen der Glykolyse unter energetischem Aspekt

Fette und Proteine können auch zur ATP-Bildung genutzt werden. Sie werden zu Acetyl-CoA abgebaut und so im Citratzyklus weiter verwendet.

Citratzyklus

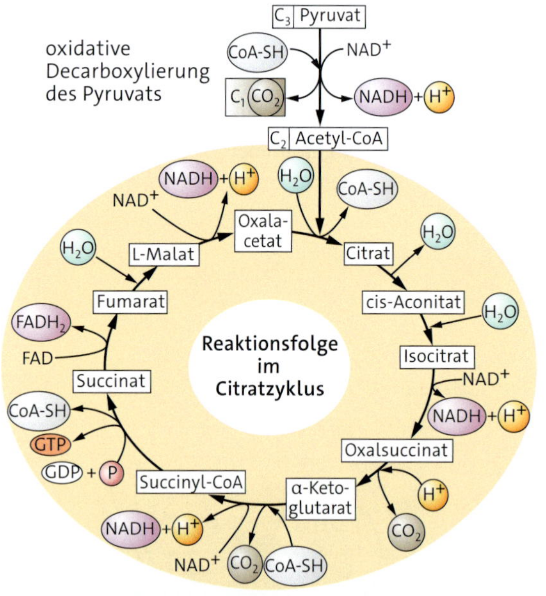

5 Schema zum Citratzyklus innerhalb der Mitochondrienmatrix

Der Citratzyklus ist ein Reaktionskreislauf in der Mitochondrienmatrix, durch den das Pyruvat über mehrere Schritte vollständig zu Kohlenstoffdioxid oxidiert wird. Er ist der zentrale Abschnitt der Zellatmung und dient vor allem zur Bildung von NADH + H^+ sowie als Ausgangspunkt verschiedener Biosynthesewege.

Das aus der Glykolyse gebildete Pyruvat reagiert zunächst mit dem Coenzym A, sodass Acetyl-CoA entsteht (**oxidative Decarboxylierung** des Pyruvats).

Durch verschiedene Schritte im Citratzyklus werden insgesamt aus einem Pyruvatmolekül drei Moleküle CO_2 gebildet. Zudem entstehen bei einigen Reaktionen NADH + H^+ und $FADH_2$. Zusätzlich wird GTP gebildet, das anschließend zur Herstellung von ATP genutzt wird. Da aus einem Glucosemolekül zwei Pyruvatmoleküle entstehen, liefert der Citratzyklus pro Glucosemolekül zwei GTP-Moleküle, woraus zwei ATP-Moleküle entstehen.

Atmungskette

Die bei der Glykolyse und dem Citratzyklus gebildeten Stoffe NADH und $FADH_2$ werden in der Atmungskette benötigt. Die Atmungskette ist eine Kette von Redoxreaktionen in der inneren Mitochondrienmembran, in deren Verlauf der Wasserstoff des NADH mit Sauerstoff zu Wasser oxidiert wird. Diese Redoxreaktionen liefern die Energie für den Protonentransport in den Intermembranraum. Dadurch entsteht zwischen dem Intermembranraum und der Matrix des Mitochondriums ein Konzentrationsgefälle für Protonen, ein **Protonengradient**. Durch die **ATP-Synthase** gelangen die Protonen wieder zurück in die Matrix. Dabei wird die Energie des Konzentrationsgefälles für die Bildung von ATP aus ADP und Phosphat genutzt.

In der Atmungskette entstehen aus ursprünglich einem Glucosemolekül 28 ATP-Moleküle.

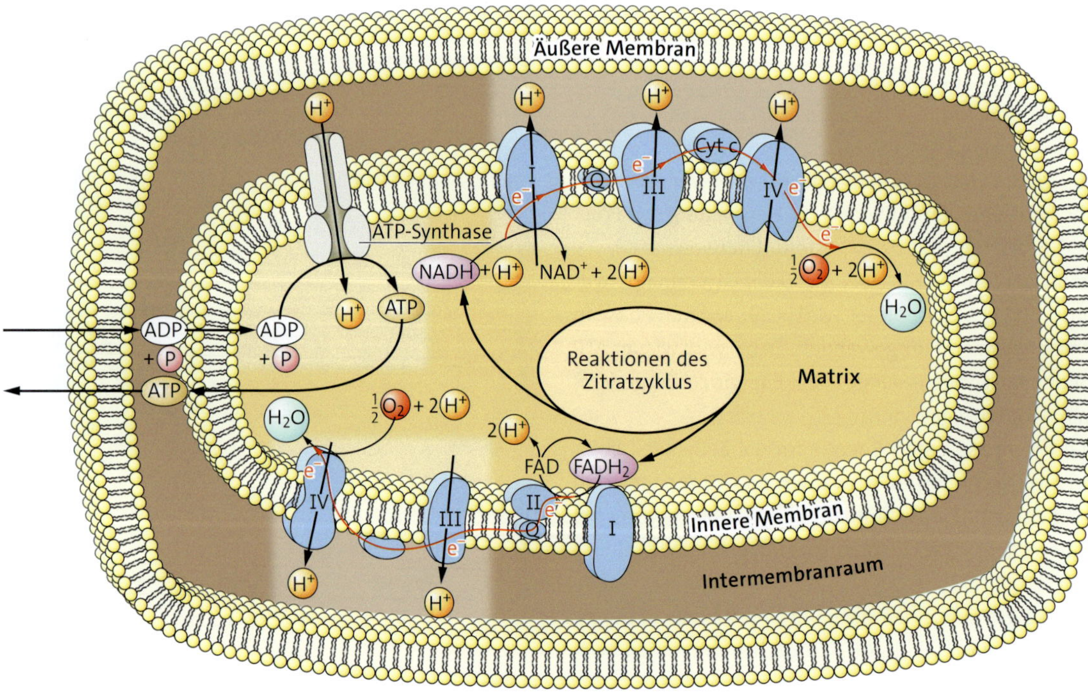

I - IV: Proteinkomplexe; Q = Ubichinon, Cyt c = Cytochrom c: Redoxsysteme der inneren Mitochondrienmembran

6 Schema der ATP-Bildung in der Atmungskette im Mitochondrium (Schema)

Bilanz der Zellatmung

Die Bruttogleichung der Zellatmung verdeutlicht die Gesamtbilanz:

$$C_6H_{12}O_6 + 6\,O_2 + 6\,H_2O \rightarrow 6\,CO_2 + 12\,H_2O + \text{Energie}$$

In der Zelle verläuft die Zellatmung in kleinen Schritten. Diese lassen sich vier Abschnitten zuordnen. Der erste, die Glykolyse, findet im Zellplasma statt, die drei folgenden Abschnitte laufen in den Mitochondrien ab. Die freigesetzten Reaktionsenergien einzelner Reaktionen werden zum Teil für die Bildung von ATP genutzt. Pro Mol Glucose entstehen so 32 Mol ATP, die bei ihrem Abbau zu ADP + P ihrerseits 1033,6 kJ Reaktionsenergie liefern.

Die Endprodukte der Zellatmung sind Kohlenstoffdioxid, Wasser und ATP. Wesentliche Zwischenprodukte des Glucoseabbaus sind Pyruvat und ein Acetylrest. Die 12 Wasserstoffatome eines Glucosemoleküls bewirken zusammen mit 12 weiteren Wasserstoffatomen aus 6 Wassermolekülen nach und nach die Reduktion von NAD^+- oder FAD-Molekülen. Die entstandenen NADH- und $FADH_2$-Moleküle werden zu Beginn der Atmungskette oxidiert. Die dabei übertragenen Elektronen werden bei weiteren Redoxreaktionen in der Atmungskette weitergegeben und die frei werdenden Protonen reagieren, wie die schon vorab entstandenen, mit Sauerstoff zu Wasser. Die Elektronen werden für die Reaktion von Sauerstoff mit den Protonen benötigt. Die Redoxreaktionen liefern die Energie für die ATP-Bildung.

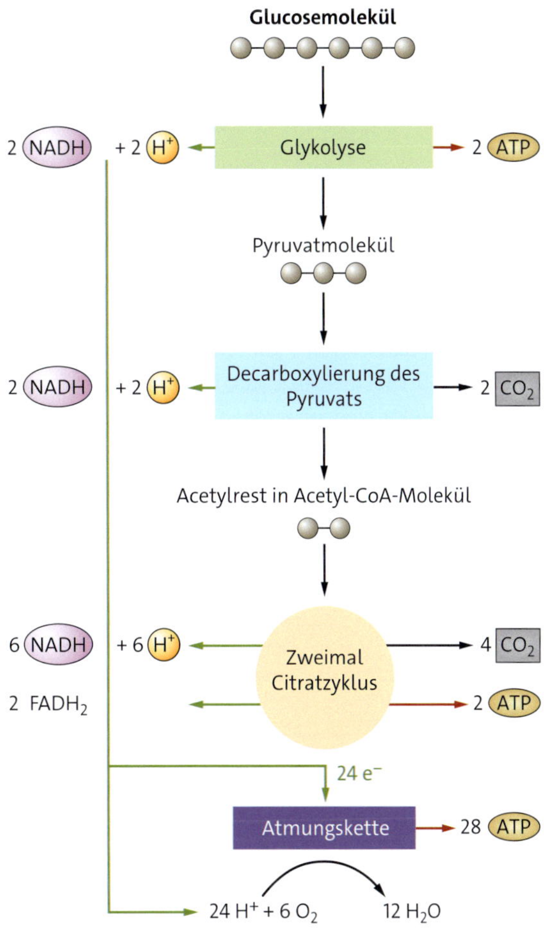

7 Schritte und Bilanzen bei der Zellatmung

Katabolismus und Anabolismus

Die Zwischenprodukte der Zellatmung sind in weitere Stoffwechselwege eingebunden. Pyruvat, Citrat und Oxalacetat können zum Beispiel zum Aufbau von größeren Molekülen verwendet werden. Sie sind damit Teil des Baustoffwechsels, des **Anabolismus**.

Der abbauende Stoffwechsel, der **Katabolismus**, beinhaltet neben der Zellatmung auch den Abbau anderer Stoffe. Die so gebildeten kleinen Moleküle können im Anabolismus genutzt werden. Wichtigste Funktion ist jedoch die Lieferung von Energie für den Anabolismus: Über Reaktionen zur Bildung von ATP beziehungsweise ADP sind Katabolismus und Anabolismus energetisch gekoppelt (▶ 8).

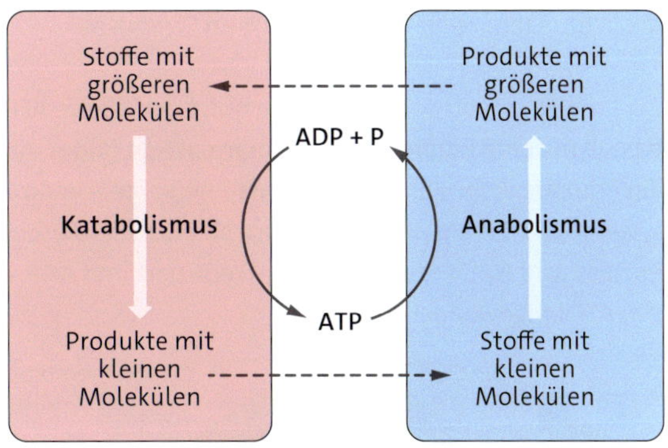

8 Zusammenhänge zwischen Katabolismus und Anabolismus, gestrichelt: fakultative Verwendung

Gärung – anaerobe Stoffwechselwege

Gärung kommt bei vielen Lebewesen vor, die in ihrem Lebensraum zeitweise oder dauerhaft ohne Sauerstoff auskommen, zum Beispiel Fische in einem zugefrorenen Gewässer oder Mikroorganismen am Gewässergrund.

Bei ausreichendem Sauerstoffangebot wird in den Zellen Glucose vollständig zu Wasser und Kohlenstoffdioxid oxidiert und in den Mitochondrien ATP synthetisiert. Man spricht von **aerober Dissimilation**. Unter sauerstoffarmen Bedingungen wird ebenfalls Glucose abgebaut, allerdings lässt sich im Blut nun eine Konzentrationszunahme von Lactat und Ethanol messen. Lactat und Ethanol sind Stoffwechselprodukte eines anaeroben Glucoseabbaus. Diese Form der **anaeroben Dissimilation** nennt man **Gärung**. Entsteht beim anaeroben Abbau von Glucose Lactat, spricht man von **Milchsäuregärung**. Wenn Ethanol das Endprodukt des Stoffwechselprozesses ist, handelt es sich um eine **alkoholische Gärung**.

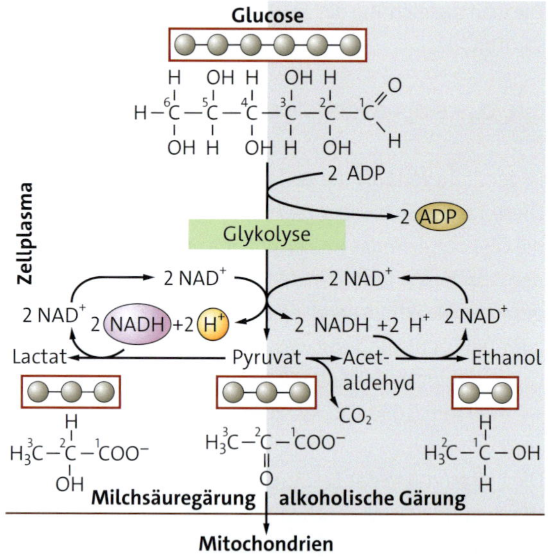

9 Anaerober Abbau von Glucose ohne Verbrauch von Sauerstoff

1.2 Fotosynthese

Ablauf der Fotosynthese

Alle grünen Pflanzenteile besitzen Zellen, in denen bis zu 100 Chloroplasten enthalten sein können. Die Chloroplasten sind ein von Chlorophyll grün gefärbter Zellbestandteil und Ort der Fotosynthese.
Die Fotosynthese besteht aus einer lichtabhängigen Reaktion gefolgt von einer lichtunabhängigen Reaktion. Die lichtabhängige Reaktion ist an die Thylakoide gebunden, die lichtunabhängige Reaktion läuft im Stroma ab.

Zur Produktion von Kohlenhydraten nutzt die Pflanze ATP, das sie in der lichtabhängigen Primärreaktion bildet. An der Primärreaktion sind zwei Fotosysteme, weitere Redoxsysteme und das Enzym ATP-Synthase beteiligt. Bei diesem Prozess wird $NADP^+$ zu $NADPH + H^+$ reduziert und ADP + P in ATP umgewandelt.

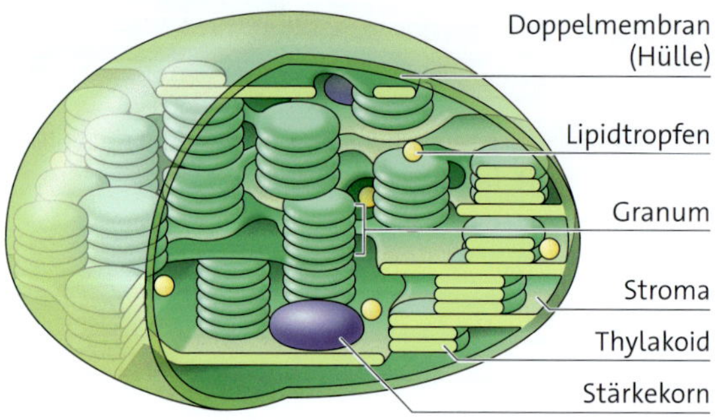

1 Chloroplast (Schema)

Hierfür werden Wassermoleküle gespalten (**Fotolyse des Wassers**). Dabei wird Sauerstoff (O_2) freigesetzt. Die durch die Spaltung frei gewordenen Elektronen (e^-) werden über eine Elektronentransportkette transportiert und für die Reduktion von $NADP^+$ zu $NADPH + H^+$ verwendet. Die Diffusion der Protonen (H^+) ins Stroma liefert Energie für die ATP-Synthese durch die ATP-Synthase (**Fotophosphorylierung**).

Kern der lichtunabhängigen Reaktion der Fotosynthese ist ein zyklischer Reaktionsablauf, der Calvin-Zyklus genannt wird. In diesem Zyklus, der ohne Licht auskommt, werden die vorab in der lichtabhängigen Reaktion gebildeten Stoffe $NADPH + H^+$ und ATP zur Reduktion von Kohlenstoffdioxid verwendet. Sein Reaktionsablauf lässt sich in drei Phasen gliedern:

1. Carboxylierung
2. Reduktion
3. Regeneration

Für die Fotosynthese lässt sich folgende Summenformel formulieren:

$$12\ H_2O + 6\ CO_2 + 12\ (NADPH + H^+) + 18\ ATP$$
$$\rightarrow C_6H_{12}O_6 + 6\ H_2O + 6\ O_2 + 12\ NADP^+ + 18\ (ADP + P)$$

Ablauf der Fotosynthese – Schema

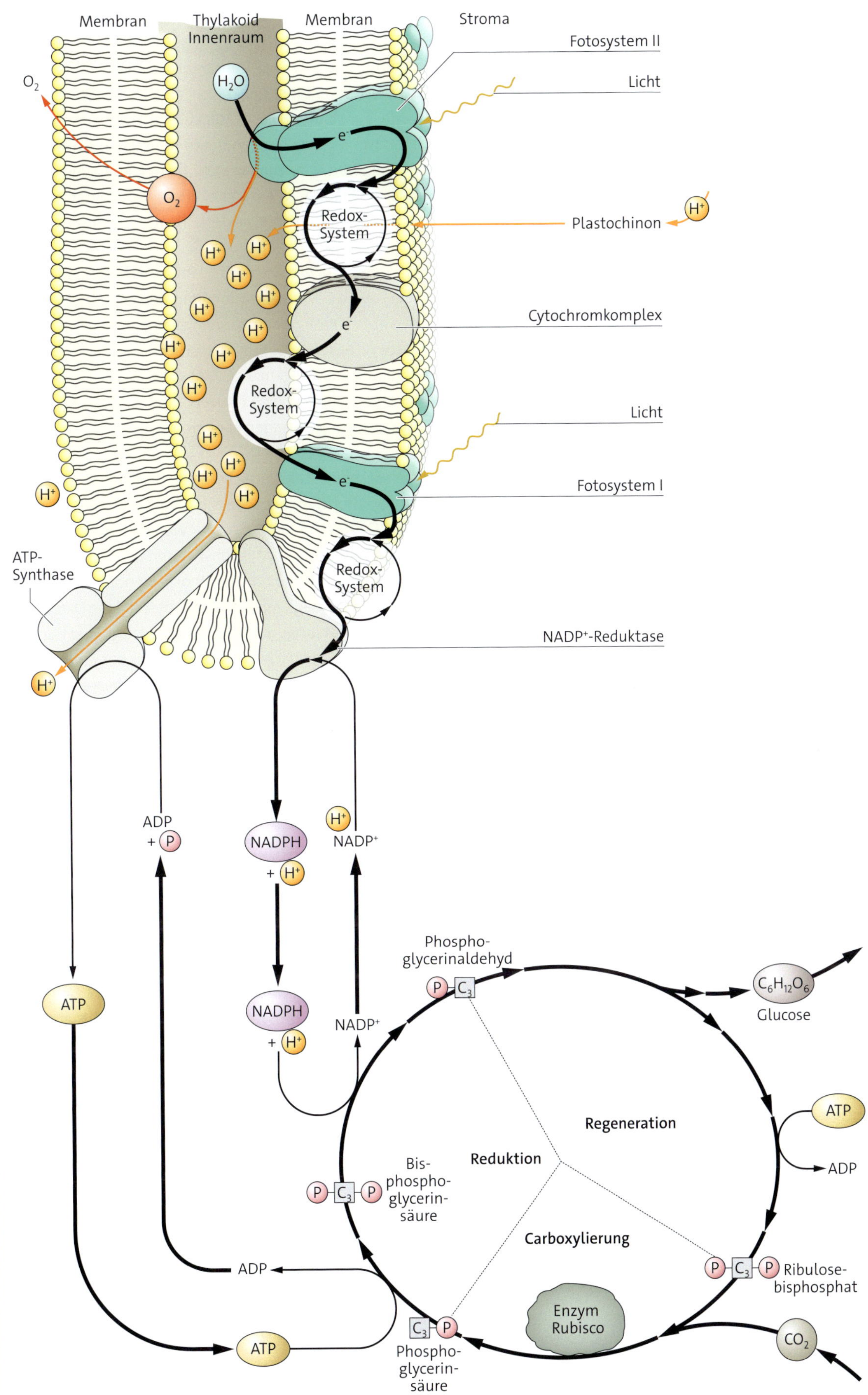

2 Ablauf der Fotosynthese

C_4-Pflanzen und CAM-Pflanzen

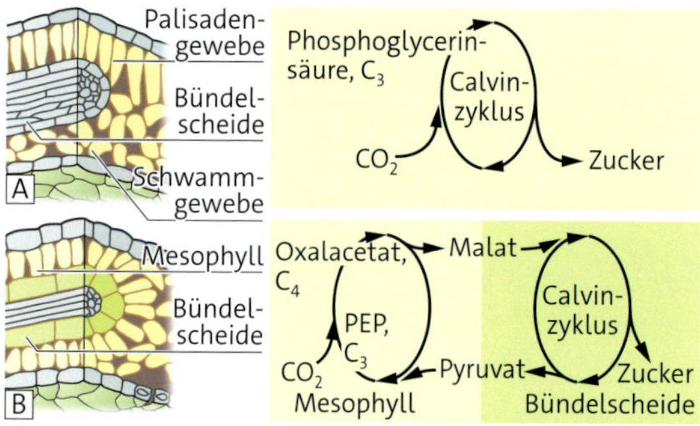

3 Blattaufbau und Stoffwechselweg: **A** C_3-Pflanze, **B** C_4-Pflanze

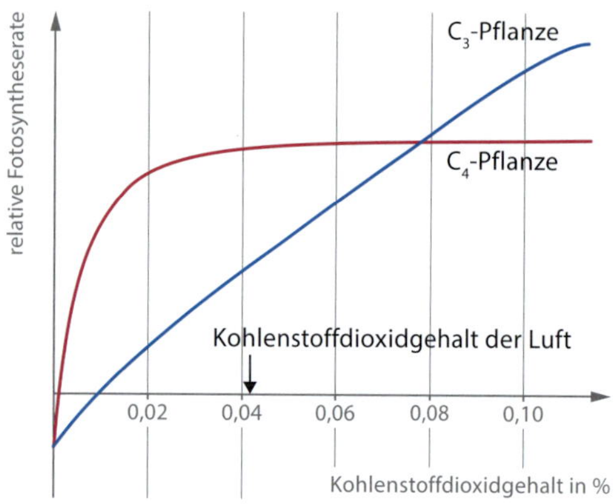

4 Fotosyntheseleistung bei einer C_3- und C_4-Pflanze im Laborversuch

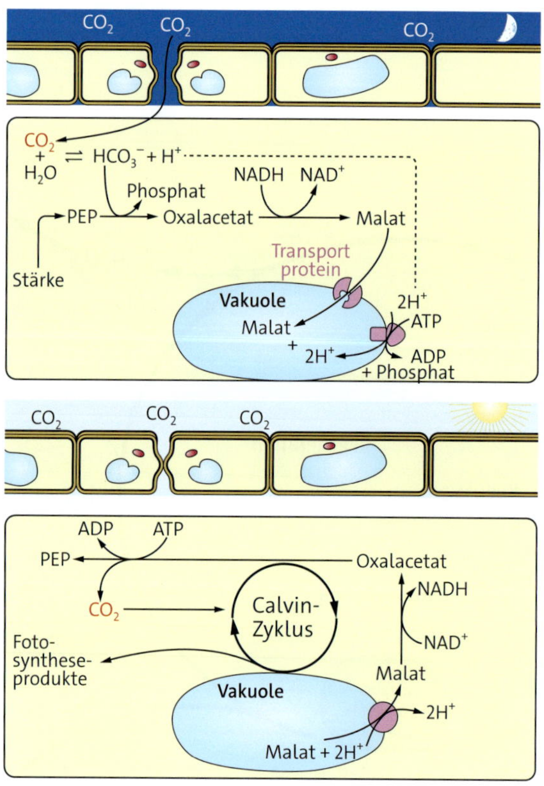

5 Fotosyntheseleistung bei CAM-Pflanzen

C_4-Pflanzen • Viele Pflanzen binden das CO_2 für die Fotosynthese in einer Reaktion, bei der sie 3-Phosphoglycerinsäure bilden. Diese Moleküle enthalten drei Kohlenstoffatome. Die Pflanzen nennt man daher C_3-Pflanzen. Bei anderen Pflanzen entsteht beim Einbau von CO_2 zunächst Oxalacetat, ein Molekül mit vier Kohlenstoffatomen. Man bezeichnet sie deshalb als C_4-Pflanzen.

In Laborversuchen wachsen C_4-Pflanzen bei geringen Kohlenstoffdioxidkonzentrationen in der Luft besser als C_3-Pflanzen. Diese haben allerdings eine höhere maximale Fotosyntheserate (▸ 4). An natürlichen Standorten ist der Kohlenstoffdioxidgehalt der Luft so hoch, dass C_4-Pflanzen, im Unterschied zu C_3-Pflanzen, ihre maximale Fotosyntheseleistung erreichen können.

An trockenen Standorten verengen C_4-Pflanzen tagsüber ihre Spaltöffnungen, sodass die Verdunstung verringert wird. Dadurch gelangt nur sehr wenig Kohlenstoffdioxid in ihre Zellen. In den Mesophyllzellen arbeitet ein Enzym, das Kohlenstoffdioxid und Phosphoenolpyruvat (PEP) miteinander reagieren lässt. Das entstandene Oxalacetat wird in Malat umgewandelt. Malat gelangt über Plasmodesmen in Bündelscheidenzellen, wo es das Kohlenstoffdioxid wieder abgibt. Dieses reichert sich hier an. Mithilfe des Enzyms Rubisco kann jetzt 3-Phosphoglycerinsäure hergestellt werden. Der Calvin-Zyklus läuft ab. So werden bei einer C_4-Pflanze die Kohlenstoffdioxidfixierung in der Zelle und die Weiterverarbeitung räumlich getrennt.

CAM-Pflanzen • Bei einigen Pflanzen trockener Standorte werden die Kohlenstofffixierung in der Zelle und die Weiterverarbeitung zeitlich getrennt. Diese Pflanzen öffnen nachts ihre Spaltöffnungen und speichern CO_2 durch die Bildung von Malat, das sie in ihren Vakuolen anreichern. Auch H^+-Ionen werden in die Vakuole transportiert. Der Vakuolensaft wird stärker sauer. Bei Licht betreiben diese Pflanzen Fotosynthese. Gespeichertes Malat und H^+-Ionen verlassen die Vakuole. Aus Malat wird CO_2 freigesetzt. Der Calvin-Zyklus kann ablaufen.

Da dieser Stoffwechsel zunächst bei Dickblattgewächsen, Crassulaceen, beobachtet wurde, nennt man ihn englisch Crassulacean Acid Metabolism, CAM.

Der in der Fotosynthese gebildete Sauerstoff reichert sich dabei an und mindert die Fotosyntheseleistung. CAM-Pflanzen haben an Standorten mit extremem Wassermangel einen ökologischen Konkurrenzvorteil gegenüber C_3- und C_4-Pflanzen.

1.3 Methoden

METHODE Chromatografie

Die Chromatografie ist eine der wichtigsten Methoden zur Trennung von Stoffgemischen.
Wird ein Stoffgemisch durch eine feinporige oder poröse Trägerschicht bewegt, können die Komponenten getrennt werden. Dabei wird eine Flüssigkeit oder ein Gas (die mobile Phase) an einem Feststoff (der stationären Phase) vorbeitransportiert.
Die Wechselwirkungen der Pigmente mit dem Trägermaterial und dem Laufmittel führen dazu, dass die einzelnen Stoffe des Gemisches unterschiedlich schnell durch das Trägermaterial bewegt werden (▶ 1).

Ein Stoff wird also umso weiter transportiert, je besser er sich in der mobilen Phase löst und je weniger gut er an der stationären Phase bindet. Das sorgt dafür, dass die Stoffe aus dem Gemisch unterschiedlich weit „wandern“. Zu den Kenngrößen eines Chromatogramms zählt der **R_f-Wert**. Dieser gibt die Laufstrecke eines bestimmten Stoffes im Verhältnis zum Abstand zwischen Start- und Frontlinie wieder (▶ 2). Oft lässt man einen bekannten Stoff mit dem Stoffgemisch mitlaufen. So lässt sich der gesuchte Stoff einfach zuordnen.

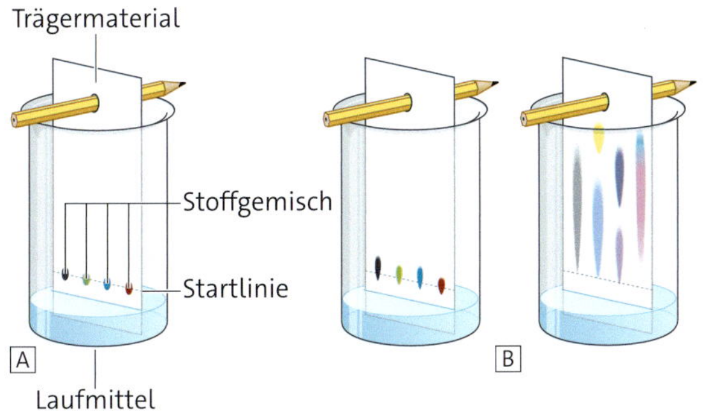

1 Schema und Ergebnis einer Papierchromatografie

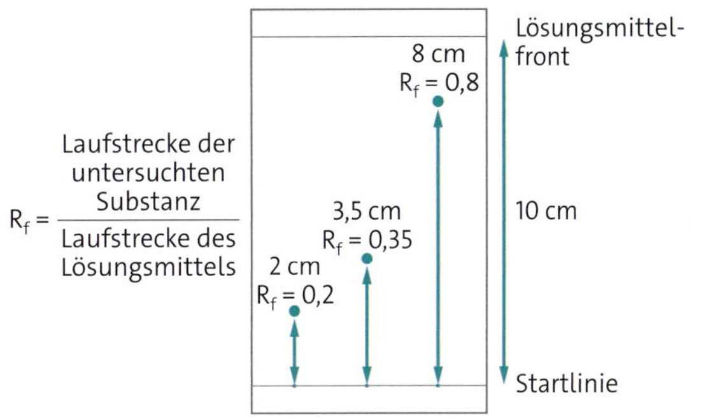

2 Berechnung des R_f-Wertes

METHODE Tracer-Methode

Viele chemische Elemente kommen in der Natur in verschiedenen Varianten vor, die sich in ihren chemischen Eigenschaften gleichen, aber aufgrund der Anzahl an Neutronen in ihrer Atommasse und damit in ihren physikalischen Eigenschaften unterscheiden. Solche Elemente heißen Isotope. Das Element Stickstoff zum Beispiel kommt als leichtes Stickstoffisotop ^{14}N und schweres Stickstoffisotop ^{15}N vor. Isotope eignen sich zur Herstellung von Tracer-Molekülen. Das Stickstoffisotop ^{15}N verwendet man zum Beispiel bei der Erforschung der DNA-Replikation.

Lebewesen können zwischen den verschiedenen Isotopen nicht unterscheiden, sie nehmen ohne Unterschied an den Stoffwechselprozessen teil. Wenn man in Zellen kurzzeitig für Sekunden oder Minuten radioaktiv markierte Aminosäuren einbringt, nutzen sie diese für den Aufbau von Proteinen. Untersucht man anschließend die Zellen zu verschiedenen Zeiten, kann man erkennen, wo in den Zellen zuerst vermehrt Strahlung auftaucht und welche Wege die hergestellten Moleküle durch die Zelle nehmen.

Mithilfe eines Tracerversuchs konnte eine entscheidende Erkenntnis zur Fotosynthese gemacht werden. Bis dahin war unklar, ob der bei der Fotosynthese von Pflanzen freigesetzte Sauerstoff aus dem Kohlenstoffdioxid oder aus dem Wasser stammt. Um die Hypothese zu prüfen, dass der Sauerstoff aus dem aufgenommenen Kohlenstoffdioxid stammt, nutzten die Forscher das natürlich vorkommende Sauerstoffisotop ^{18}O, das sich von dem sehr viel häufiger vorkommenden Sauerstoffisotop ^{16}O durch eine etwas höhere Atommasse unterscheidet. Letztendlich konnte nachgewiesen werden, dass der bei der Fotosynthese freigesetzte Sauerstoff aus dem Wasser stammt (▶ 3).

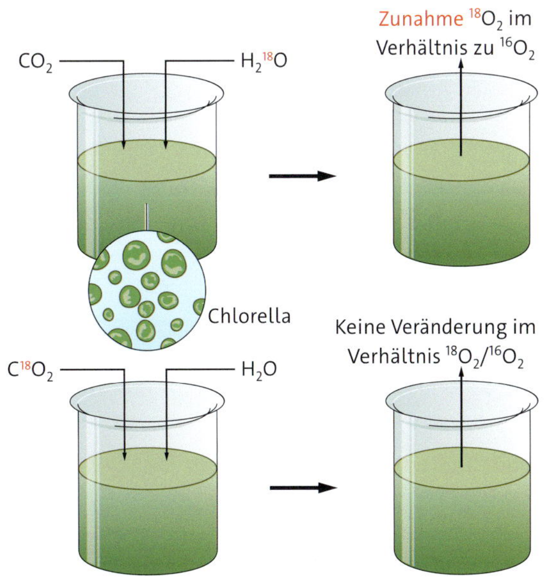

3 Nachweisexperiment zur Herkunft des Sauerstoffs bei der Fotosynthese

Glossar

Hier ist Platz, um dein Wissen zum Stoffwechsel zu organisieren. Dafür kannst du z. B. eine Mind-Map mit wichtigen Fachbegriffen anlegen. Nutze dazu auch das ▶ Glossar.

Stoffwechsel

Platz für weitere Notizen zum Thema Stoffwechsel:

Stoffwechsel

Lösungen

Energie- und Stoffumwandlung

1 Adenosintriphosphat, kurz ATP, spielt bei vielen Stoffwechselreaktionen eine wichtige Rolle.

a Beschreiben Sie den Aufbau eines ATP-Moleküls.

b Erläutern Sie die Bedeutung von ATP als universeller Energieträger der Zelle.

c Beschreiben Sie, wie man mit radioaktivem Phosphor als Tracer die Mitochondrien als Ort der Umwandlung von ADP zu ATP nachweisen kann (vgl. S. 41).

d Formulieren Sie die Reaktionsgleichungen von Zellatmung und Fotosynthese mit Summenformeln.

e Nennen Sie die Teilprozesse der Zellatmung und der Fotosynthese, bei denen eine chemiosmotische ATP-Bildung stattfindet.

f Erklären Sie an einem Beispiel das Basiskonzept Stoff- und Energieumwandlung.

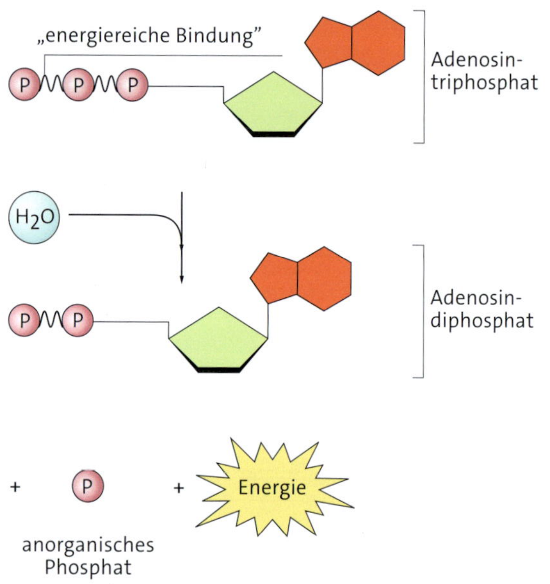

2 Hefepilze können aerobe und anaerobe Dissimilationsprozesse, also Zellatmung und Gärung, betreiben. Im Bioreaktor kann man Hefe unter aeroben oder anaeroben Bedingungen halten. Dabei ist ihr Glucoseverbrauch unter aeroben Bedingungen deutlich geringer.

a Benennen Sie die Teilprozesse der Zellatmung A–D und die beteiligten Moleküle 1–6.

b Begründen Sie, weshalb Hefepilze unter anaeroben Bedingungen deutlich mehr Glucose verbrauchen als unter aeroben.

c Vergleichen Sie die Stoff- und Energiebilanz von alkoholischer Gärung und Milchsäuregärung.

d Erklären Sie am Beispiel eines Mitochondriums das Basiskonzept Struktur und Funktion.

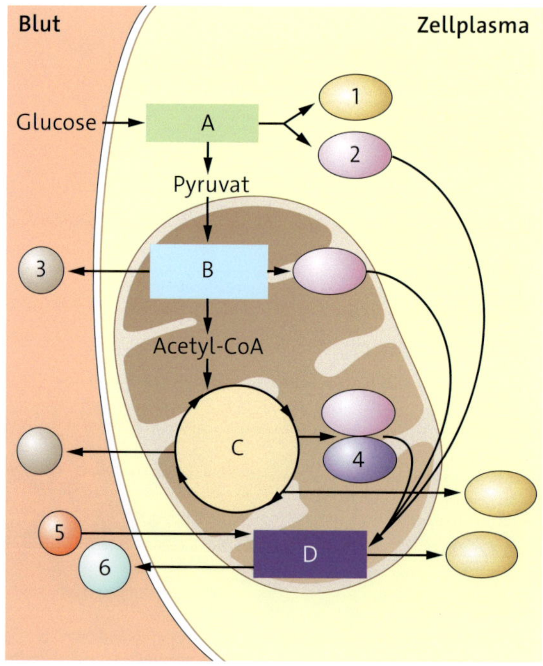

3 Pflanzen betreiben in ihren Chloroplasten den Assimilationsprozess Fotosynthese.

a Nennen Sie drei Angepasstheiten im Bau eines Laubblatts an die Fotosynthese.

b Beschreiben Sie die Vorgänge im Antennenkomplex eines Fotosystems.

c Beschreiben Sie die Trennung von Blattpigmenten anhand der Chromatografie.

d Begründen Sie den Zusammenhang zwischen den Absorptionsspektren der Blattpigmente und dem Wirkungsspektrum der Fotosynthese.

e Erläutern Sie die Verkettung der lichtabhängigen und der lichtunabhängigen Reaktion.

f Erklären Sie am Beispiel dieser Reaktionen das Basiskonzept Kompartimentierung.

g Begründen Sie den Vorteil von C_4-Pflanzen gegenüber C_3-Pflanzen an heißen, trockenen Standorten.

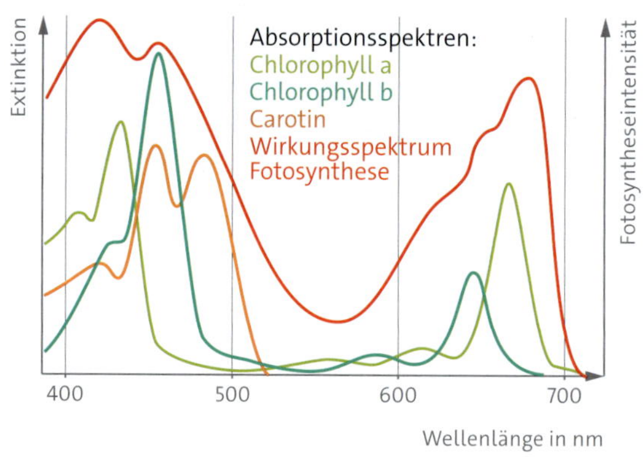

Chromatografie

4 Mithilfe der Chromatografie können Blattfarbstoffe aufgetrennt werden.

a Beschreiben Sie, welche beiden grundsätzlichen Typen von Farbstoffen es in Pflanzen gibt.

b Erläutern Sie die Funktion von Trägermaterial und Laufmittel im Verfahren der Chromatografie.

c Erläutern Sie die Vorteile einer zweidimensionalen Chromatografie und verdeutlichen Sie Ihre Erklärungen mithilfe einer Skizze.

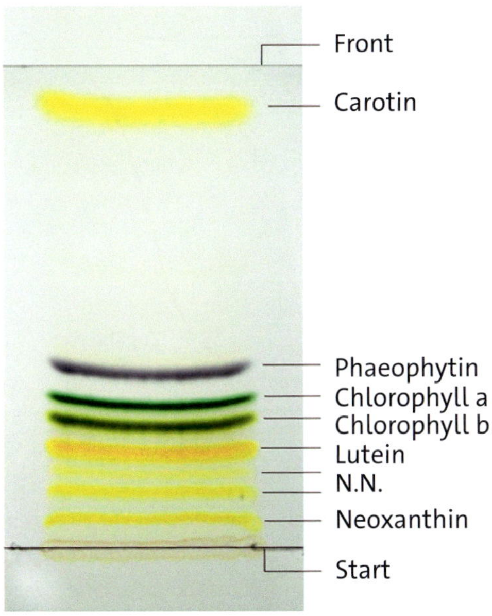

Fotosynthese

5 Die Fotosynthese ist zweigeteilt.

a Beschreiben Sie die chemiosmotische Hypothese von Peter Mitchell.

b Für die Fotoreaktion und die Synthesereaktion der Fotosynthese sind unterschiedliche Fachbegriffe im Umlauf. Diskutieren Sie Vor- und Nachteile der verschiedenen Begriffe.

c Typische Pflanzen heißer und trockener Standorte zeigen Spezialisierungen bei der Fixierung von Kohlenstoffdioxid. Beschreiben Sie die Unterschiede in der Fixierung von Kohlenstoffdioxid bei C_4-Pflanzen und CAM-Pflanzen.

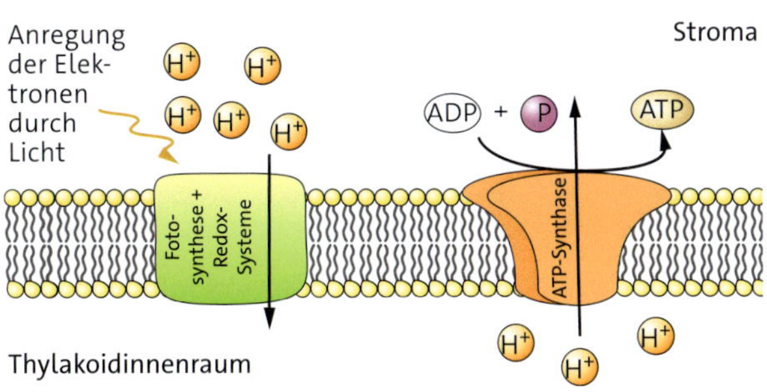

6 Die Fotosynthese ist von verschiedenen Umweltfaktoren abhängig.

a Erläutern Sie den Einfluss der Temperatur.

b Erläutern Sie, wieso der Ertrag in Gewächshauskulturen durch CO_2-Begasung gesteigert werden kann.

c Nennen Sie weitere Umweltfaktoren, die die Fotosyntheserate einer Pflanze beeinflussen.

Training A Regulierende Faktoren der Glykolyse

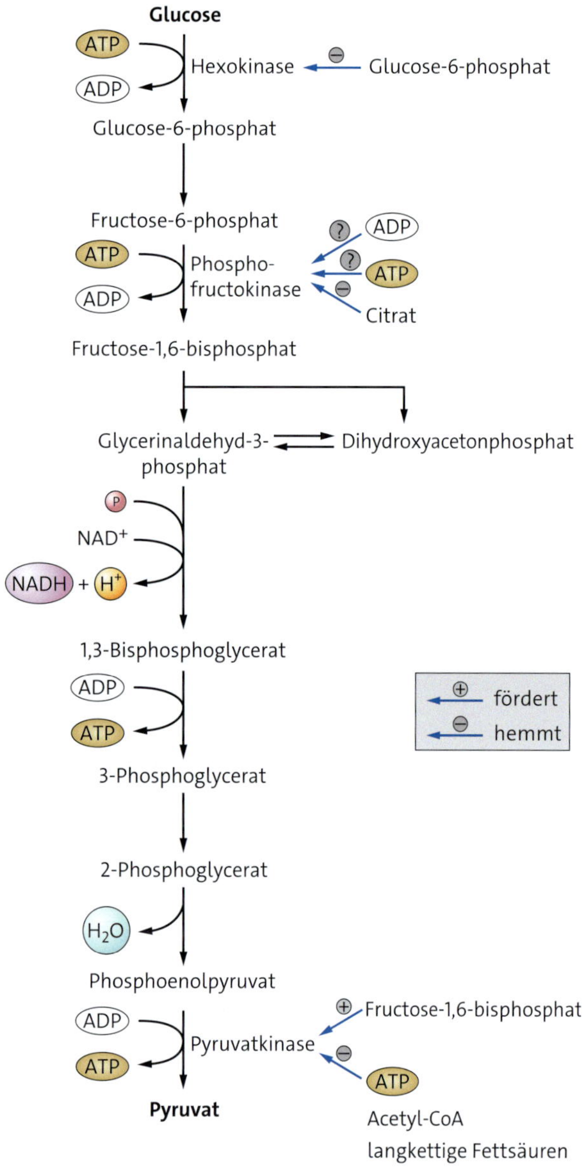

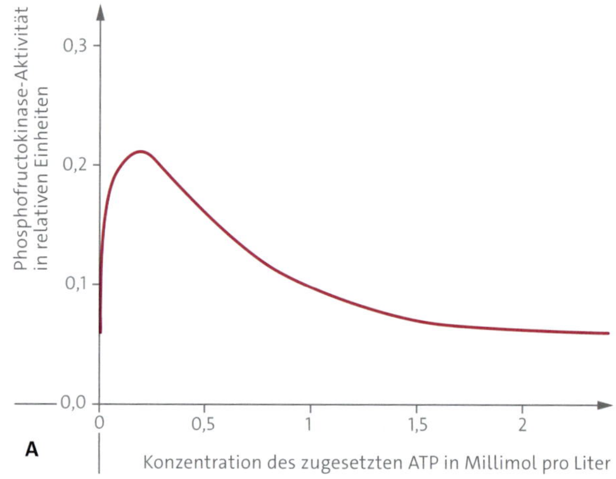

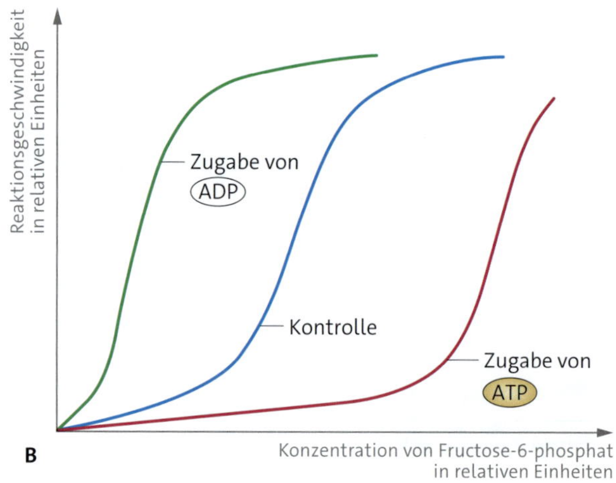

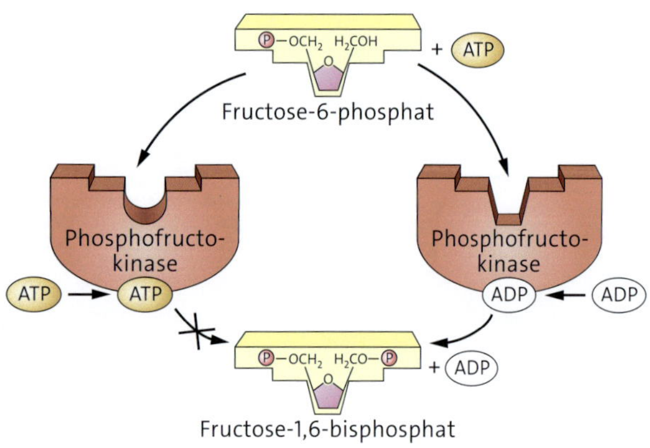

Die Zelle ist in der Lage, die Glykolyse bedarfsgerecht zu regulieren. Als Kontrollstellen für diese Regulation dienen die drei Enzyme Hexokinase, Phosphofructokinase und Pyruvatkinase. Eine besonders wichtige Rolle in der Regulation der Glykolyse spielt das Enzym Phosphofructokinase, das den ersten energieliefernden Schritt der Glykolyse katalysiert.

Die Diagramme zeigen, wie ATP und ADP das Enzym Phosphofructokinase beeinflussen.

1 Nennen Sie die Stoffe, die den Ablauf der Glykolyse beeinflussen, sowie jeweils die Art ihrer Wirkung.

2 Erläutern Sie anhand der Diagramme den Einfluss von ATP und ADP auf die Reaktion von Fructose-6-phosphat zu Fructose-1,6-bisphosphat.

3 Erläutern Sie den Mechanismus zur Regulation der Phosphofructokinase durch ATP und ADP.

4 Erklären Sie den Einfluss von ATP und ADP auf die Glykolyse.

Training B Leistungsdiagnostik und Trainingserfolge

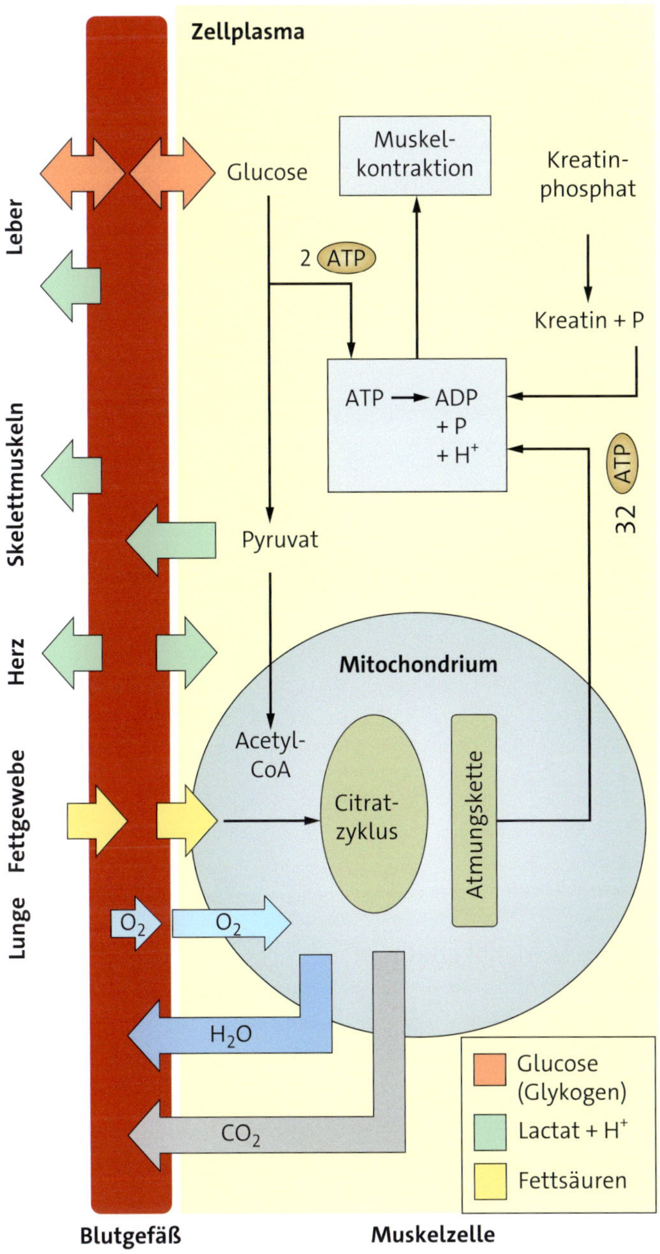

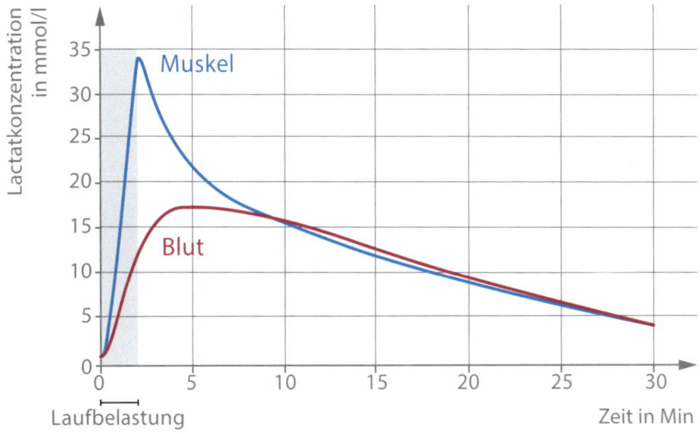

Messergebnisse des Leistungstests bei Belastungsintervallen von drei Minuten (— Dezember 2014, — Dezember 2015)

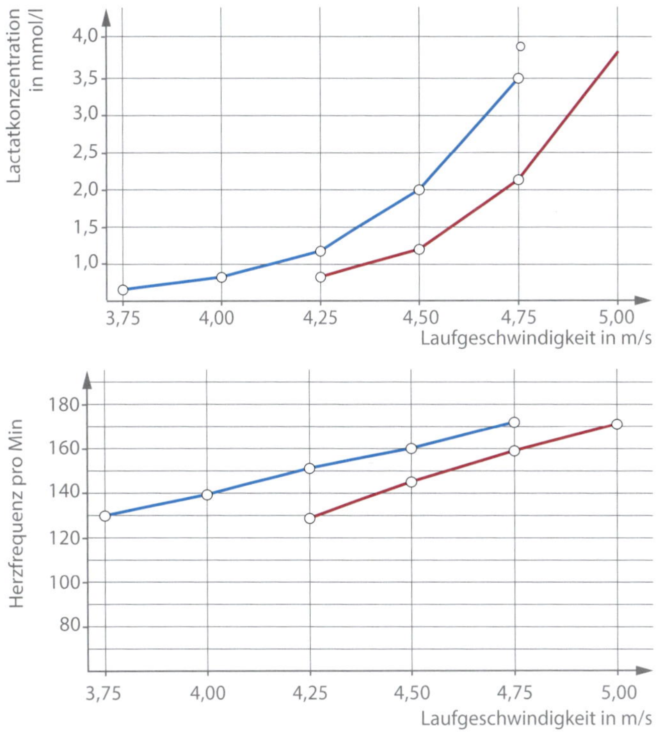

Während und nach einer intensiven körperlichen Belastung, zum Beispiel einem 400-Meter-Lauf, verändert sich die Lactatkonzentration im Blut und in den Muskeln. Mithilfe der veränderten Lactatwerte werden im Leistungssport der Trainingszustand und Trainingserfolg bestimmt.

Eine Spitzensportlerin im Mittel- und Langstreckenlauf führte jährlich einen Leistungstest durch. Dazu lief die Sportlerin auf einem Laufband. Die Geschwindigkeit des Laufbands wurde stufenweise in festgesetzten Zeitintervallen von jeweils drei Minuten erhöht, bis die Sportlerin ihre maximale Leistungsfähigkeit erreichte und die Belastung abbrach. Am Ende jeder Belastungsstufe wurden die Lactatkonzentration im Blut und die Herzfrequenz bestimmt.

1 Beschreiben Sie die Veränderungen der Lactatkonzentrationen in Blut und Muskel während und nach einem 400-Meter-Lauf.

2 Deuten Sie die Veränderungen der Lactatkonzentration mithilfe des Schemas.

3 Beschreiben Sie die Ergebnisse des Leistungstests der Sportlerin in den Jahren 2014 und 2015.

4 Stellen Sie Vermutungen an, welche Trainingseffekte die Veränderungen der Lactatkonzentration und der Herzfrequenz erklären könnten.

Folgende Aufgaben habe ich bereits gelöst:
Energie- und Stoffumwandlung 1 ◯ 2 ◯ 3 ◯
Chromatografie 4 ◯
Fotosynthese 5 ◯ 6 ◯
Training A ◯ B ◯

2 Genetik

2.1 Grundlagen der Genetik

2.2 Von der DNA zum Protein

2.3 Mutationen und Vererbung

2.4 Gentechnik

Einstufungstest

Karteikarten

Ich kann:

- den Bau von Nukleinsäuren beschreiben
- die DNA-Replikation und den Weg vom Gen zum Merkmal erläutern
- Auswirkungen von Mutationen in den Genen beschreiben
- die Aktivität und Regulation von Genen beschreiben
- die Entstehung von Krebs durch Fehler in der Genaktivität erklären
- gentechnische Verfahren und ihre Anwendungsbereiche vorstellen

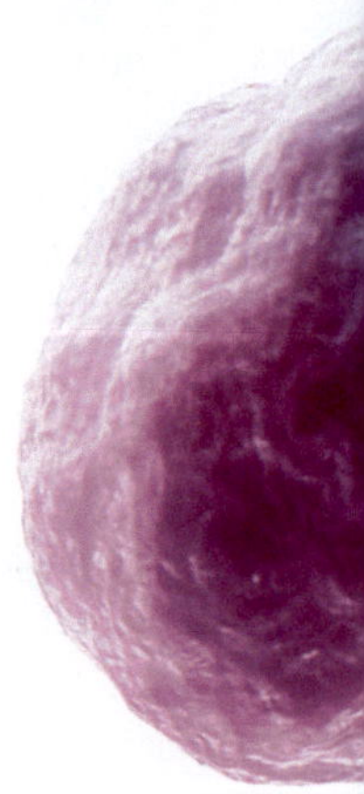

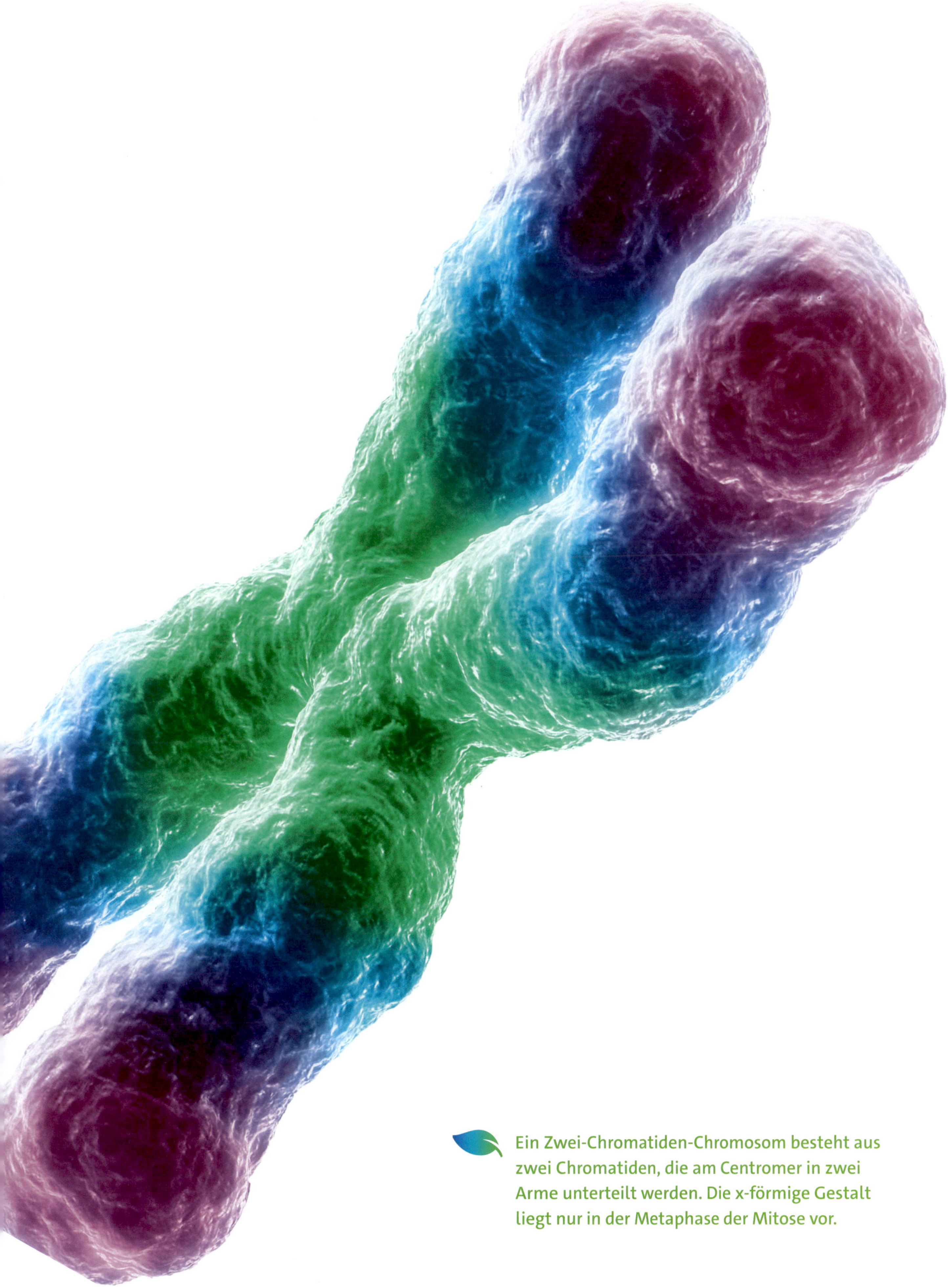

Ein Zwei-Chromatiden-Chromosom besteht aus zwei Chromatiden, die am Centromer in zwei Arme unterteilt werden. Die x-förmige Gestalt liegt nur in der Metaphase der Mitose vor.

2.1 Grundlagen der Genetik

Mitose: Kernteilung

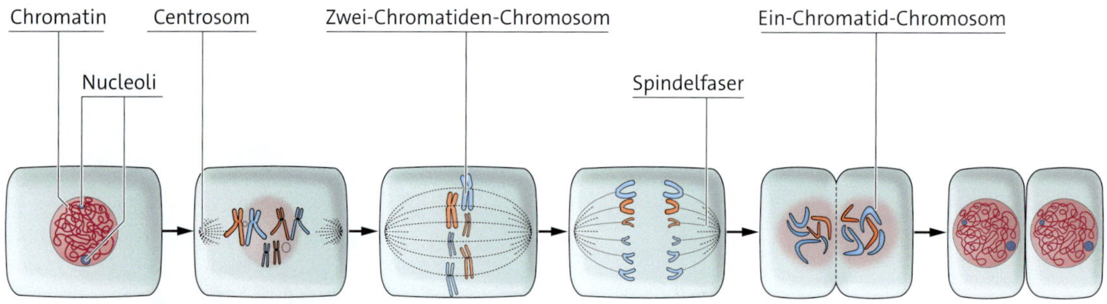

Prophase	Prometaphase	Metaphase	Anaphase	Telophase	Zytokinese
– Auflösen der Nucleoli – Verdichtung des Chromatins zu Zwei-Chromatiden-Chromosomen – Auflösen der Kernmembran – Anheften der Spindelfasern		– Anordnung der Zwei-Chromatiden-Chromosomen in der Äquatorialebene – Trennung und Ziehen der Ein-Chromatid-Chromosomen zu den Zellpolen durch die Spindelfasern		– Abbau der Spindelfasern – Neubildung der Kernmembran und der Nucleoli – Trennung der Zelle zu zwei Tochterzellen	

1 Phasen der Mitose

Ergebnis der Mitose sind zwei diploide Zellen mit der gleichen Erbinformation.

Zellzyklus

Im Zellzyklus folgt auf Mitose und Zytokinese die Interphase. Sie lässt sich unterteilen in drei Unterphasen:

- G_1-Phase: Synthese von Proteinen, Zellbestandteilen und RNA, zudem Wachstum
- S-Phase: Synthese von DNA (Verdopplung der Ein-Chromatid- zu Zwei-Chromatiden-Chromosomen)
- G_2-Phase: Wachstum und Synthese von Proteinen als Vorbereitung für die nächste Mitose

Meiose: Geschlechtszellenbildung

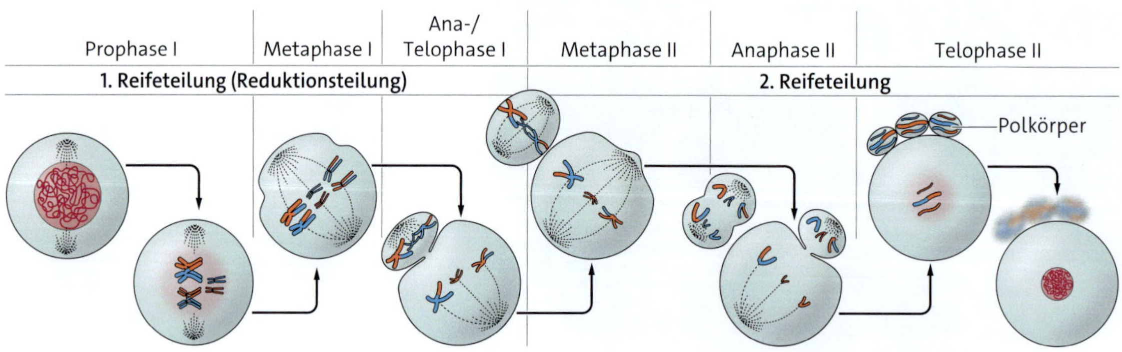

2 Ablauf der Meiose

Unterschiede zur Mitose:

- In der Prophase I kann es zwischen den beiden Chromosomen einer Chromatidentetrade durch den Austausch von Chromosomenabschnitten beim Crossing-over zu Rekombination kommen.
- In der Anaphase I werden die homologen Chromosomen voneinander getrennt. Auch dabei findet Rekombination statt: Die Chromosomen eines Paares werden zufällig auf die Tochterzellen verteilt.
- Nach der 1. Reifeteilung sind die Zellen haploid.
- Die Polkörper von Eizellen gehen zugrunde.

Ergebnis der Meiose sind vier haploide Zellen, die durch die Rekombinationsereignisse genetisch unterschiedlich sind.

Chromosomen und DNA

Chromosomen • Die Chromosomen des Menschen sind linear. Sie enthalten DNA, die um Histone gewunden, mehrfach verdrillt und in Schleifen gelegt ist. So liegen die Informationen in stark kondensierter Form vor, die es ermöglicht, fast 2 m DNA in einem Zellkern unterzubringen.

DNA • Die DNA ist Träger der Erbinformationen. Die Basensequenz enthält die Informationen. Die komplementäre Basenpaarung ermöglicht eine fehlerfreie Verdopplung. Die Veränderlichkeit durch Mutationen ist eine Voraussetzung für Evolution.

DNA: Desoxyribonukleinsäure, eng.: *deoxyribonucleic acid*

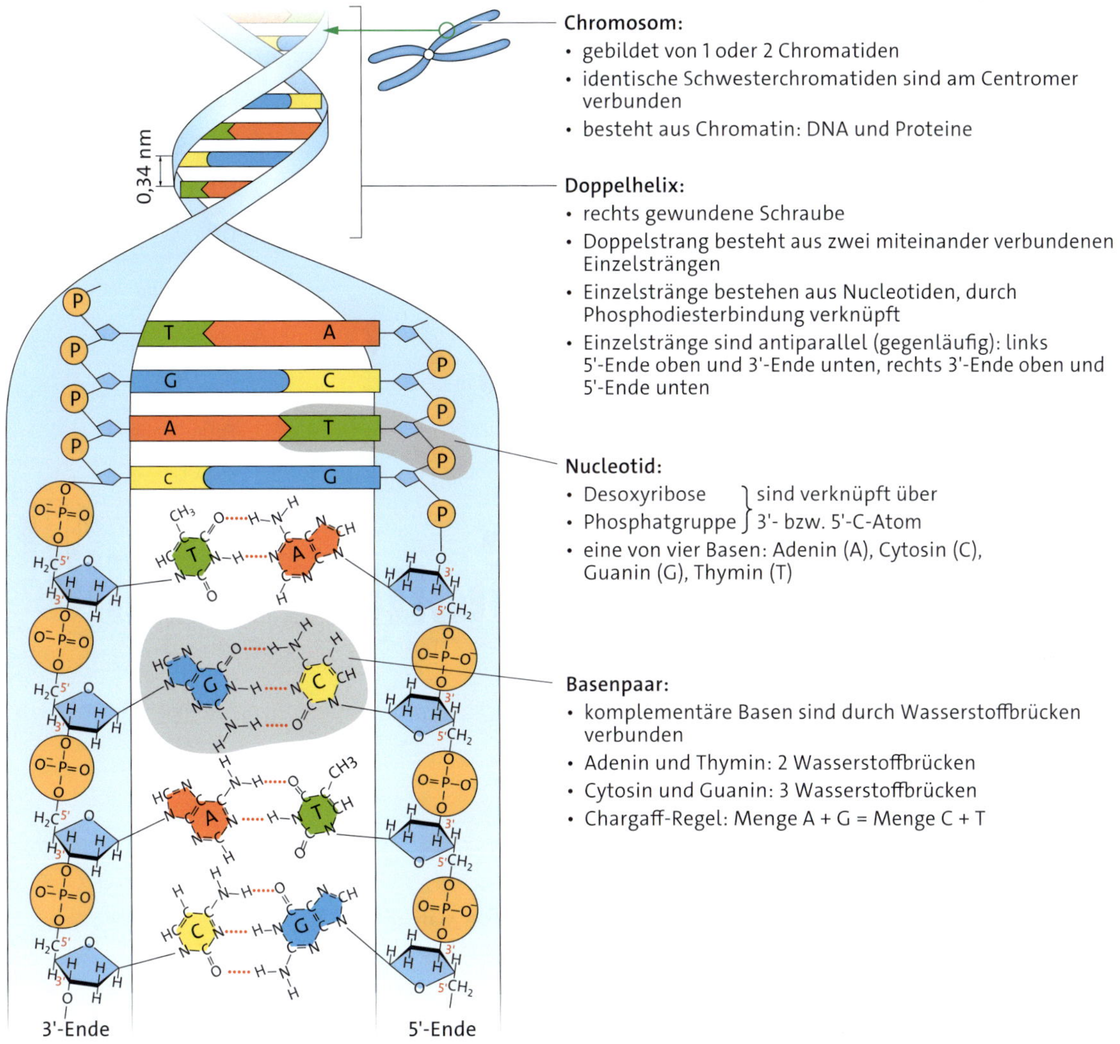

3 Raumstruktur der DNA

RNA

RNA • Im Vergleich zur DNA weist die RNA folgende Besonderheiten auf:

- Sie enthält als Zucker **Ribose** statt Desoxyribose (▶ 4).
- Sie enthält die Base **Uracil** statt Thymin.
- Sie liegt komplett als Einzelstrang oder zumindest nicht vollständig als Doppelstrang vor.

Beispiele für wichtige RNA-Typen bei pro- und eukaryotischen Zellen sind mRNA (Messenger-RNA), tRNA (Transfer-RNA) und rRNA (ribosomale RNA).

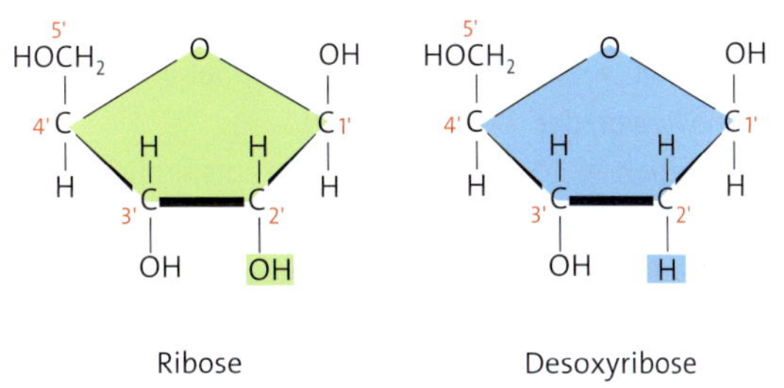

4 Ribose und Desoxyribose

RNA: Ribonukleinsäure, eng.: *ribonucleic acid*

2.2 Von der DNA zum Protein

Bei der Replikation wird die DNA verdoppelt.

Replikation

- Das Enzym Helikase entwindet die Doppelhelix und trennt die Wasserstoffbrücken zwischen den Strängen. Dadurch bildet sich eine Replikationsgabel mit einzelsträngigen Enden.
- Das Enzym DNA-Polymerase synthetisiert immer in 5'→3'-Richtung und ergänzt so jeden Einzelstrang zum Doppelstrang (**semikonservative Replikation**).
- Der Leitstrang wird kontinuierlich gebildet. Der Folgestrang wird gegen die Richtung der sich öffnenden Replikationsgabel synthetisiert, da die DNA-Polymerase einen Nucleotidstrang nur in 5'→3'-Richtung verlängern kann. Es entstehen Okazaki-Fragmente, die danach durch eine Ligase miteinander verbunden werden. Die Synthese des Folgestranges erfolgt daher diskontinuierlich.

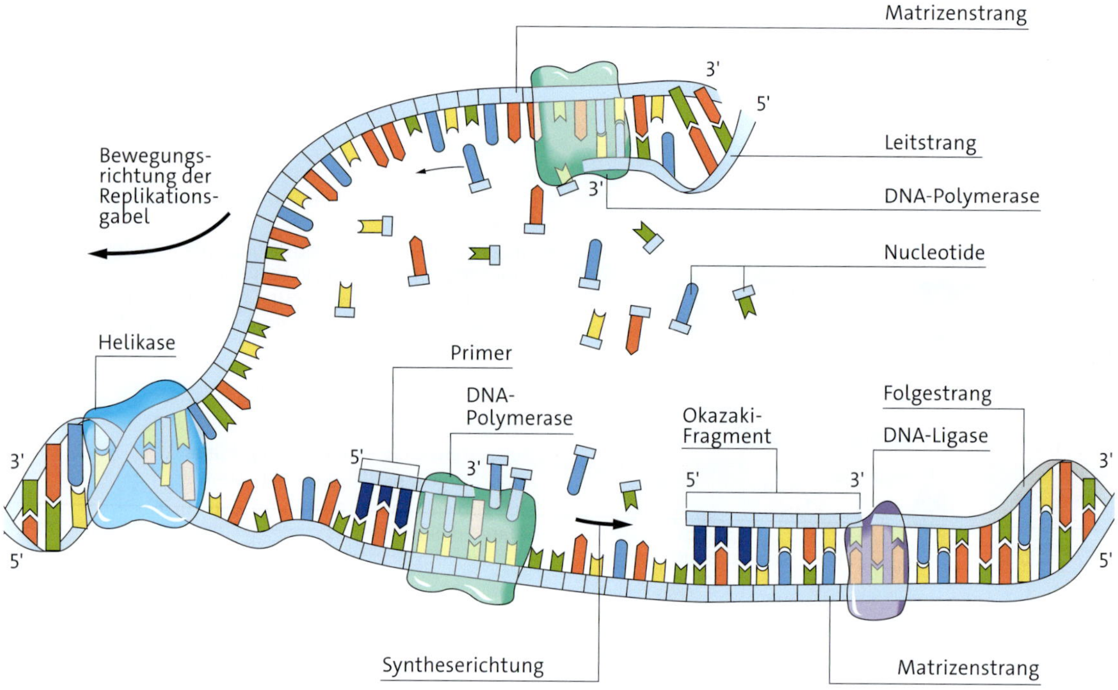

1 Verdopplung der DNA durch Replikation

Bei der Transkription wird ein Teil der DNA in ein komplementäres RNA-Molekül übersetzt.

Transkription

Der erste Schritt der Proteinbiosynthese ist die Herstellung einer RNA-Kopie der DNA-Sequenz eines Gens. Welcher der beiden Einzelstränge dabei als Matrizenstrang dient, wird von der Lage des Promotors bestimmt. Neben Genen können auch andere DNA-Abschnitte transkribiert werden. Die entstehenden RNA-Transkripte sind dann aber keine Vorlage für die Bildung von Proteinen, sondern haben eine andere Funktion, beispielsweise als tRNA oder rRNA.

Schritte der Transkription:

1. Initiation • Die RNA-Polymerase bindet an eine spezifische Region der DNA (Promotor).

2. Elongation • Die Doppelhelix wird entspiralisiert und die Wasserstoffbrücken getrennt. Der komplementäre RNA-Strang wird in 5'→3'-Richtung gebildet.

3. Termination • Am Ende der Transkriptionseinheit befindet sich eine spezielle Basensequenz, der Terminator. Die RNA-Polymerase löst sich von der DNA und die Transkription wird beendet.

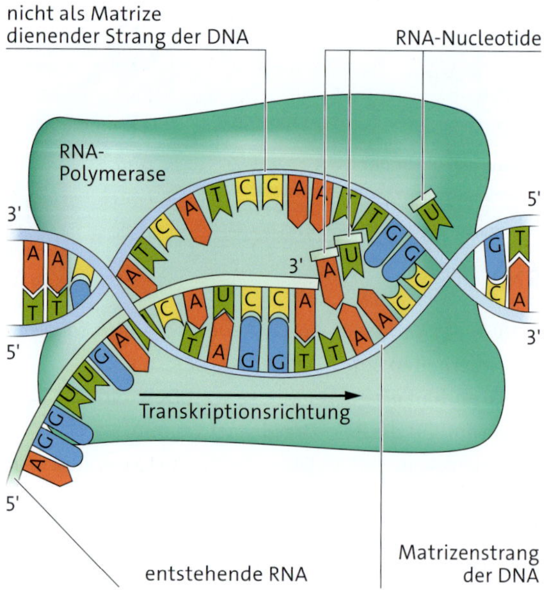

2 Der Elongationsprozess der Transkription

Processing

Eukaryotische Gene enthalten neben codierenden Abschnitten, den Exons, auch nicht codierende Abschnitte, die Introns. Die Introns werden noch im Zellkern durch Spleißen entfernt. Zudem werden beim Processing noch weitere Veränderungen an der mRNA vorgenommen. Die mRNA vor dem Processing wird als Prä-mRNA bezeichnet, die mRNA nach dem Processing als reife mRNA. Prokaryotische Gene enthalten keine Introns, es findet kein Processing der mRNA statt.

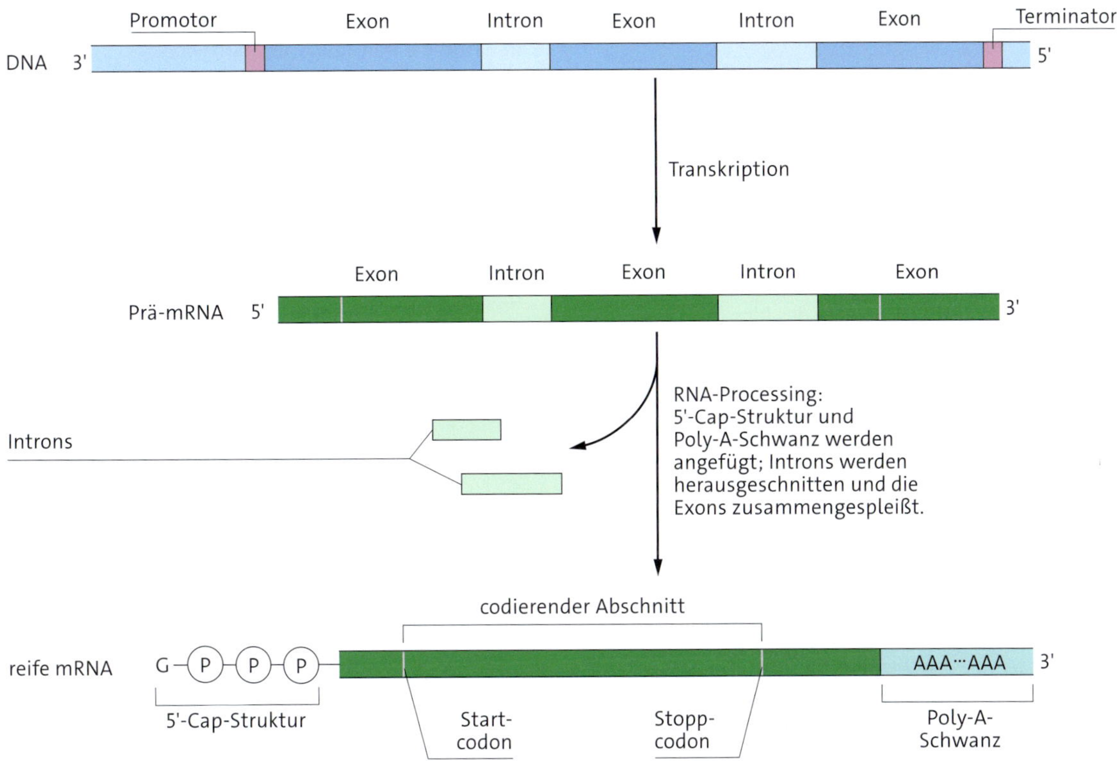

3 Processing eines eukaryotischen Gens

Translation und genetischer Code

Die Translation ist der letzte Schritt der Proteinbiosynthese. Auf Basis der mRNA wird ein Polypeptid gebildet. Eine wichtige Rolle dabei spielen die tRNA-Moleküle. Jedes von ihnen wird durch das Enzym Aminoacyl-tRNA-Synthetase mit einer bestimmten Aminosäure verknüpft, sodass tRNAs mit dem gleichen Anticodon immer die gleiche Aminosäure tragen. Jede tRNA bindet spezifisch mit ihrem Anticodon an das komplementäre Codon der mRNA. So kann der genetische Code korrekt dechiffriert werden.

Der genetische Code, der fast universell für alle Lebewesen gilt, ist in der Codesonne (▸ 4) dargestellt. Da es für manche Aminosäuren mehrere Codons gibt, nennt man den Code degeneriert. Trotzdem ist er eindeutig. Er gilt zudem als komma- und überlappungsfrei, denn die Codons liegen lückenlos nebeneinander und überschneiden sich nicht.

Beispiel:
Code: AUG (Startcodon) → Aminosäure: Methionin
Code: GCC → Aminosäure: Alanin

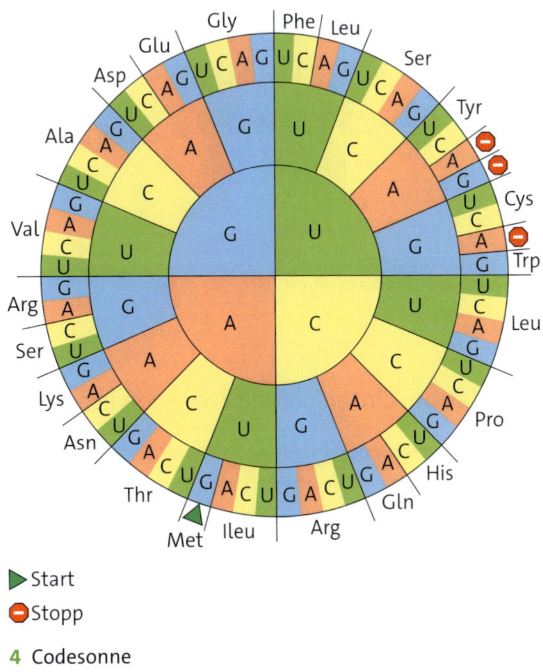

4 Codesonne

Die Codesonne wird von innen nach außen gelesen.

Ablauf der Translation

1. Initiation (► 5)
- kleine ribosomale Untereinheit bindet im Bereich des Startcodons (meist AUG)
- tRNA mit Methionin bindet mit Anticodon an Startcodon
- große ribosomale Untereinheit bindet im Bereich des Startcodons
- tRNA befindet sich an P-Stelle des Ribosoms
- Initiationsfaktoren unterstützen den Prozess

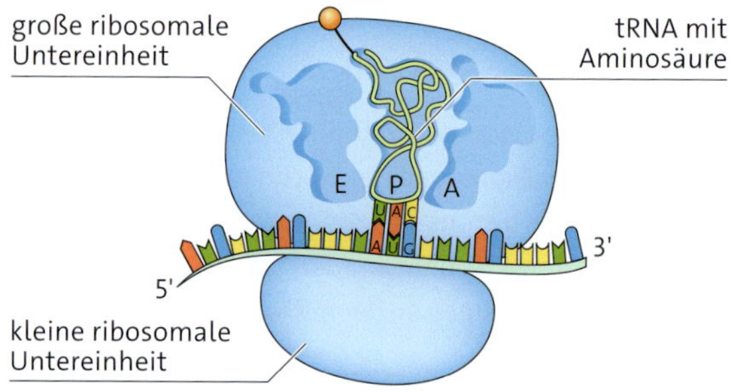

5 Initiation der Translation am Startcodon

2. Elongation (► 6)
- weitere tRNA mit Aminosäure bindet an Codon in der A-Stelle des Ribosoms
- Ribosom löst Aminosäure von tRNA in der P-Stelle und verknüpft sie mit Aminosäure der A-Stelle
- Ribosom bewegt sich in 5'→3'-Richtung ein Codon weiter
- unbeladene tRNA an E-Stelle des Ribosoms löst sich

3. Termination
- zum Stoppcodon gibt es keine passende tRNA
- ribosomale Untereinheiten, mRNA und Polypeptid lösen sich voneinander
- Terminationsfaktoren unterstützen den Prozess

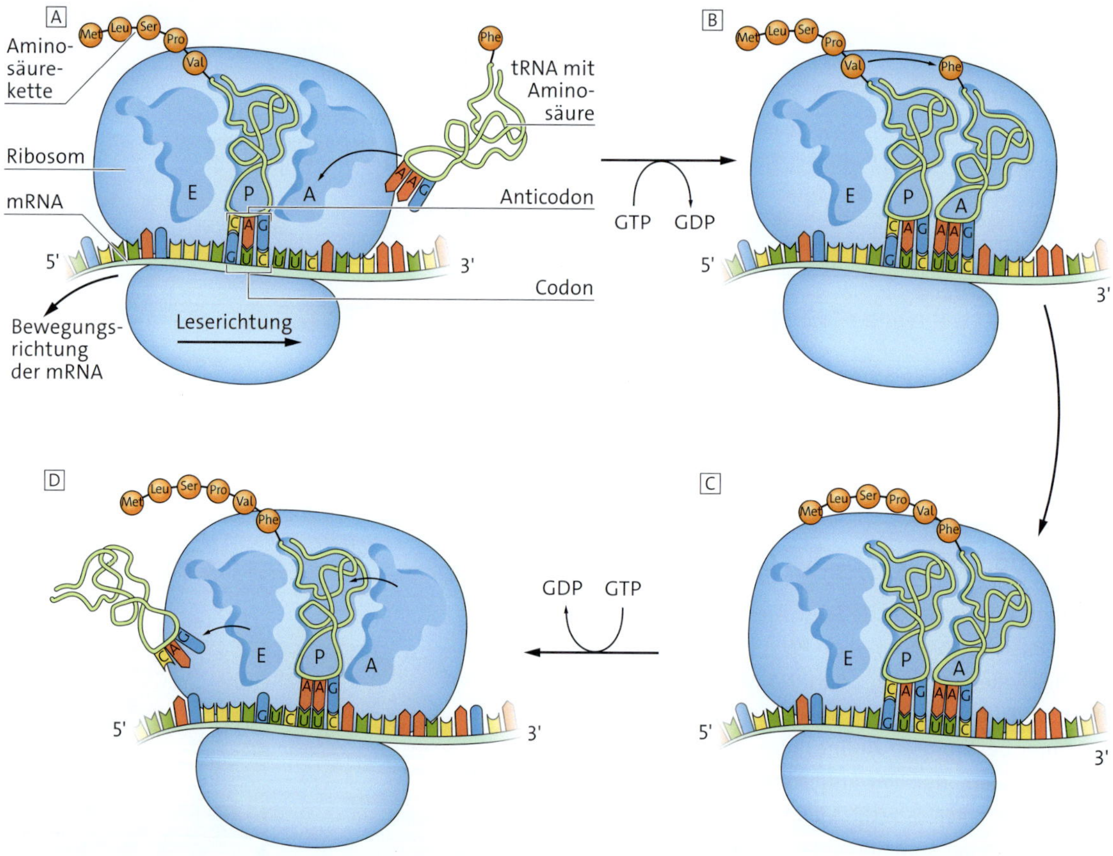

6 Elongation der Translation

Translation: Unterschiede zwischen Pro- und Eukaryoten

Neben Unterschieden in der Anzahl und Form der beteiligten Moleküle unterscheidet sich die Translation bei Pro- und Eukaryoten auch in diesen Punkten:
- Bei Prokaryoten findet sie immer im Cytoplasma statt, bei Eukaryoten im Cytoplasma oder am rauen Endoplasmatischen Reticulum.
- Eukaryotische mRNA ist monocistronisch, sie enthält die Informationen nur eines Gens. Prokaryotische mRNA kann auch polycistronisch sein, also die Informationen mehrerer Gene enthalten. Sie trägt dann auch mehrere Start- und Stoppcodons.

Genregulation bei Prokaryoten

Der am besten untersuchte Mechanismus zur Genregulation bei Prokaryoten basiert auf dem Operon-Modell von Jacob und Monod. Ein Operon besteht aus:

- Promotor (P): Bindungsstelle der RNA-Polymerase
- Operator (O): Bindungsstelle des Repressors
- Strukturgene (hier: Z, Y, A): meist mehrere Gene, deren Expression durch das Operon reguliert wird

Das Regulatorgen (I) codiert für den Repressor, ist aber nicht Bestandteil des Operons.

Vorteile der Regulation durch ein Operon sind:

- Substratinduktion: Enzyme, die ein Substrat abbauen, werden nur dann synthetisiert, wenn das Substrat in der Zelle vorhanden ist.
- Endproduktrepression: Enzyme, die ein Endprodukt herstellen, werden nur solange synthetisiert, bis genug Endprodukt vorliegt.

Somit spart eine Zelle Energie und Baustoffe.

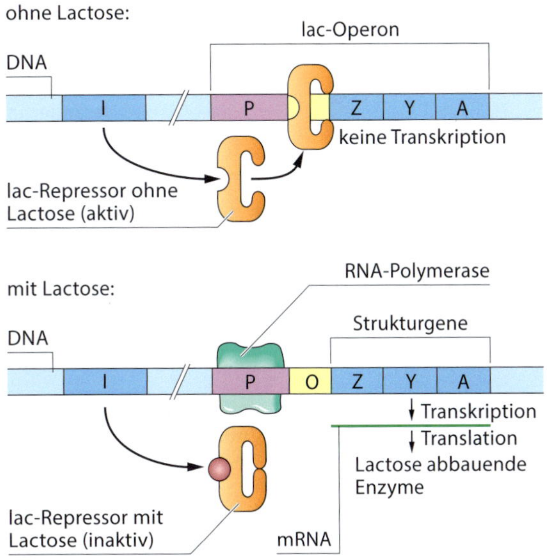

7 Substratinduktion am lac-Operon

Genregulation bei Eukaryoten

Genregulation bei Eukaryoten • Bei Eukaryoten hat neben der Kontrolle der Transkription auch die Kontrolle der Translation eine wichtige Bedeutung. Hier gibt es unter anderem folgende Mechanismen (▶ 8):

- Methylierung und Acetylierung,
- Einfluss von Transkriptionsfaktoren,
- RNA-Editing, RNA-Interferenz

Epigenetik • Die Methylierung und Acetylierung von DNA und Histonen wirken sich nicht nur auf einen Organismus aus. So wird das Methylierungsmuster der DNA durch bestimmte Enzyme nach der Replikation auf die Tochterzellen und somit über Geschlechtszellen auch auf die Nachkommen übertragen. Da die Basensequenz nicht verändert wird, spricht man von epigenetischer Vererbung.

Methylierung: Chromatinstruktur verdichtet
→ Transkription verhindert

Acetylierung: Chromatinstruktur gelockert
→ Transkription möglich

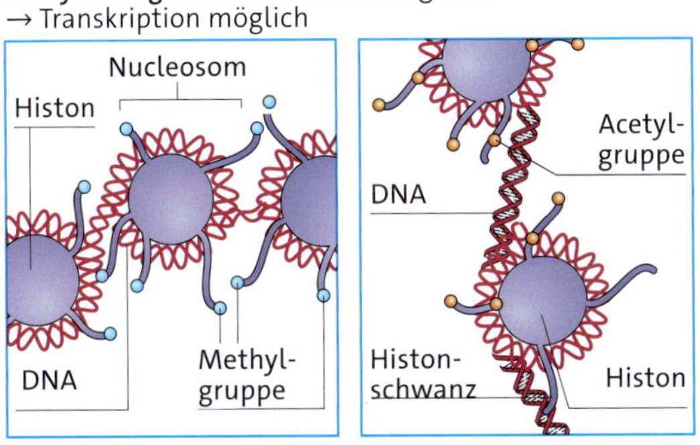

Transkriptionsfaktoren:
ohne → keine Transkription
mit → Transkription möglich

Transkriptionsfaktoren binden an das TATA-Box-bindende Protein, den Enhancer und die regulatorische DNA-Region.

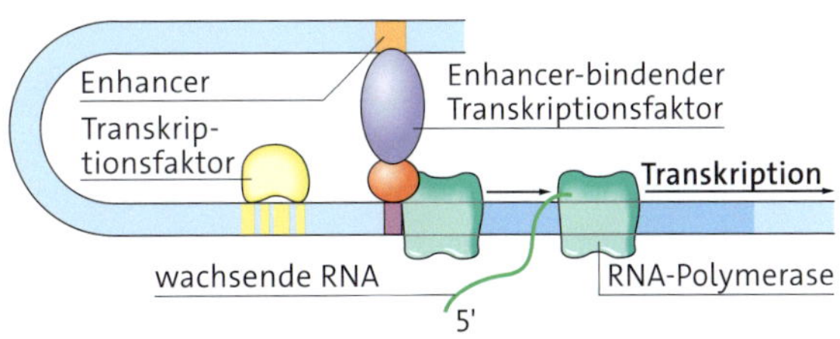

RNA-Editing: → anderes Translationsprodukt entsteht

Leit-RNA bindet an reife mRNA. An den nicht hybridisierten Stellen werden zusätzliche Nucleotide eingefügt.

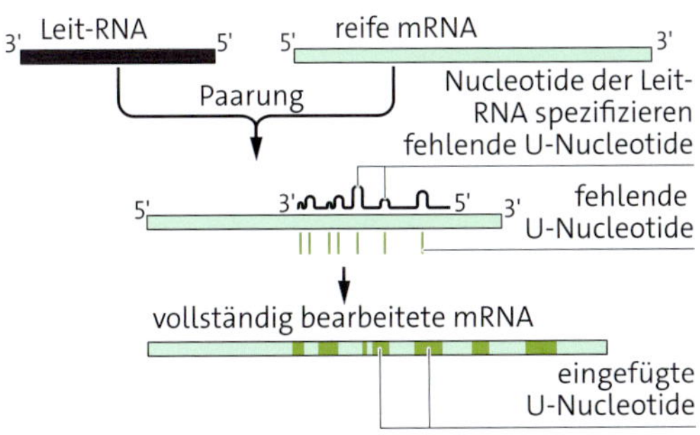

RNA-Interferenz: → verhindert Translation von mRNA

Doppelsträngige RNA wird in einzelsträngige Fragmente zerlegt, die dann in den RISC-Enzymkomplex aufgenommen werden. An die Fragmente bindet mRNA, die von RISC gespalten und abgebaut statt translatiert wird.

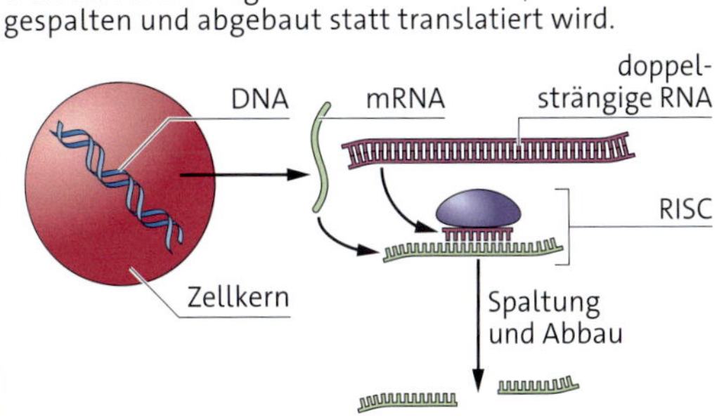

8 Verschiedene Arten der Genregulation bei Eukaryoten

2.3 Mutationen und Vererbung

Mutationen

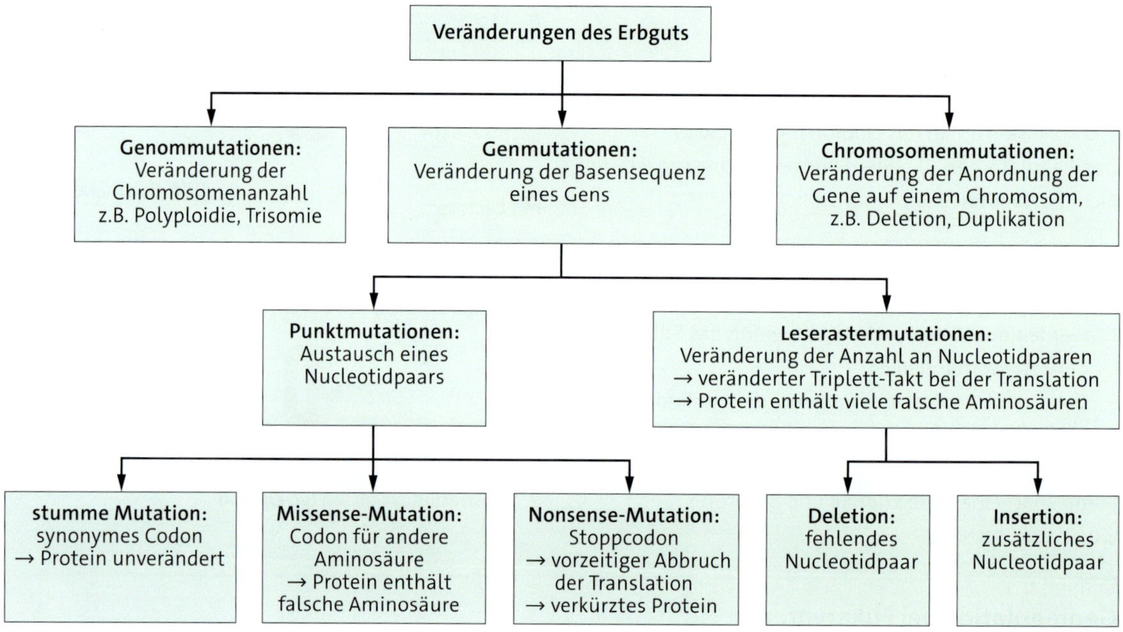

1 Übersicht über die Mutationsformen

Entstehung von Krebs

- Die Genprodukte von Proto-Onkogenen fördern die Zellteilung, die Genprodukte von Tumorsuppressorgenen verhindern eine unkontrollierte Zellteilung.
- Beide Gruppen von Genen bzw. deren Genprodukte regulieren im Gleichgewicht eine gesunde Zellteilungsrate.
- Mutationen in beiden Gruppen von Genen stören dieses Gleichgewicht. Übermäßige Zellteilungen können die Folge sein, ein Tumor kann entstehen.
- Als Krebs bezeichnet man einen bösartigen Tumor, aus dem sich Zellen lösen und an anderer Stelle im Körper Metastasen (Tochtertumoren) bilden können.

Stammbaumanalyse

- Beweis für **dominanten Erbgang**: merkmalstragende Eltern haben mindestens ein merkmalsfreies Kind (Genotyp AA oder Aa bei merkmalstragenden und aa bei merkmalsfreien Personen)
- Beweis für **rezessiven Erbgang**: merkmalsfreie Eltern haben mindestens ein merkmalstragendes Kind (Genotyp aa bei merkmalstragenden und AA oder Aa bei merkmalsfreien Personen)
- **autosomaler Erbgang:** Gen auf einem Autosom
- **gonosomaler Erbgang:** Gen auf einem Gonosom, z. B. dem X-Chromosom → Hinweis: ungleiche Verteilung der Merkmalsausprägung auf die Geschlechter (Männer mit den Gonosomen X und Y sind in Bezug auf das Allel hemizygot und sind bei Vorhandensein des mutierten Allels Merkmalsträger, auch wenn ein rezessiver Erbgang vorliegt)

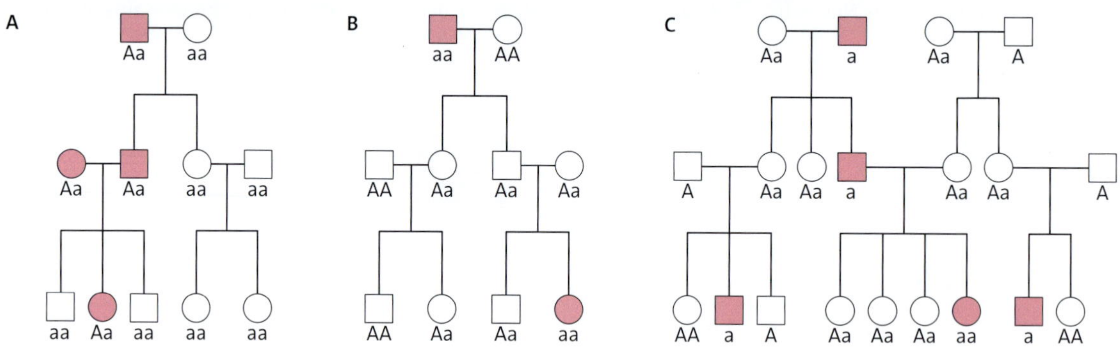

2 Stammbäume bei **A** autosomal dominantem, **B** autosomal rezessivem, **C** gonosomal rezessivem Erbgang

2.4 Gentechnik

Polymerasekettenreaktion (PCR)

Bei der Polymerasekettenreaktion bestimmen die verwendeten Primer, welcher DNA-Abschnitt vervielfältigt wird. Die Verwendung der hitzestabilen Taq-Polymerase ermöglicht mehrere Kopierzyklen hintereinander.

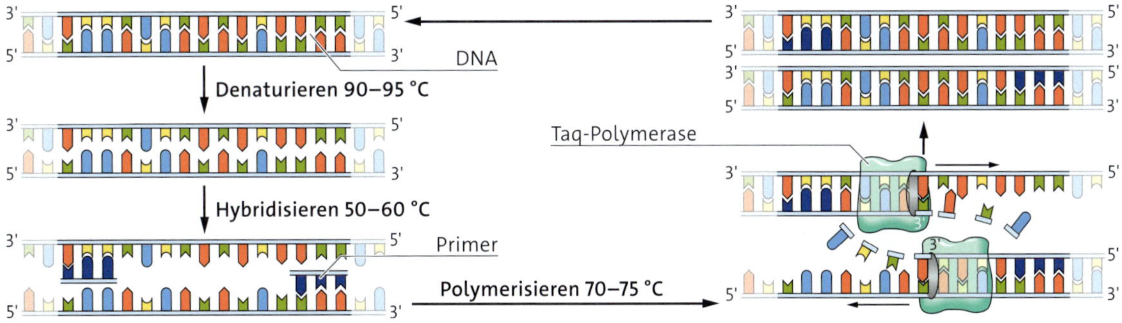

1 Ablauf der Polymerasekettenreaktion (PCR)

Gelelektrophorese

Mithilfe der Gelelektrophorese können Gemische verschieden langer DNA-Fragmente untersucht werden. Die Fragmente werden im Agarosegel ihrer Länge nach aufgetrennt. Anschließend sind weitere Untersuchungen möglich.

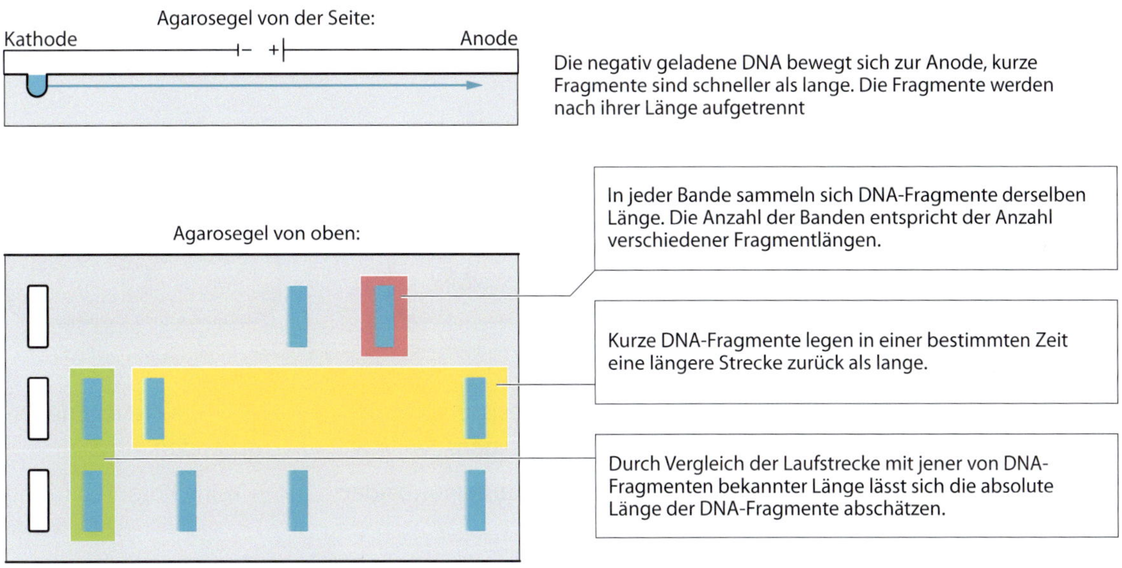

2 Ablauf und Ergebnis der Gelelektrophorese

Genetischer Fingerabdruck

Restriktionsfragmentlängenpolymorphismus (RFLP) • Die DNA wird durch Restriktionsenzyme geschnitten und die entstandenen Fragmente mittels Gelelektrophorese aufgetrennt. Die denaturierte DNA wird durch Southern-Blotting auf einen Nitrozellulosefilter übertragen. Radioaktiv markierte Sonden werden zugegeben und nach einem Waschvorgang mithilfe der Autoradiografie sichtbar gemacht. Die Basensequenzunterschiede zwischen zwei Menschen verursachen unterschiedlich viele und lange Restriktionsfragmente und somit andere Bandenmuster nach Gelelektrophorese und Autoradiografie.

Analyse von Mikrosatelliten • Diese Methode basiert auf der unterschiedlichen Länge bestimmter Wiederholungssequenzen bei verschiedenen Menschen, zum Beispiel den STR (short tandem repeats). Die STR werden durch eine PCR vervielfältigt und per Gelelektrophorese aufgetrennt. Ihre unterschiedliche Länge führt zu abweichenden Bandenmustern bei verschiedenen Menschen.

Der genetische Fingerabdruck wird verwendet, um DNA-Proben zu vergleichen und Personen zuzuordnen. Dabei gewinnt man keine Informationen über den Phänotyp.

Künstliche DNA-Rekombination

Mit Restriktionsenzymen können Gene gezielt aus ihrem Herkunftsgenom isoliert und in andere DNA, zum Beispiel ein bakterielles Plasmid, eingebaut werden. So entstehen rekombinante Plasmide. Sie werden mit Bakterien zusammengebracht, die zur Aufnahme von DNA angeregt wurden. Die Aufnahme der Plasmide bezeichnet man als Transformation. Rekombination und Transformation sind aber nicht immer erfolgreich, daher muss als letzter Schritt die Selektion der rekombinanten Bakterien folgen.

Eine Möglichkeit zur Selektion ist der Einsatz von Plasmiden mit Resistenzgenen gegen Antibiotika. Die Bakterien werden auf einem Nährboden mit Tetrazyklin ausplattiert. Dann werden einzelne Bakterien aus den entstandenen Kolonien auf einen Nährboden mit Ampicillin überstempelt. Die Kolonien auf dem zweiten Nährboden entsprechen in ihrer Lage denen auf dem ersten Nährboden. Die Bakterien, die auf dem ersten Nährboden Kolonien gebildet haben, nicht aber auf dem zweiten, sind rekombinant und werden vermehrt.

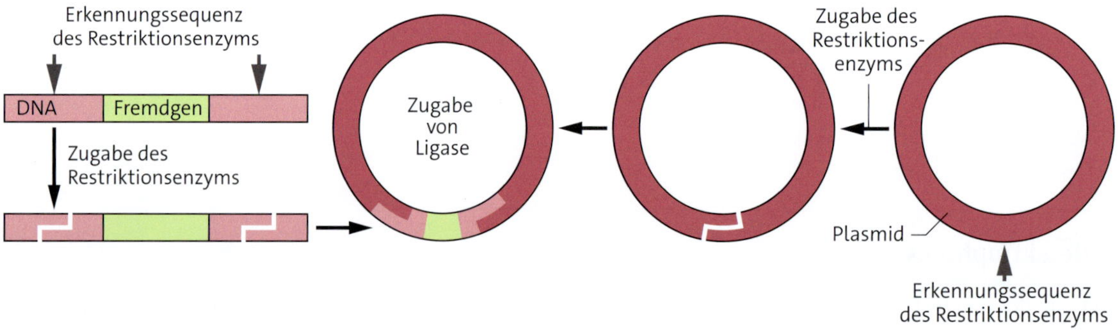

3 Isolation und Rekombination

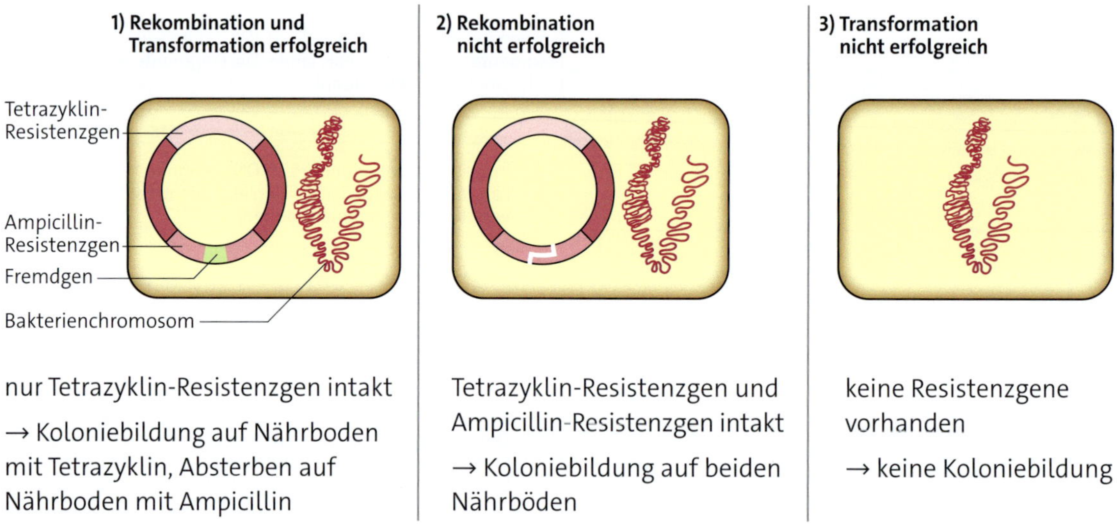

4 Selektion

CRISPR/Cas9

Die CRISPR-Genabschnitte und das Cas9-Enzym, die Teil der bakteriellen Immunabwehr sind, lassen sich auch für gentechnische Zwecke nutzen, etwa zum Schneiden einer bestimmten Zielsequenz in einem Genom. Dabei geht man folgendermaßen vor:

- Herstellen einer künstlichen Leit-RNA mit Sequenzanteilen, die zur Zielsequenz passen
- Verknüpfen der Leit-RNA mit dem Cas9-Enzym
- Einschleusen des CRISPR/Cas9-Werkzeugs in die zu manipulierende Zelle (die Leit-RNA führt den Komplex an den Zielort im Genom heran)
- Schneiden des DNA-Doppelstrangs durch Cas9

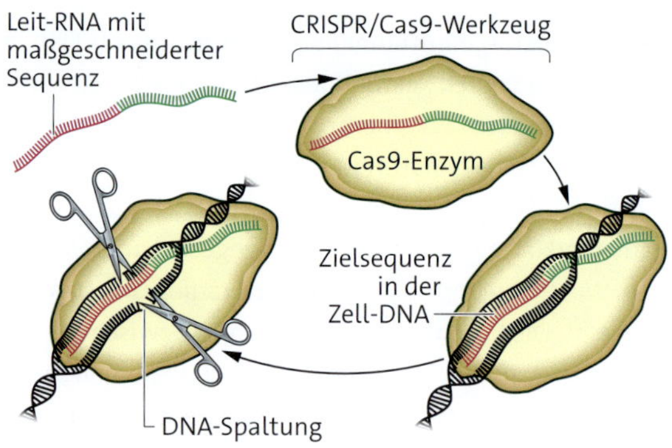

5 CRISPR/Cas9 in der Gentechnik

Gentechnische Methoden im Überblick

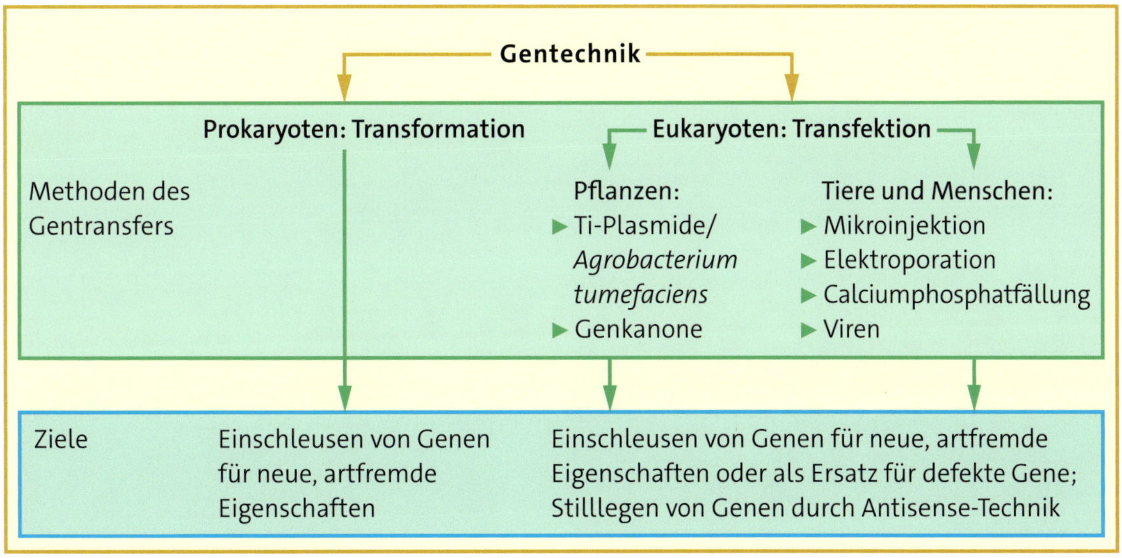

6 Überblick: gentechnische Methoden

Klonen von Tieren

> Klone sind mehrere Zellen oder Lebewesen, die genetisch identisch sind.

Embryosplitting • Beim Weibchen wird durch Hormone eine Superovulation ausgelöst, die Eizellen werden künstlich befruchtet. Die Embryonen werden im 16-Zell-Stadium mechanisch getrennt. Durch das Splitting entstehen Klone. Sie werden in Ammentiere eingepflanzt und von diesen ausgetragen.

Kerntransfer • Durch den Transfer eines Zellkerns in eine entkernte Eizelle kann das Tier, von dem der Zellkern stammt, geklont werden. Lässt man den Klon von einem Ammentier austragen, handelt es sich um reproduktives Klonen. Von therapeutischem Klonen spricht man, wenn die Blastozyste zerstört wird und ihre Stammzellen kultiviert werden. Aus ihnen können Gewebe herangezüchtet werden, die dem Zellkernspender transplantiert werden. Therapeutisches Klonen ist in manchen Ländern auch bei Menschen erlaubt.

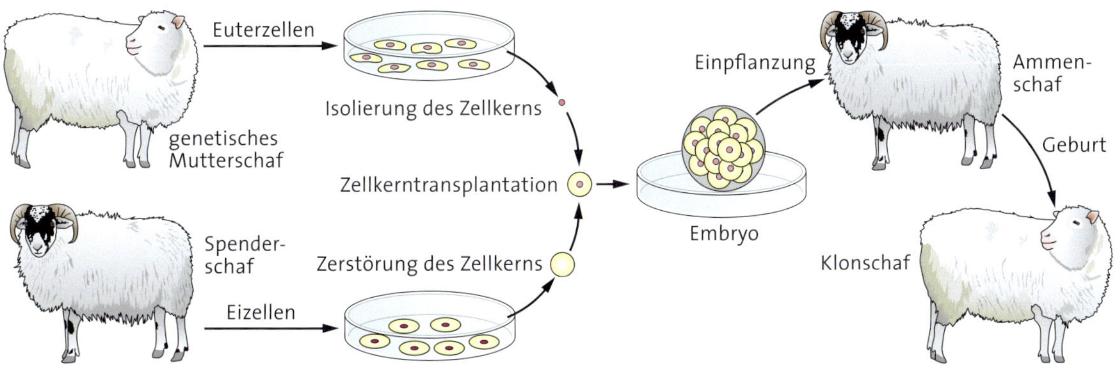

7 Reproduktives Klonen durch Kerntransfer

Stammzellen

- Totipotente Stammzellen sind die Zellen eines Embryos von der Zygote bis zum Achtzellstadium. Aus ihnen entsteht ein vollständiges Individuum.
- Embryonale Stammzellen aus der Blastozyste sind pluripotent. Aus ihnen entstehen unterschiedliche Gewebetypen.
- Adulte Stammzellen sind uni- oder multipotent. Aus ihnen entstehen ein bestimmter Gewebetyp oder wenige ähnliche Gewebetypen.
- Aus differenzierten Zellen kann man induzierte pluripotente Stammzellen herstellen. Sie ermöglichen Stammzellforschung ohne ethische Bedenken.

Glossar

Hier ist Platz, um dein Wissen zur Genetik zu organisieren. Dafür kannst du z. B. eine Mind-Map mit wichtigen Fachbegriffen anlegen. Nutze dazu auch das ► Glossar.

Genetik

Platz für weitere Notizen zum Thema Genetik:

Genetik

Lösungen

Grundlagen der Genetik

1 Die DNA ist der Träger der Erbinformation. Das Mengenverhältnis der Basen zueinander lässt sich experimentell bestimmen.

a Benennen Sie die Bestandteile 1-6 der DNA in der Abbildung.

b Nennen Sie die Bestandteile, in denen sich RNA von DNA unterscheidet.

c Beschreiben Sie anhand der Abbildung den Bau der DNA.

d Erläutern Sie die Bedeutung des GC-Gehalts verschiedener Lebewesen für die Stabilität ihrer DNA.

e Begründen Sie, weshalb sich die GC-Gehalte auch innerhalb einer Art geringfügig unterscheiden.

f Stellen Sie eine Hypothese dazu auf, weshalb ein GC-Gehalt von 100 % bei einem Lebewesen sehr unwahrscheinlich ist.

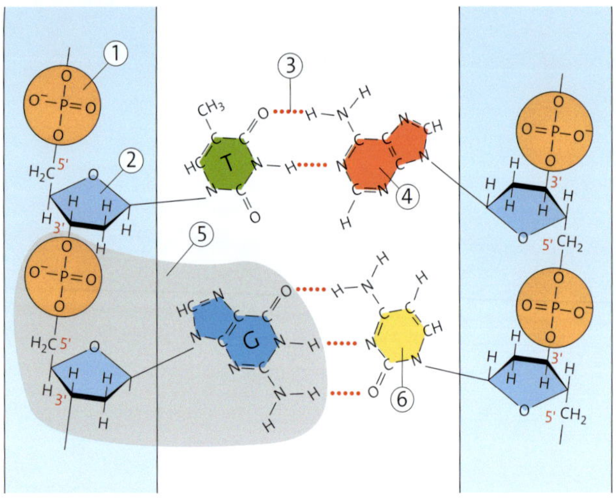

Art	durchschnittlicher GC-Gehalt (Menge G + C in %)
Myxococcus xanthus (Bakterium)	69
Homo sapiens (Mensch)	41
Plasmodium falciparum (Einzeller)	19

Von der DNA zum Protein

2 Sowohl die DNA-Replikation als auch die Transkription sind Kopiervorgänge von Nukleinsäuremolekülen. Ein Hemmstoff für die eukaryotische RNA-Polymerase ist Amanitin, das Gift des Grünen Knollenblätterpilzes. Dieses Gift löst Symptome wie Übelkeit, Bauchschmerzen und Durchfall aus, die allerdings erst mehrere Stunden nach der Aufnahme auftreten. Eine Vergiftung mit Amanitin kann zum Tod führen.

a Begründen Sie, weshalb man die DNA-Replikation als semikonservativ bezeichnet.

b Erklären Sie, weshalb die DNA-Replikation nur an einem Strang kontinuierlich ablaufen kann.

c Beschreiben Sie den Ablauf der Transkription.

d Begründen Sie, weshalb bei der Transkription nur die Information eines der beiden DNA-Stränge kopiert wird.

e Nennen Sie drei verschiedene RNA-Produkte, die bei der Transkription entstehen können.

f Erläutern Sie am Beispiel dieser Produkte, weshalb eine Vergiftung mit Amanitin tödlich sein kann.

g Formulieren Sie eine Hypothese zur verzögerten Wirkung des Amanitins.

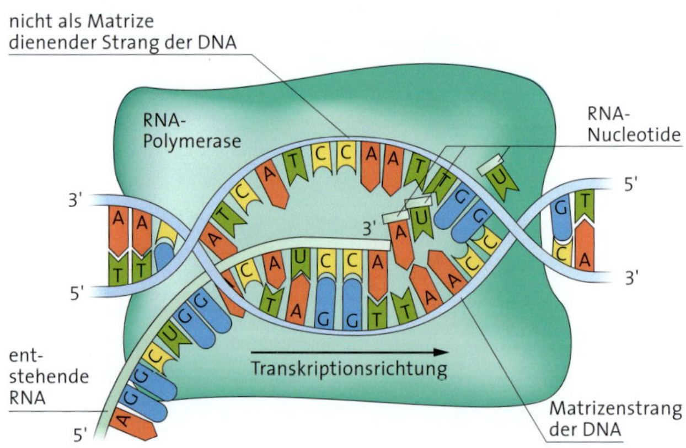

3 Die Translation ist der letzte Schritt der Proteinbiosynthese. Damit sie stattfinden kann, müssen tRNA-Moleküle mit den passenden Aminosäuren beladen werden. Diese Reaktion wird von verschiedenen Varianten des Enzyms Aminoacyl-tRNA-Synthetase katalysiert. Durch Mutationen in den Genen, die für die tRNA-Moleküle codieren, können beim Beladungsprozess Fehler passieren. Das kann zu schwerwiegenden Krankheiten führen.

a Beschreiben Sie den Bau eines tRNA-Moleküls.

b Begründen Sie, mit welcher Aminosäure eine tRNA von der Aminoacyl-tRNA-Synthetase beladen wird, deren Anticodon die Basensequenz 3' GUA 5' trägt.

c Erläutern Sie die Bedeutung der tRNA für die eindeutige Übersetzung einer mRNA-Sequenz in die entsprechende Aminosäuresequenz.

d Stellen Sie eine Hypothese zu den molekularen Folgen des Austauschs eines Nucleotids an der mit Pfeil markierten Stelle der tRNA auf.

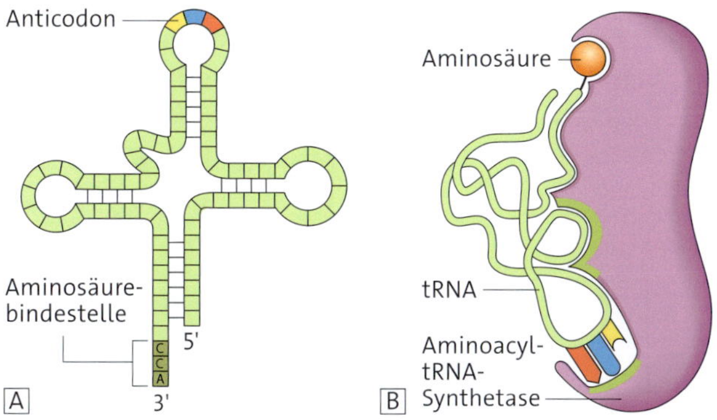

4 Vor der Entdeckung und Entschlüsselung des genetischen Codes existierten verschiedene Vorstellungen, wie dieser Code beschaffen sein könnte. David Huffman vermutete, dass häufige Aminosäuren durch kurze und seltene Aminosäuren durch lange Codons codiert werden. George Gamov ging davon aus, dass jeweils vier Basen für eine Aminosäure codieren und die Codons sich dabei um eine Base überlappen. Francis Crick enwickelte ein Modell, nach dem nur 20 Codons sinnvoll waren und für Aminosäuren codierten, die anderen 44 Codons hingegen hielt er für unsinnig. Das erste Codon, das schließlich durch Heinrich Matthaei entschlüsselt wurde, war UUU für Phenylalanin.

a Vergleichen Sie die früheren Vorstellungen zur Beschaffenheit des genetischen Codes mit dem heutigen Wissensstand.

b Begründen Sie die Problematik unterschiedlich langer Codons.

c Erklären Sie, weshalb Codons aus vier Basen den genetischen Code unanfälliger gegenüber Mutationen machen würden.

d Ermitteln Sie die Basensequenz des DNA-Abschnitts für das erste entschlüsselte Codon UUU.

e Beschreiben Sie die Folgen, die eine Mutation dieses DNA-Abschnitts zu AAC oder AAG hätte.

f Erläutern Sie, weshalb eine Deletion von drei Nucleotiden weniger starke Auswirkungen auf die Aminosäuresequenz eines Proteins hat als eine Deletion von einem oder zwei Nucleotiden.

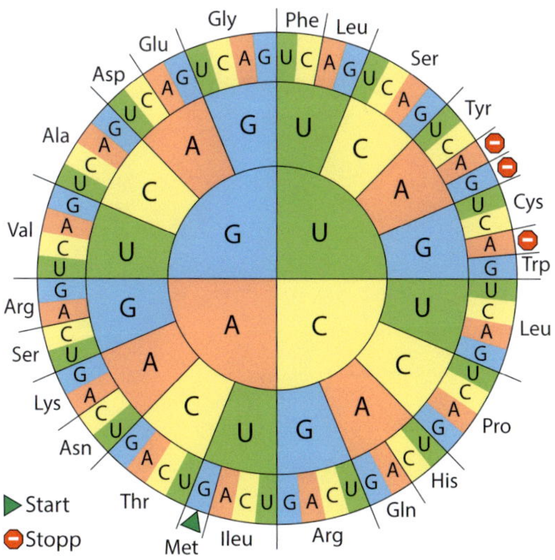

5 Beim enzymatischen Abbau von DNA hat der Cofaktor Moco eine wichtige Funktion. Fehlt er, zum Beispiel aufgrund eines Gendefekts, kommt es zur Krankheit Xanthinurie. Moco wird enzymatisch über drei Zwischenprodukte aus Guanosintriphosphat (GTP) hergestellt. Das Enzym, das dabei den dritten Reaktionsschritt von cPMP zu MPT katalysiert, heißt MOCS2. Es existiert nur ein MOCS2-Gen, auf dessen Basis durch alternatives Spleißen die beiden Proteine MOCS2A und MOCS2B entstehen. Dabei wird MOCS2A von den Exons 1-3 und MOCS2B von den Exons 3-7 codiert.

a Zeichnen Sie ein Pfeilschema, das die Herstellung von Moco aus GTP zeigt.

b Ergänzen Sie das Schema so, dass das Prinzip einer Genwirkkette deutlich wird.

c Erläutern Sie, in welchen Fällen cPMP erfolgreich zur Behandlung von Xanthinurie eingesetzt werden kann.

d Erklären Sie die Entstehung von MOCS2A und MOCS2B durch alternatives Spleißen.

Regulation der Genaktivität

6 Bei Prokaryoten und Eukaryoten wird die Aktivität vieler Gene auf verschiedene Weise beeinflusst. Im Bakterium *Escherichia coli* reguliert ein Operon mit den Strukturgenen araB, araA und araD den enzymatischen Abbau des Zuckers L-Arabinose.

a Zeichnen Sie eine beschriftete Skizze des Operons, das den L-Arabinose-Abbau reguliert.

b Beschreiben Sie anhand Ihrer Skizze die Vorgänge am Operon bei der Ab- und Anwesenheit von L-Arabinose.

c Erläutern Sie die Regulation eukaryotischer Gene durch Heterochromatin und Euchromatin.

d Beschreiben Sie die Regulation eukaryotischer Gene durch Transkriptionsfaktoren.

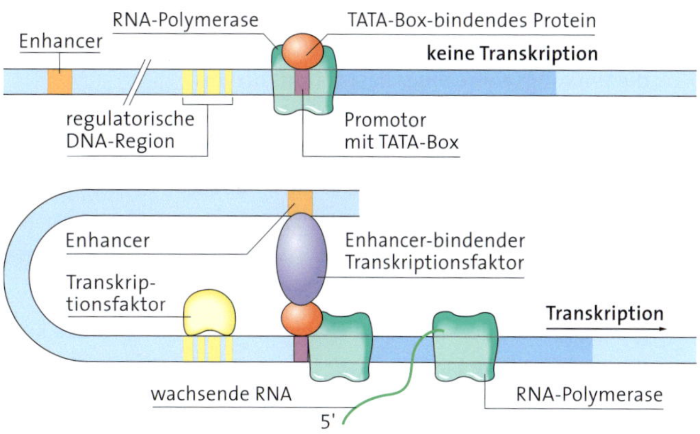

Gentechnik

7 Mit gentechnischen Methoden können Bakterien so verändert werden, dass sie ein artfremdes Spendergen exprimieren oder, wie im Fall von *Agrobacterium tumefaciens*, in eine Pflanze einschleusen.

a Beschreiben Sie die Arbeitsschritte in der Abbildung zur Herstellung eines transgenen Bakteriums.

b Erläutern Sie eine Möglichkeit, rekombinante Bakterien zu selektieren.

c Begründen Sie, weshalb beim Einsatz von *A. tumefaciens* auch Gene aus dem Ti-Plasmid entfernt werden.

d Nennen Sie Ziele, die man mit der gentechnischen Veränderung von Pflanzen verfolgt.

e Beurteilen Sie Chancen und Risiken der Gentechnik am Beispiel eines dieser Ziele.

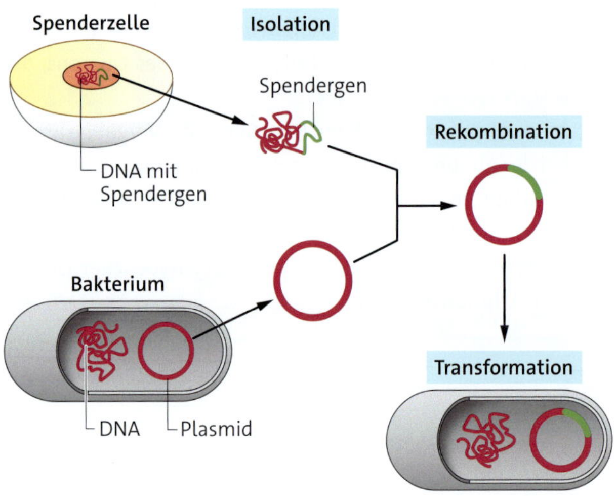

8 DNA kann durch PCR vervielfältigt, mit Restriktionsenzymen in Fragmente geschnitten und diese durch das Verfahren der Gelelektrophorese der Länge nach aufgetrennt werden. Bei der PCR werden Mg^{2+}-Ionen als Cofaktoren für die Taq-Polymerase zugegeben. Sie binden an die DNA und müssen deshalb vor der Gelelektrophorese durch Zugabe des Komplexbildners EDTA wieder von der DNA entfernt werden.
Um die Anzahl und Lage der Erkennungssequenzen der beiden Restriktionsenzyme BamHI und PstI in einem linearen DNA-Abschnitt zu ermitteln, wird die DNA ungeschnitten, mit jeweils einem der Restriktionsenzyme oder mit beiden geschnitten mithilfe einer Gelektrophorese aufgetrennt siehe Abbildung rechts.

a Beschreiben Sie Rolle der Taq-Polymerase bei der PCR.

b Begründen Sie, weshalb man bei der PCR hitzestabile Polymerasen verwendet.

c Beschreiben Sie die Bedeutung der Erkennungssequenz für die Wirkungsweise eines Restriktionsenzyms.

d Erklären Sie das Prinzip der Gelelektrophorese.

e Begründen Sie die Notwendigkeit der Entfernung der Mg^{2+}-Ionen von der DNA vor der Gelelektrophorese.

f Erklären Sie, weshalb bei der Gelelektrophorese meist ein Größenvergleichsstandard mit DNA-Fragmenten bekannter Länge eingesetzt wird.

g Begründen Sie, weshalb die Gelelektrophorese nicht zu kurz und nicht zu lang laufen sollte.

h Erläutern Sie, welche Erkenntnisse man über die Anzahl und Lage der Erkennungssequenzen von BamHI und PstI durch das Ergebnis der Gelelektrophorese gewinnen kann.

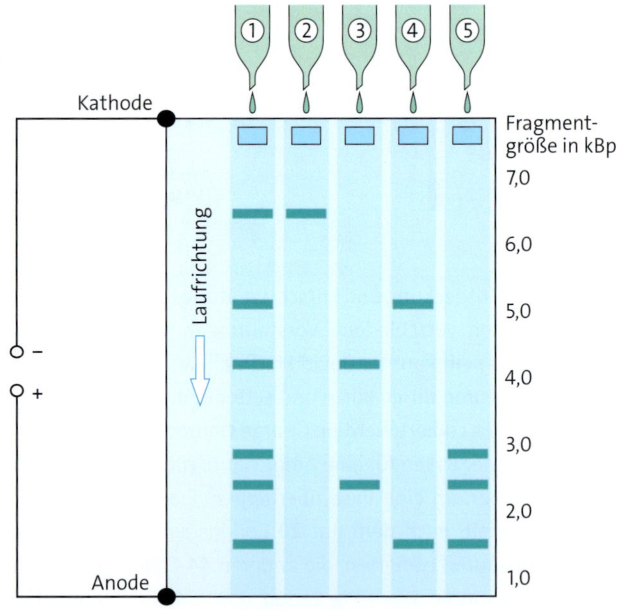

Probenauftragstaschen:
① Größenvergleichsstandard
② ungeschnittene DNA
③ DNA geschnitten mit BamHI
④ DNA geschnitten mit PstI
⑤ DNA geschnitten mit BamHI + PstI

Humangenetik

9 Bei der Untersuchung von Familien auf genetisch bedingte Krankheiten kommt der Stammbaumanalyse eine besondere Bedeutung zu.

a Begründen Sie, weshalb am vorliegenden Stammbaum nicht eindeutig entschieden werden kann, ob das dargestellte Merkmal autosomal-dominant oder autosomal-rezessiv vererbt wird.

b Ordnen Sie den Personen 1–13 ihre möglichen Genotypen zu a) für den Fall autosomal-dominanter und b) für den Fall autosomal-rezessiver Vererbung des Merkmals.

c Begründen Sie, weshalb bei autosomal-rezessiver Vererbung der Genotyp am Phänotyp direkt ablesbar ist.

d Erläutern Sie die Bedeutung von Konduktorinnen bei der X-chromosomal rezessiv vererbten Hämophilie A.

e Erklären Sie die Bedeutung der Stammbaumanalyse für die statistische Vorhersage genetisch bedingter Erkrankungen unter den Nachkommen eines Paars.

f Begründen Sie, weshalb eine Stammbaumanalyse bei polygen vererbten Krankheiten schwierig ist.

g Beschreiben Sie die multiple Allelie bei der Vererbung der Blutgruppen des AB0-Systems.

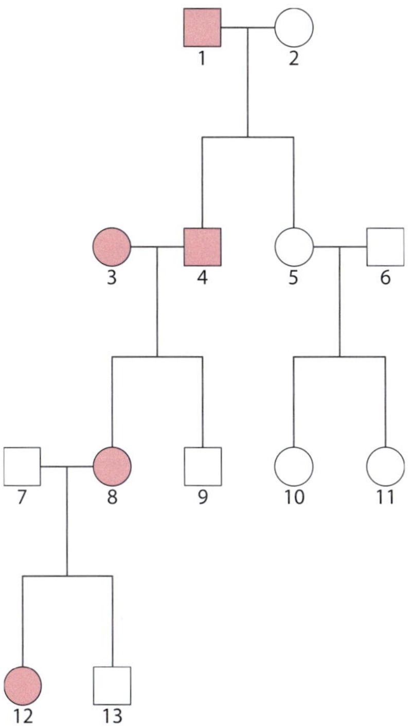

10 Ein Ziel der Reproduktionsmedizin ist die Erfüllung des Wunsches nach einem Kind. Die Stammzellforschung beschäftigt sich unter anderem mit der Entwicklung von Therapien, bei denen fehlende oder erkrankte Gewebe durch im Labor erzeugte Gewebe ersetzt werden.

a Vergleichen Sie künstliche Insemination, In-vitro-Fertilisation und intracytoplasmatische Spermieninjektion.

b Erklären Sie, welche dieser Methoden eine Präimplantationsdiagnostik ermöglichen.

c Nennen Sie Ziele der Präimplantationsdiagnostik.

d Beschreiben Sie den Unterschied zwischen totipotenten, pluripotenten und multipotenten Stammzellen.

e Beschreiben Sie die Vorgehensweise beim therapeutischen Klonen mithilfe der Abbildung.

f Erklären Sie den Vorteil des therapeutischen Klonens im Vergleich zur Verwendung fremder Stammzellen für die Erzeugung von Gewebeersatz.

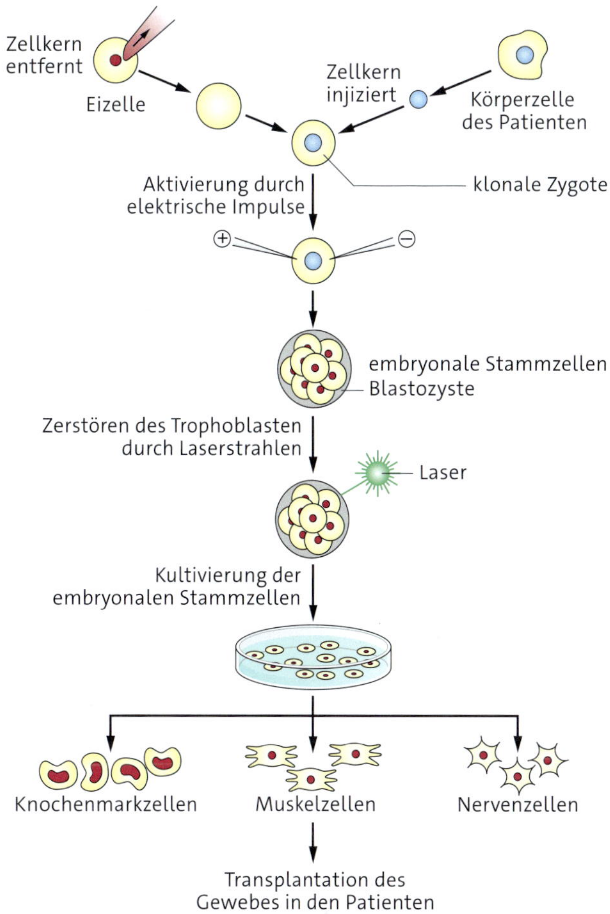

Training A Transgene Fische

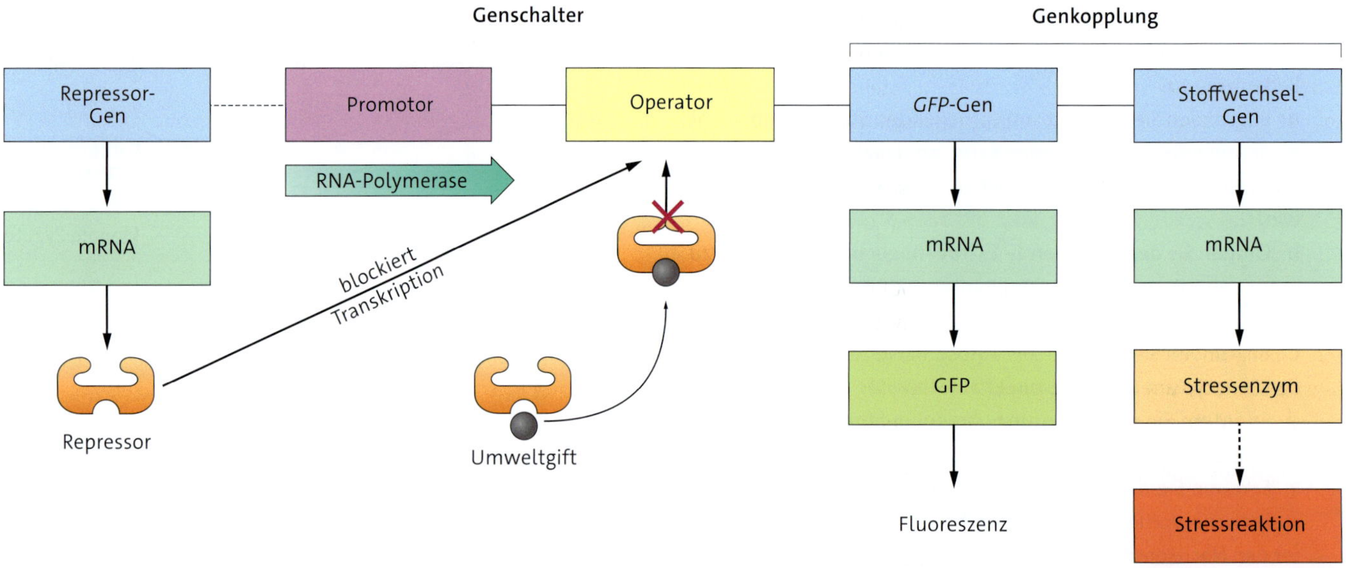

Das grün fluoreszierende Protein, kurz GFP, stammt aus den Leuchtorganen der ostpazifischen Qualle *Aequorea victoria*. Bei Bestrahlung mit blauem Licht fluoreszieren diese Leuchtorgane grün. In der Molekularbiologie wird das GFP-Gen häufig als Reportergen eingesetzt, um zu prüfen, ob sich ein eingeschleustes Gen an der gewünschten Stelle im Genom befindet. Durch die Transfektion des GFP-Gens in das Genom des in Asien heimischen Zebrabärblings wurde die Möglichkeit erforscht, transgene Fische als Bioindikatoren für die Gewässerqualität einzusetzen. Mittlerweile werden solche transgenen Zebrabärblinge, die unter ultraviolettem Licht fluoreszieren, nicht nur in Asien, sondern auch in Amerika unter dem patentgeschützten Markennamen Glofish® als Aquarienfische verkauft. US-amerikanische Behörden sehen die Verbreitung des transgenen tropischen Fisches als nicht genehmigungspflichtig an, zumal in den USA keine wild lebenden Populationen existieren. Lediglich der Bundesstaat Kalifornien beschränkt den Handel mit transgenen Tieren. In Europa sind der Verkauf und die Züchtung gentechnisch veränderter Tiere verboten.

1. Erläutern Sie die Funktion des GFP-Gens als Reportergen und seine Bedeutung bei Transfektionsexperimenten.
2. Beschreiben Sie die Funktion des Promotors für die Transkription.
3. Erläutern Sie, weshalb transgene Zebrabärblinge als Bioindikatoren eingesetzt werden könnten.
4. Erklären Sie, ob es sich bei der Kopplung des GFP-Gens und des Stoffwechsel-Gens um eine Genwirkkette handelt.
5. Beschreiben Sie eine Möglichkeit der Regulation der Translation eines Gens.
6. Nennen Sie drei Methoden der Transfektion tierischer Zellen.
7. Begründen Sie, welche Zellen durch Transfektion verändert werden müssen, um komplett transgene Fische zu erhalten.
8. Beurteilen Sie die unterschiedlichen rechtlichen Vorgaben für die Nutzung transgener Tiere als Heimtiere.

Training B Bloom-Syndrom

Das Bloom-Syndrom ist eine seltene rezessiv vererbte Krankheit. Sie beruht auf der Mutation des knapp 60 000 Basenpaare langen BLM-Gens, das für ein 1417 Aminosäuren langes Protein codiert. Das Protein ist ein Enzym aus der Gruppe der Helikasen, welche bei der Replikation und Reparatur der DNA zum Einsatz kommen. Als Auslöser für das Bloom-Syndrom sind mehr als 60 verschiedene Mutationen bekannt. Die Veränderungen durch drei dieser Mutationen am BLM-Protein sind in der Tabelle dargestellt.
Erkrankte sind kleinwüchsig, haben ungewöhnlich pigmentierte Haut und leiden durch ein schwaches Immunsystem häufig an Infekten und Krebs. Das Bloom-Syndrom kommt jedoch nur dann zur vollen Ausprägung, wenn das mutierte BLM-Allel homozygot vorliegt. Heterozygote Träger zeigen nur leichte Krankheitssymptome.

1 Begründen Sie anhand des Stammbaums, dass das Bloom-Syndrom rezessiv vererbt wird.

2 Nennen Sie alle möglichen Genotypen der im Stammbaum dargestellten Personen.

3 Erklären Sie, ob es sich beim Bloom-Syndrom um ein Beispiel für Polyphänie oder Polygenie handelt.

4 Beschreiben Sie die Rolle der Helikase bei der Replikation.

5 Erläutern Sie den Zusammenhang zwischen der Genlänge von knapp 60 000 Basenpaaren und der Länge des Proteins von 1417 Aminosäuren.

6 Begründen Sie, weshalb heterozygote Träger des mutierten BLM-Allels das Bloom-Syndrom nicht in voller Ausprägung zeigen.

7 Beschreiben Sie den Ablauf der Translation.

8 Ermitteln Sie mithilfe der Codesonne zu den in der Tabelle dargestellten Mutationen je ein Beispiel für das unmutierte und das mutierte Codon.

9 Stellen Sie eine Hypothese zum unterschiedlichen Ausmaß von Funktionseinbußen des BLM-Proteins durch die drei Mutationen auf.

10 Erläutern Sie, wie man Punktmutationen durch den Einsatz von Restriktionsenzymen im Zusammenhang mit einer Gelelektrophorese nachweisen kann.

11 Erklären Sie den Zusammenhang zwischen der mangelhaften Reparatur von DNA-Schäden und der Häufigkeit von Krebserkrankungen beim Bloom-Syndrom.

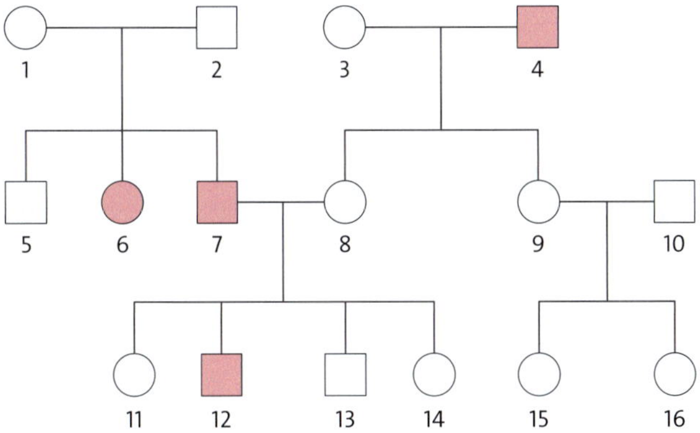

Position der Mutation (Basenpaar Nr.)	Veränderung in der Aminosäuresequenz
1346	Ser → Arg (direkt danach weitere Veränderungen der Aminosäuresequenz)
2855	Gly → Val
3510	Tyr → – (keine Aminosäure)

Folgende Aufgaben habe ich bereits gelöst:

Grundlagen der Genetik
1 ○

Von der DNA zum Protein
2 ○ 3 ○ 4 ○ 5 ○

Regulation der Genaktivität
6 ○

Gentechnik
7 ○ 8 ○

Humangenetik
9 ○ 10 ○

Training
A ○ B ○

3

Immunbiologie

3.1 Immunabwehr

3.2 Infektionskrankheiten durch Viren

3.3 Immunisierung und Desensibilisierung

Achtung! Dieses Thema wird nicht in allen Bundesländern oder in jedem Kurs behandelt!

Einstufungstest

Karteikarten

Ich kann:

- die spezifische und unspezifische Immunantwort vergleichen
- die Entstehung und Wirkung von Antikörpern erklären
- den Vermehrungszyklus eines Virus beschreiben
- das Prinzip eines ELISA-Tests erklären
- den Unterschied zwischen passiver und aktiver Immunisierung erläutern

Die Illustration zeigt die Ultrastruktur eines Coronavirus.
Viren können sich nicht eigenständig vermehren, sondern müssen Wirtszellen für ihre Vermehrung nutzen. Beim Menschen können Viren unterschiedliche Erkrankungen verursachen. Zur Abwehr von Krankheitserregern verfügt der Körper des Menschen über verschiedene Schutzmechanismen.

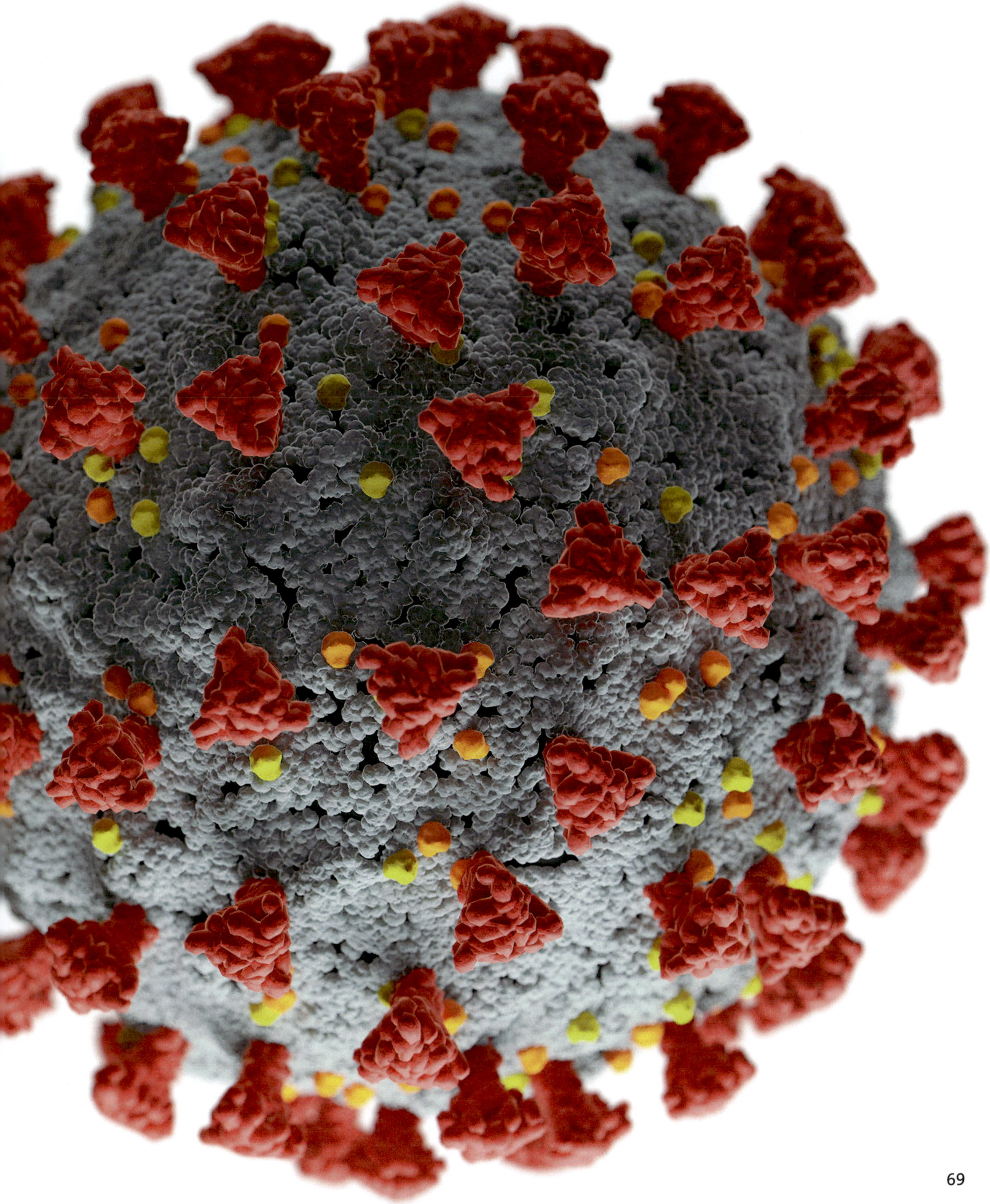

3.1 Immunabwehr

Abwehr von Krankheitserregern

Zur Abwehr von Krankheitserregern verfügt unser Körper über verschiedene Schutzmechanismen: Natürliche angeborene Schutzbarrieren wirken mechanisch, durch Sekrete mit Säure oder Lysozym. Die unspezifische Immunabwehr erkennt Körperfremdes und geht sofort durch besonders effiziente Fresszellen, die Makrophagen, dagegen vor. Die spezifische Immunabwehr setzt hingegen nach einer Infektion erst mit Verzögerung ein. Spezielle Leukozyten, die Lymphozyten, richten sich passgenau gegen bestimmte Erreger und erkennen sie bei einer erneuten Infektion wieder. Die Lymphozyten sind im Lymphsystem aktiv, das den gesamten Körper durchzieht.

> Moleküle, auf die die Immunabwehr reagiert, nennt man Antigene. Sie können frei oder als Teil eines Erregers vorliegen.

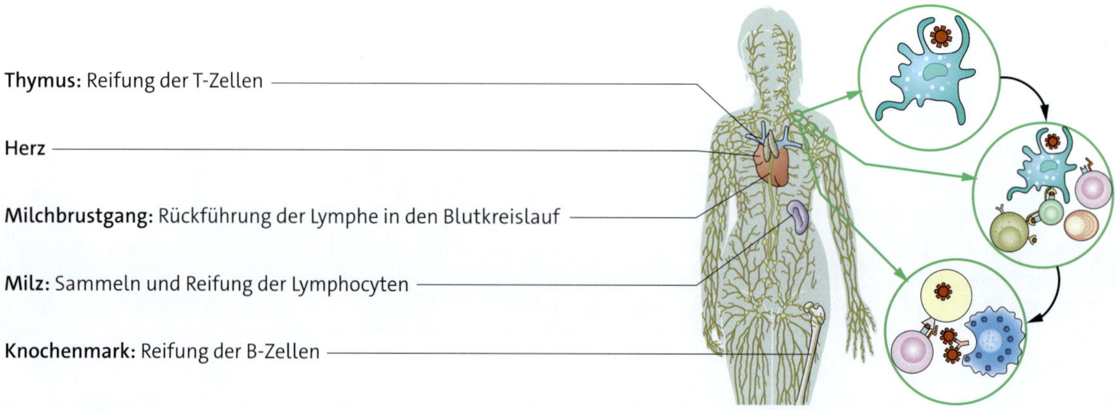

1 Lymphsystem

Unspezifische Immunabwehr: Entzündungsreaktion

Eine Entzündungsreaktion tritt beispielsweise auf, wenn Haut durch einen Holzsplitter verletzt wird. Im Hautgewebe befinden sich Mastzellen. Wenn diese durch den Splitter verletzt werden, setzen sie den Signalstoff Histamin und Proteine, die das Komplementsystem aktivieren, frei. Histamin diffundiert in die umgebenden Blutkapillaren und bewirkt dort, dass die Gefäße sich erweitern und durchlässiger für Phagozyten werden. Die Proteine des Komplementsystems heften sich an die eingedrungenen Bakterien und lysieren sie. Gleichzeitig locken sie Makrophagen und neutrophile Zellen an, die die Bakterien phagozytieren. Die neutrophilen Zellen bilden weitere Signalstoffe, die Prostaglandine. Sie verstärken die Abwehr und damit die Entzündungsreaktion.

Nach der Phagozytose mehrerer Bakterien sterben die neutrophilen Zellen ab. Abgestorbene neutrophile Zellen, Gewebetrümmer und Lymphe bilden Eiter.

Wenn eine Entzündungsreaktion örtlich begrenzt bleibt, wird sie als lokal bezeichnet. Greift eine Infektion auf den ganzen Körper über (z. B. bei einer Angina), handelt es sich um eine systemische Infektion. Freigesetzte Signalstoffe regen die Produktion von Leukozyten an, deren Anzahl im Blut innerhalb weniger Stunden auf das Mehrfache ansteigt. Weitere Signalstoffe bewirken einen Anstieg der Körpertemperatur. Das Fieber erhöht die Stoffwechselintensität und damit die Abwehrleistung des Körpers.

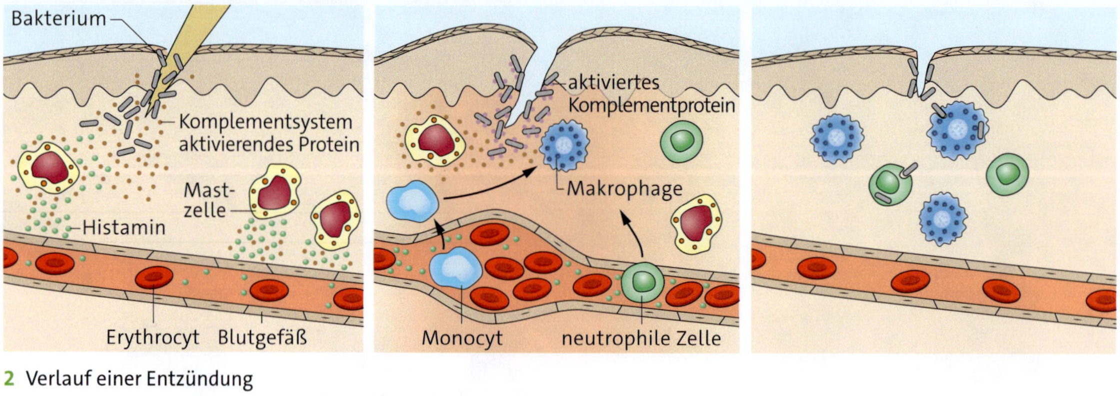

2 Verlauf einer Entzündung

Spezifische Immunabwehr

Die spezifische Immunabwehr (▶ 3) nutzt Zell-Zell-Kontakte, um passgenau auf einen bestimmten Erreger zu reagieren. Dabei binden B- und T-Zell-Rezeptoren an Antigene oder deren Bruchstücke. CD4-Rezeptoren, z. B. von T-Helferzellen, binden an MHC-II- und CD8-Rezeptoren von zytotoxischen T-Zellen an MHC-I-Proteine (▶ 4).

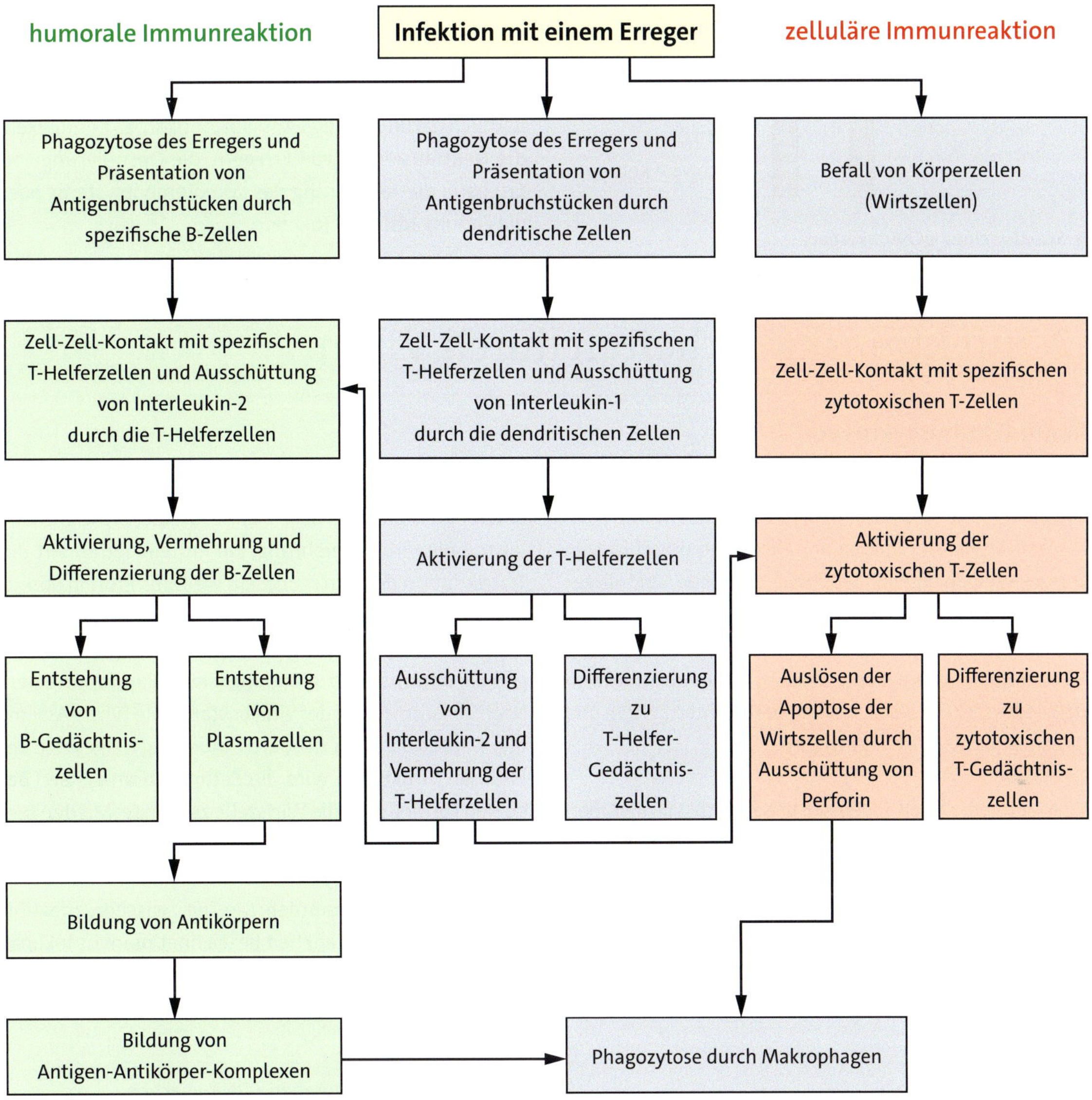

3 Ablauf der spezifischen Immunabwehr

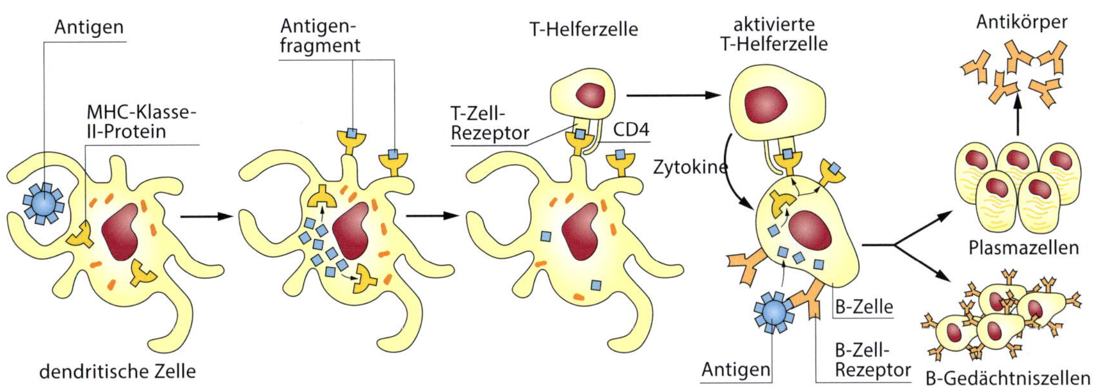

4 Zell-Zell-Kontakte vor der Produktion von Antikörpern

Antikörper

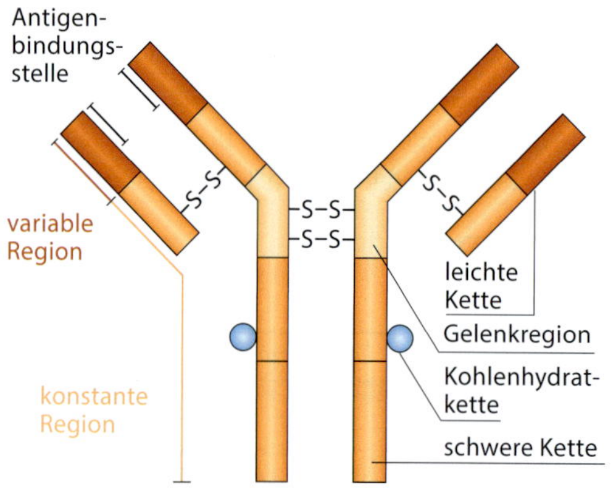

5 Struktur eines IgG-Antikörpers

Vielfalt • Antikörper sind von Plasmazellen hergestellte Proteine. Ihre große Vielfalt in einem Organismus entsteht durch somatische Rekombination mehrerer Gensegmente. Ein Plasmazellklon produziert aber immer Antikörper mit derselben Antigenbindungsstelle, die Antikörper sind monoklonal.

Wirkung • Mit ihren beiden Antigenbindungsstellen binden Antikörper spezifisch an Antigene und bewirken dadurch die Bildung von Antigen-Antikörper-Komplexen, die Neutralisierung von Erregern, die Opsonierung von Erregern, die Aktivierung des Komplementsystems oder die Fällung löslicher Toxine.

3.2 Infektionskrankheiten durch Viren

Reproduktionszyklus von Viren

Das Genom eines Virus besteht aus DNA oder RNA. Es ist von einer Proteinkapsel, dem Capsid, und häufig von einer äußeren Hülle aus Lipiden und Proteinen umschlossen. Da Viren keinen eigenen Stoffwechsel haben, sind sie zur Vermehrung auf Wirtszellen angewiesen. Die Wirtszellen weisen bestimmte Oberflächenstrukturen auf, an die die Viren mithilfe von Glykoproteinen auf der Virushülle binden. Jedes Virus ist also auf einen bestimmten Zelltyp und Organismus als Wirt angewiesen.

Viren vermehren sich, indem sie sich zunächst an die Oberfläche der Wirtszelle anheften. Daraufhin nimmt die Zelle das Virus z. B. durch Verschmelzen der Membranen von Virus und Wirtszelle auf. Nun wird das Proteingerüst des Capsids enzymatisch abgebaut und damit das Virusgenom freigesetzt.

Nach der Transkription und Translation der viralen Gene entstehen virenspezifische frühe Proteine. Diese gewährleisten die Virusvermehrung. Ein Protein verhindert die Transkription der Wirtsgene, ein weiteres Protein stimuliert die Replikation des Virusgenoms. Ein drittes Protein stimuliert die Transkription der späten Virusgene. Sie tragen die Information zur Bildung viraler Capsidproteine. Nach Zusammenbau der Virusbestandteile (Virus-Assembly) werden die Viren z. B. durch Knospung freigesetzt. Bei anderen Virustypen wird die Zellmembran lysiert. Bei beiden Formen geht die Wirtszelle zugrunde. Mit den neu gebildeten Viren beginnt ein neuer Reproduktionszyklus. Erst nach mehreren Zyklen werden die ersten Krankheitssymptome wahrgenommen. Die Zeit zwischen Infektion und Ausbruch der Krankheit bezeichnet man als Inkubationszeit.

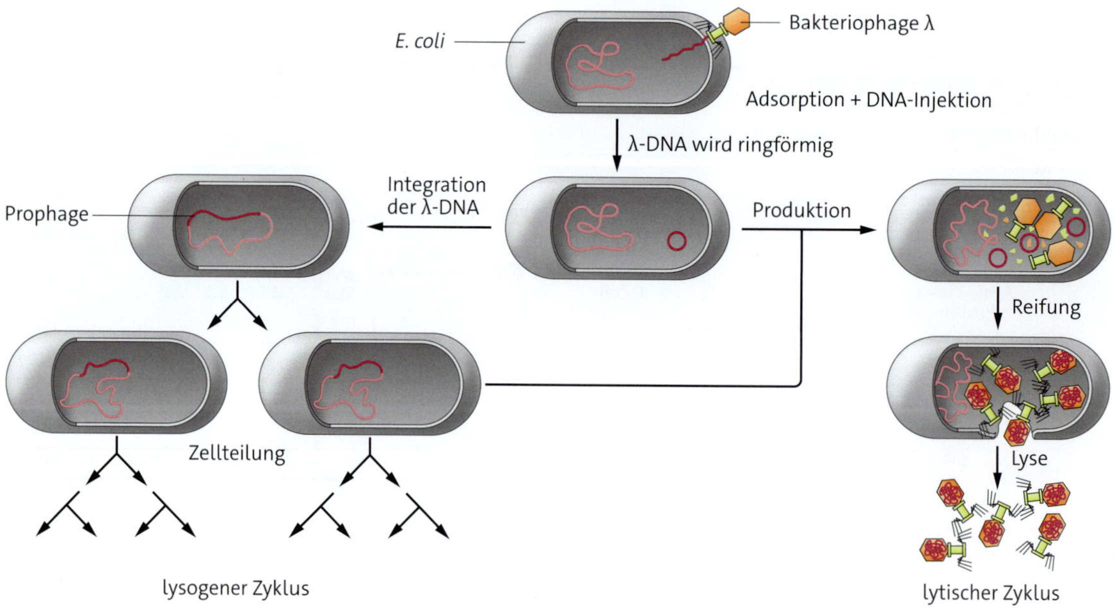

1 Vermehrungszyklus eines Virus am Beispiel des Bakteriophagen λ

Coronaviren

Ende 2019 kam es in der chinesischen Provinz Hubei zu einer Epidemie der infektiösen Atemwegserkrankung Coronavirus Disease 2019, kurz Covid-19. Sie breitete sich innerhalb weniger Monate weltweit zu einer Pandemie aus. Der krankheitsverursachende Erreger war das Coronavirus SARS-CoV-2. Der Erreger wird hauptsächlich durch Aerosole und Tröpfchen übertragen und bindet an den ACE2-Rezeptor von Zellen des Nasen- und Rachenraums sowie der Lunge.
In der Wirtszelle dient die freigesetzte Viren-RNA als Bauanleitung für neue Virenbausteine. Nach dem Virus-Assembly im Endoplasmatischen Reticulum gelangen die neuen Viren durch Knospung aus den Wirtszellen.

Epidemie:
zeitlich und örtlich begrenzte Infektionskrankheit

Pandemie:
weltweit verbreitet

HIV

Aids (*acquired immuno-deficiency syndrome*) ist eine Immunschwächekrankheit. Verursacher der Krankheit ist das *human immunodeficiency virus*, kurz HIV.
Die Übertragung des Virus erfolgt über infizierte Körperflüssigkeiten wie Blut, Sperma und Vaginalsekret. Geschlechtsverkehr ohne Kondom und die Verwendung nicht steriler Spritzen bei Drogenkonsum gelten als häufigste Infektionswege. HIV enthält als Erbmaterial eine einzelsträngige RNA, die in der Wirtszelle in eine DNA umgeschrieben wird. Man bezeichnet HIV deshalb als Retrovirus. HIV kann nur an Wirtszellen binden, die einen CD4-Rezeptor auf ihrer Oberfläche tragen. Dies sind vor allem die für das Immunsystem wichtigen T-Helferzellen und Makrophagen. Da sich die Anzahl der T-Helferzellen nach einer Infektion stetig verringert, sinkt die Abwehrkraft des Immunsystems kontinuierlich. Dies hat zur Folge, dass der Organismus sich gegen andere Krankheitserreger kaum noch wehren kann. Man bezeichnet derartige Infektionen als opportunistische Infektionen.

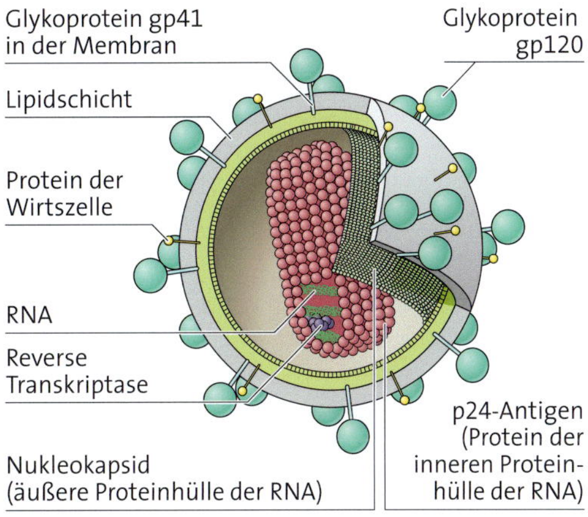

2 Aufbau des HI-Virus

METHODE ELISA-Test

Ein ELISA-Test ist ein enzymatisches Nachweisverfahren und wird im Labor durchgeführt. Durch ihn kann man in Körperflüssigkeiten z. B. Antikörper nachweisen, die aufgrund einer HIV-Infektion gebildet wurden.

ELISA: *enzyme linked immunosorbent assay*

Ablauf:

1. HIV-Antigene sind im Nachweisgefäß fixiert.
2. Die Körperflüssigkeit wird in das Gefäß gegeben, vorhandene Anti-HIV-Antikörper binden an die Antigene.
3. Waschvorgang, um alle anderen Stoffe aus der Körperflüssigkeit zu entfernen.
4. Sekundärantikörper werden hinzugegeben, die an die körpereigenen Anti-HIV-Antikörper binden.
5. Waschvorgang, um ungebundene Sekundärantikörper zu entfernen.
6. An die Sekundärantikörper ist ein Enzym gekoppelt. Ein Substrat wird zugegeben, das vom Enzym zu einem Farbstoff umgesetzt wird.
7. Die Menge des Farbstoffs, die in einem bestimmten Zeitraum entsteht, ermöglicht einen Rückschluss auf die Konzentration an Anti-HIV-Antikörpern im getesteten Blutserum.

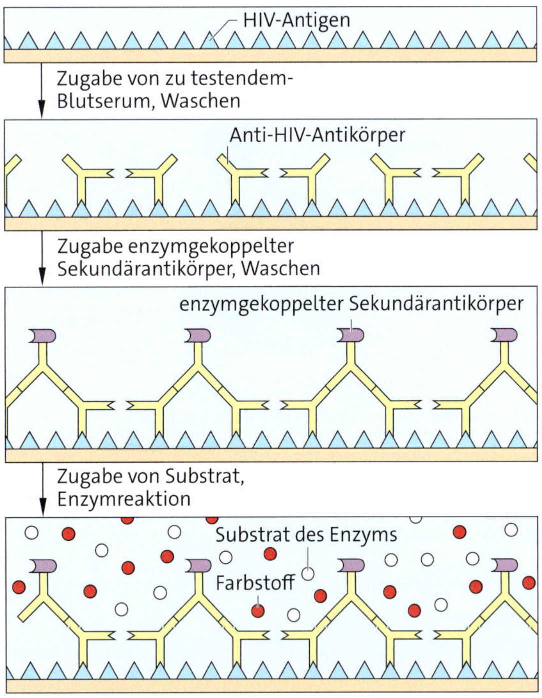

3 Bestandteile des ELISA-Tests zum HIV-Nachweis

3.3 Immunisierung und Desensibilisierung

Aktive und passive Immunisierung

Die Menschheit war lange Zeit gegen Seuchen durch Infektionskrankheiten machtlos. Es gab bereits viele Vorläufer von der heute bekannten Impfung.
Heute unterscheidet man bei Impfungen zwischen der aktiven und der passiven Immunisierung.

Bei der **aktiven Immunisierung** führt die Impfung mit einem abgeschwächten oder abgetöteten Krankheitserreger zur Aktivierung der spezifischen Immunabwehr.
Die **passive Immunisierung** beschreibt die Impfung mit Antikörpern bei einer akuten Infektion. Das Immungedächtnis wird nicht aktiviert.

Immunisierung	aktiv (Schutzimpfung)	passiv (Heilimpfung)
Zeitpunkt der Immunisierung	vor einer Infektion	nach einer Infektion
Impfstoff	Antigene (z. B. abgeschwächte Erreger oder Erregerbruchstücke) oder mRNA	Antikörper
Wirkung	Bildung von Gedächtniszellen zum Schutz vor einer Erkrankung	Unterstützung der Immunreaktion bei der Bekämpfung der Erkrankung
Impfschutz	verzögerte Wirkung, dafür lang andauernde Immunität	schnelle Wirkung, dafür nur kurz andauernd

1 Aktive und passive Immunisierung

Allergien und Desensibilisierung

Allergene sind körperfremde Stoffe wie z. B. Pollen oder Tierhaare, die eine allergische Reaktion auslösen. Das Immunsystem wird bei Allergien vom Soforttyp gegen die darin enthaltenen fremden Proteine sensibilisiert, wenn sie über die Schleimhäute oder die Haut in den Körper gelangen.
Bei einem Allergietest werden zur Bestimmung eines unbekannten Allergens verschiedene in Verdacht kommende Substanzen auf die Haut aufgetragen. Eine Hautrötung oder Quaddelbildung zeigt das Allergen an. Nach der Diagnose wird der allergieauslösende Stoff dem Patienten über einen längeren Zeitraum mit steigender Dosierung injiziert. Dadurch wird die Bildung von Antikörpern des Typs IgG angeregt und die allergische Reaktion zurückgedrängt. Dies nennt man **Desensibilisierung**.

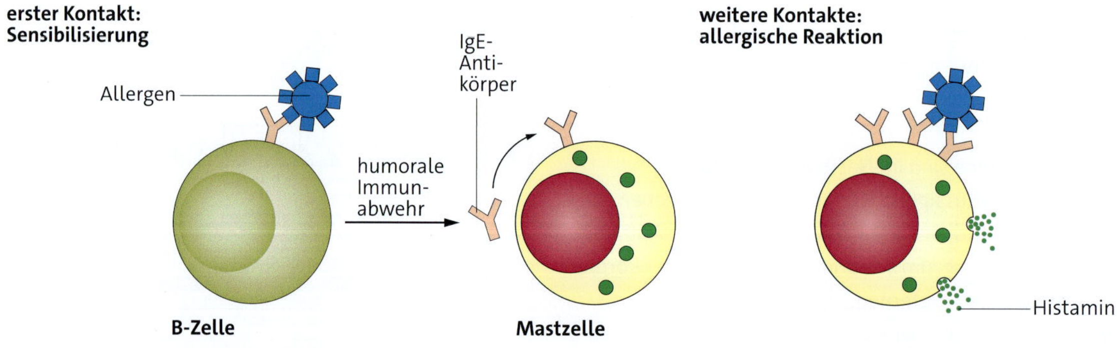

2 Vorgänge bei einer Allergie vom Soforttyp

Autoimmunerkrankung

Bei einer Autoimmunerkrankung greift das Immunsystem körpereigene Zellen an.
Bei Gelenkrheuma dringen T-Zellen in die Gelenke ein und rufen dort eine Entzündung hervor. Multiple Sklerose wird durch T- und B-Zellen hervorgerufen, die die Myelinscheiden von Nervenfasern angreifen und dadurch die Erregungsleitung der Nerven behindern oder blockieren. Die Ursachen für Autoimmunerkrankungen sind immer noch weitgehend unbekannt. Stammbaumanalysen zeigen, dass ein genetischer Zusammenhang besteht, da manche Autoimmunkrankheiten in bestimmten Familien gehäuft auftreten.

Hier ist Platz, um dein Wissen zur Immunbiologie zu organisieren. Dafür kannst du z. B. eine Mind-Map mit wichtigen Fachbegriffen anlegen. Nutze dazu auch das ▶ Glossar.

Glossar

Immunbiologie

Lösungen

Immunbiologie

Antikörper

1 Antikörper werden von Plasmazellen freigesetzt. Sie kommen aber auch an Membranen gebunden vor, zum Beispiel als B-Zell-Rezeptoren.

a Benennen Sie die Strukturen 1-7 des Antikörpers.

b Erklären Sie das Basiskonzept Struktur und Funktion am Beispiel des Antikörpers.

c Beschreiben Sie die Bedeutung der Spezifität von B-Zell-Rezeptoren und Antikörpern bei der klonalen Selektion.

d Nennen Sie drei Wirkungen von Antikörpern auf Antigene.

e Erläutern Sie die Rolle der T-Helferzellen für die Entstehung von Antikörpern.

f Beschreiben Sie, wie Antikörper eine allergische Reaktion vom Soforttyp auslösen.

g Begründen Sie, weshalb Antikörper nach einer HIV-Infektion nur bedingt wirksam sind.

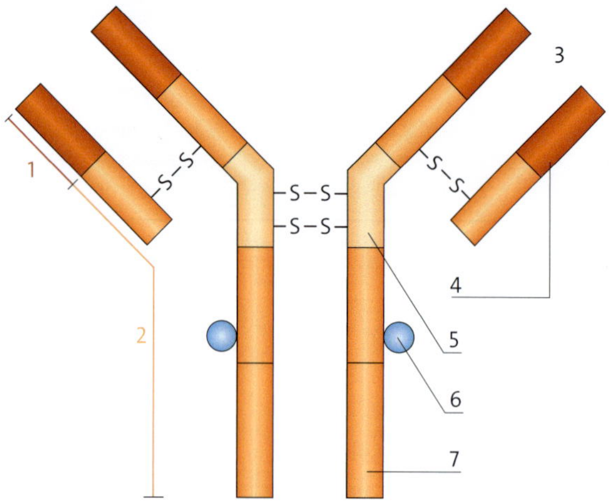

Tätowierung und unspezifische Immunabwehr

2 Viele Menschen sind tätowiert. Um die Kunst auf der Haut dauerhaft haltbar zu machen, muss Farbe mithilfe einer Nadel in die Lederhaut gestochen werden. Die Farbpigmente sind so groß, dass sie von den Zellen der unspezifischen Immunabwehr nicht abgebaut werden können.

Möchte man eine ungeliebte Tätowierung wieder loswerden, kann man sie unter anderem durch eine Laserbehandlung entfernen lassen. Hierbei werden in zahlreichen Sitzungen im Abstand von jeweils mehreren Wochen die Farbpigmente mithilfe eines Lasers auf etwa ein Zehntel ihrer Ursprungsgröße zerkleinert.

a Beschreiben Sie den Ablauf einer Entzündungsreaktion und wie Fremdstoffe normalerweise im Rahmen dieser Reaktion beseitigt werden.

b Erklären Sie, weshalb steriles Arbeiten beim Tätowieren mindestens genauso wichtig ist wie beim Verabreichen einer Injektionsspritze.

c Beschreiben Sie den immunbiologischen Vorteil von Rötung, Erwärmung, Schwellung und Schmerzen an der tätowierten Körperstelle.

d Beschreiben Sie, welche Vorgänge im Immunsystem nach einer Laserbehandlung ablaufen.

e Erklären Sie, weshalb zwischen zwei Behandlungssitzungen mehrere Wochen Pause liegen müssen.

Nachweis einer SARS-CoV-2-Infektion durch Antigentests

3 Während der Covid-19-Pandemie haben Antigentests zum Nachweis des SARS-CoV-2-Virus im Nasensekret eine große Bedeutung erlangt. Sie können in Form eines Schnelltests oder eines ELISA-Tests durchgeführt werden und zeigen die Anwesenheit von Virusproteinen, meistens des Nucleoproteins der Virusoberfläche, an.
Der ELISA-Test wird im Labor durchgeführt. Die Abbildung (▸ A) zeigt die Anordnung der Moleküle am Ende des Tests bei einem positiven Testergebnis. Bei den Schnelltests (▸ B) diffundieren Antigene und Sekundärantikörper mit der aufgetragenen Flüssigkeit entlang einer porösen Schicht, die Filterpapier ähnelt. An die Sekundärantikörper sind hierbei keine Enzyme gebunden, sondern Farbstoffe wie kolloidales Gold mit tiefroter Farbe. Befinden sich viele der farbstoffgekoppelten Sekundärantikörper an einer Stelle, so erscheint dieser Bereich rot.

a Beschreiben Sie an einem selbst gewählten Beispiel den lytischen Reproduktionszyklus eines Virus.

b Begründen Sie die Notwendigkeit einer Wirtszelle für die Virenvermehrung.

c Erstellen Sie eine Hypothese, weshalb das SARS-CoV-2-Virus nur bestimmte Zellen des Nasen- und Rachenraums und der Lunge als Wirtszellen nutzen kann.

d Beschreiben Sie den Ablauf des ELISA-Tests zum Nachweis des Nucleoproteins von SARS-CoV-2 in einer Lösung mit Nasensekret.

e Erklären Sie die Notwendigkeit der Waschvorgänge beim ELISA-Test.

f Begründen Sie, weshalb Primär- und Sekundärantikörper für verschiedene Epitope des Nucleoproteins spezifisch sein müssen.

g Vergleichen Sie den ELISA-Test mit einem Schnelltest.

h Erläutern Sie, weshalb ein ELISA-Test eine höhere Sensitivität als ein Schnelltest besitzt, also auch geringere Virenmengen im Nasensekret nachweisen kann.

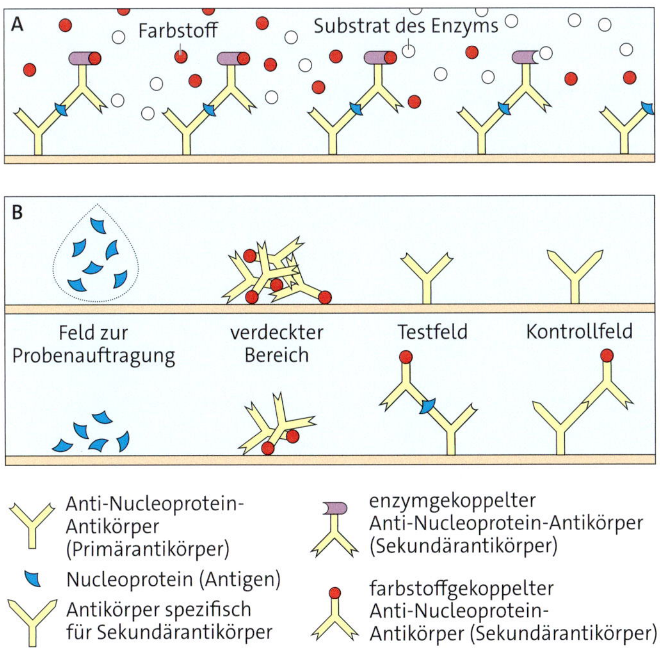

Immunologisches Gedächtnis

4 In einer Versuchsreihe zur Untersuchung der Immunantwort auf ein Antigen werden die im Blut nachweisbaren Antikörper in Abhängigkeit von der Zeit nach der Infektion bestimmt.
Die linke Abbildung stellt die Messergebnisse einer primären Immunantwort dar. Der Organismus ist erstmalig mit dem Antigen in Kontakt gekommen. Die blaue Linie in der rechten Abbildung zeigt die Messergebnisse bei einer sekundären Immunantwort. Der Organismus ist zum zweiten Mal mit dem Antigen in Kontakt getreten. Die rote Linie zeigt die Immunantwort bei Kontakt mit einem neuen Antigen.

a Beschreiben Sie die dargestellten Messergebnisse.

b Deuten Sie den unterschiedlichen Verlauf der Kurven in beiden Abbildungen.

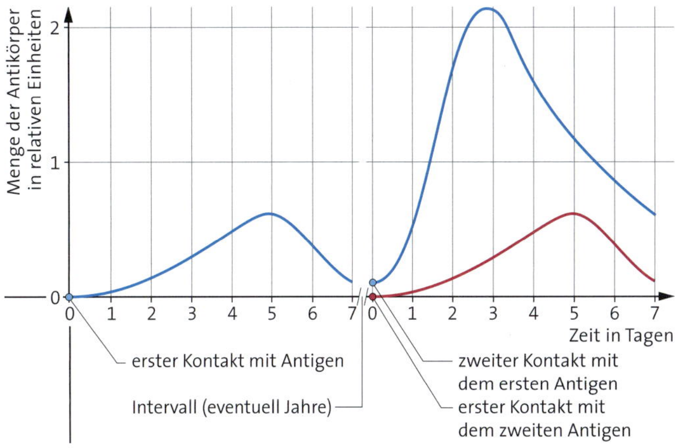

Folgende Aufgaben habe ich bereits gelöst:
Antikörper 1 ○
Tätowierung und unspezifische Immunabwehr 2 ○
Nachweis einer SARS-CoV-2-Infektion durch Antigentests 3 ○
Immunologisches Gedächtnis 4 ○

4

Neurobiologie

Einstufungstest

Karteikarten

Ich kann:

- den Aufbau und die Funktion von Nervensystemen und Neuronen sowie die Bedeutung von Ionen für Neuronen beschreiben
- die Entstehung und Weiterleitung eines elektrischen Signals an Neuronen erläutern
- die Übertragung von Informationen an Synapsen erklären
- die Aufnahme und Verarbeitung von Sinnesreizen bis zur Wahrnehmung im Gehirn beschreiben
- den Ablauf einer Muskelkontraktion beschreiben
- die regulatorischen Funktionen von Hormonen erklären
- den Einfluss von Giftstoffen auf die Informationsweiterleitung erläutern

Der Fugu ist der bekannteste Vertreter der Kugelfische. Ein Schutz vor Gefahren ist die Anreicherung des Gifts Tetrodotoxin in seinen Organen. Es ist eines der stärksten bekannten nicht proteinartigen Nervengifte. Doch wie entfaltet das Gift seine Wirkung?

4.1 Nervenzellen

Nervensystem des Menschen

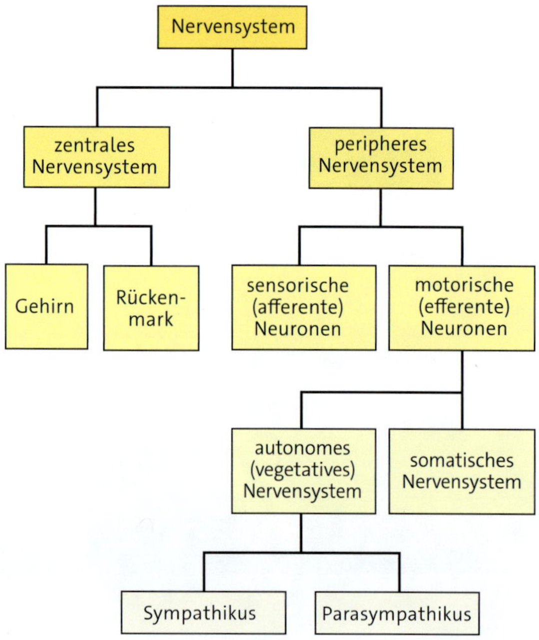

1 Gliederung des Nervensystems des Menschen

In Gehirn und Rückenmark befinden sich die meisten Neuronen. Da hier die wichtigen Steuerungsprozesse stattfinden und alle Informationen verarbeitet werden, bilden Gehirn und Rückenmark das zentrale Nervensystem (ZNS). Alle Nerven, die die verschiedenen Körpergewebe mit dem zentralen Nervensystem verbinden und Signale zum ZNS leiten oder vom ZNS erhalten, werden als peripheres Nervensystem (PNS) zusammengefasst.

Der Parasympathikus und Sympathikus haben unter anderem Einfluss auf Organe. Die meisten postganglionären Axone des Sympathikus setzen den Transmitter Noradrenalin frei, die Neuronen des Parasympathikus dagegen Acetylcholin. An den Zielorganen haben die beiden neuronalen Systeme deshalb entgegengesetzte Effekte. Die Aktivierung des Sympathikus führt zur Mobilisierung von Energie und ermöglicht eine rasche Anpassung an Leistungssituationen. Kommt der Körper nach einer Belastung zur Ruhe, so unterstützt der Parasympathikus alle Veränderungen, die zur Erholung und zur Regenerierung der Energiereserven führen.

Aufbau eines Neurons

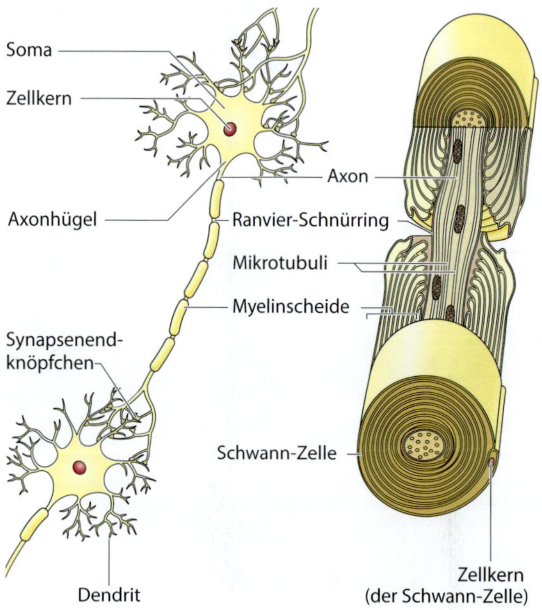

2 Aufbau eines Wirbeltierneurons

Der auffälligste Unterschied von Neuronen gegenüber anderen Zelltypen ist ein schmaler, bis zu 1 m langer Zellfortsatz, das Axon. An den häufig verzweigten Axonenden befinden sich die Synapsenendknöpfchen.

Der Übergang zwischen Soma und Axon wird aufgrund seiner Verdickung als Axonhügel bezeichnet. Dieser besondere Aufbau des Neurons dient der Informationsübertragung über größere Strecken. Auch am Soma befinden sich häufig stark verzweigte Zellfortsätze, die Dendriten. Über die Synapsenendknöpfchen stehen die Neuronen mit den Dendriten der Nachbarneuronen in Kontakt. Die Kontaktstellen heißen Synapsen.

Im Nervensystem der Wirbeltiere befinden sich noch weitere Zelltypen, die Gliazellen. Die häufigsten Gliazellen sind die Astrozyten. Über ihren engen Kontakt zu den Neuronen beeinflussen sie deren Wachstum und regulieren die chemische Zusammensetzung der extrazellulären Umgebung der Neuronen.

Ruhemembranpotenzial

Das Ruhemembranpotenzial wird im Ruhezustand eines Neurons als Spannung zwischen dem Zellinneren und der extrazellulären Flüssigkeit gemessen. Bei Säugetierneuronen beträgt das Ruhemembranpotenzial etwa – 65 mV. Dabei ist das Innere des Neurons gegenüber der extrazellulären Seite negativ geladen. Dieser negative Wert ergibt sich aufgrund der Ionenverteilung an der Membran eines Neurons. Die Membran bildet für die Ionen eine natürliche Barriere. Sie enthält aber Ionenkanäle, die selektiv für bestimmte Ionen durchlässig sind.

Bei Säugetierneuronen haben vor allem Kaliumionen einen Einfluss auf das gemessene Potenzial, da ein Teil der Kaliumionenkanäle ständig geöffnet ist. Im geringen Umfang diffundieren auch Natriumionen in das Zellinnere.

Um das Ruhepotenzial aufrechtzuerhalten, ist es notwendig, dass zum einen die Konzentration von Natriumionen außerhalb des Neurons höher ist als im Inneren der Zelle und zum anderen die Kaliumionenkonzentration im Zellinneren höher ist als in der extrazellulären Flüssigkeit. Dies geschieht durch die Natrium-Kalium-Pumpe, die unter Verbrauch von ATP zeitgleich drei Natriumionen aus dem Neuron heraus und zwei Kaliumionen ins Innere der Zelle transportiert.

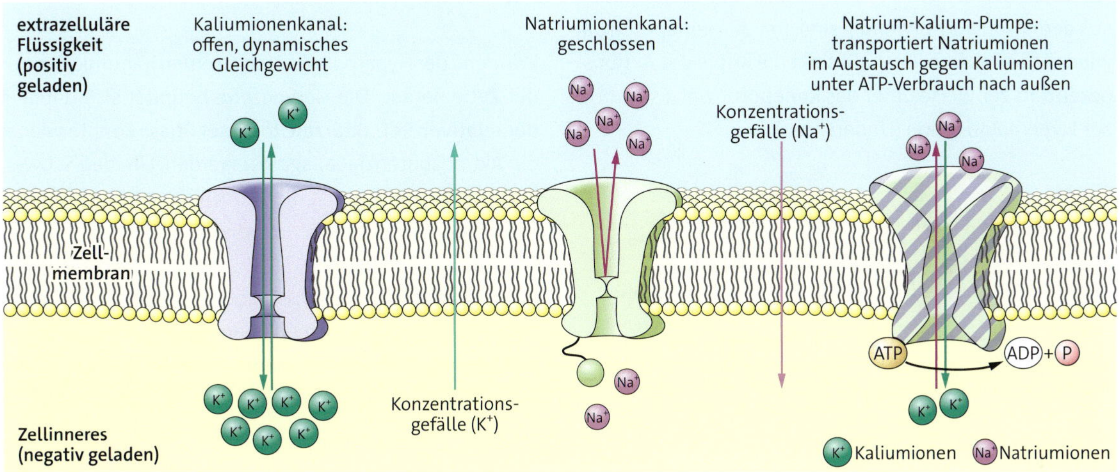

3 Modell zur Entstehung und Erhaltung des Ruhepotenzials

METHODE Potenzialmessung

Diese Methode dient zur Messung elektrischer Potenziale an Zellmembranen. Dabei werden eine Messelektrode und eine Bezugselektrode verwendet. Das Membranpotenzial zeigt die gemessene Spannung der Messelektrode gegenüber der Bezugselektrode an.
Um den Ablauf eines Aktionspotenzials aufzuklären, benötigt man die Voltage-Clamp-Technik. Damit kann man Ionenströme messen. Eine solche, aber verfeinerte Methode ist die Patch-Clamp-Technik. Diese Methode erlaubt es, die Spannung an einzelnen geöffneten Ionenkanälen direkt zu messen. Die Stromstärken liegen in einem Bereich von wenigen Pikoampere (pA), das heißt 10^{-12} Ampere (A). Die extrem geringen Stromflüsse sind nur mithilfe einer aufwendigen Verstärkung messbar.

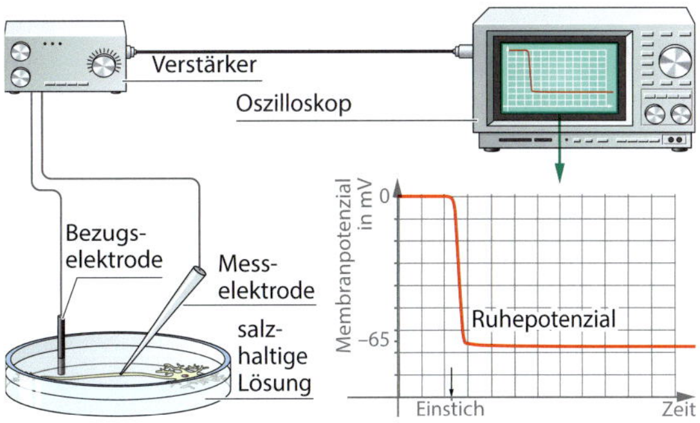

4 Messung des Membranpotenzials

Aktionspotenzial

Erreicht das Membranpotenzial durch einen stärkeren Reiz einen bestimmten Schwellenwert, beispielsweise – 30 mV, wird ein Aktionspotenzial ausgelöst. Das Aktionspotenzial wird in verschiedene Phasen eingeteilt:

1. Depolarisation
Natriumionenkanäle öffnen sich, Natriumionen strömen ein, die Axonmembran wird weiter depolarisiert. Das Membranpotenzial wird sehr schnell positiv bis zu einem Wert von etwa + 30 mV (Overshoot).

2. Repolarisation
Spannungsgesteuerte Kaliumionenkanäle öffnen sich, Kaliumionen strömen schnell aus dem Axon heraus. Dadurch wird das Membranpotenzial innen wieder negativ.

3. Hyperpolarisation
Für einen kurzen Zeitraum strömen mehr Kaliumionen aus dem Axon als notwendig sind, um das Ruhepotenzial wieder zu erreichen. Deshalb sinkt die Kurve des Aktionspotenzials zeitweise unter das Ruhepotenzial. Es kommt zur Hyperpolarisation (Undershoot).

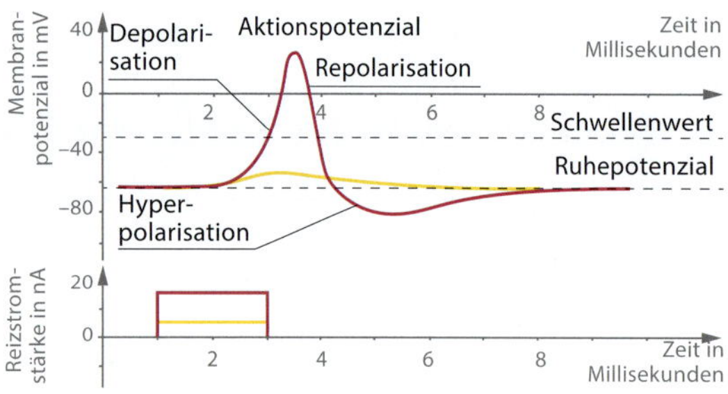

5 Phasen des Aktionspotenzials

In der Nervenzelle entstehen Aktionspotenziale am Axonhügel und breiten sich nur in Richtung der präsynaptischen Endigungen aus. Obwohl die lokalen Strömchen in beide Richtungen fließen, ist eine gegenläufige Ausbreitung nicht möglich, da sich die Natriumionenkanäle nach einem Aktionspotenzial in der Refraktärphase befinden und nicht auf die Depolarisation reagieren.

Die Refraktärzeit ist die Phase nach Auslösung eines Aktionspotenzials, in der die Nervenzelle nicht erneut auf einen Reiz reagieren kann und vorübergehend kein weiteres Aktionspotenzial ausgelöst wird. In der **absoluten Refraktärzeit** direkt nach Auslösung des Aktionspotenzials schließen sich die Natriumionenkanäle und werden inaktiviert. Auch bei einem starken Reiz wird hier kein neues Aktionspotenzial ausgelöst.

Während der Hyperpolarisation strömen Kaliumionen aus der Zelle heraus. Die Nervenzelle befindet sich dabei in der **relativen Refraktärzeit**. In dieser Phase könnte wieder ein Aktionspotenzial ausgelöst werden. Um den Schwellenwert zu erreichen, ist hier jedoch ein stärkerer depolarisierender Stromimpuls notwendig.

Aufgrund der spezifischen Reaktion der spannungsgesteuerten Ionenkanäle auf einen überschwelligen Reiz entstehen immer gleich starke Ionenströme. Das bedeutet, dass ein Aktionspotenzial eines jeden Neurontyps immer die gleiche Höhe, also die gleiche Amplitude, hat. Aktionspotenziale funktionieren wie ein Schalter, der ein- oder ausgeschaltet ist. Es handelt sich somit um ein **Alles-oder-nichts-Prinzip**.

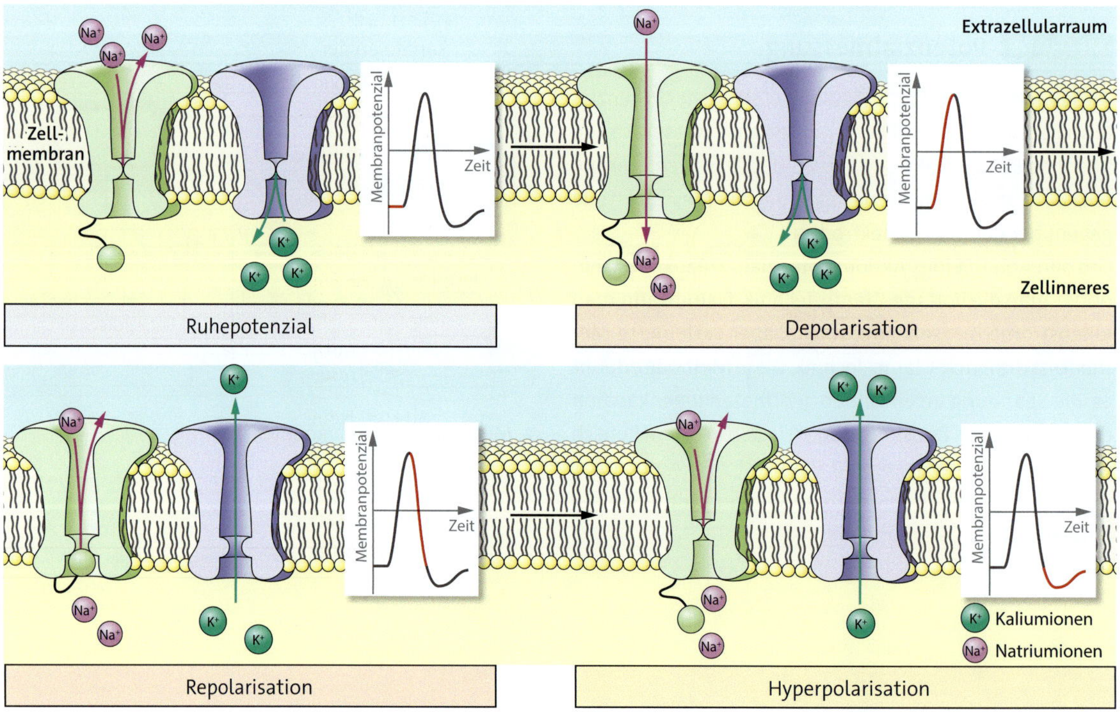

6 Ionenkanäle steuern den Ablauf des Aktionspotenzials

Saltatorische Erregungsleitung

Die Axone der Wirbeltiere sind von einer Myelinscheide umgeben, die in Abständen von 0,2 bis 2,0 mm von Ranvier-Schnürringen unterbrochen ist. Die Myelinscheide wirkt wie die Isolierung eines Stromkabels und verstärkt den Stromfluss im Inneren des Axons. Dadurch erhöht sich die Reichweite der lokalen Strömchen erheblich. Nur in den frei liegenden Bereichen der Ranvier-Schnürringe befinden sich spannungsgesteuerte Natriumionenkanäle und nur hier werden Aktionspotenziale ausgelöst. Dies hat zur Folge, dass die Aktionspotenziale von Schnürring zu Schnürring springen. Die Geschwindigkeit dieser saltatorischen Erregungsleitung ist erheblich höher als die der kontinuierlich weitergeleiteten Erregung der nicht myelinisierten Fasern.

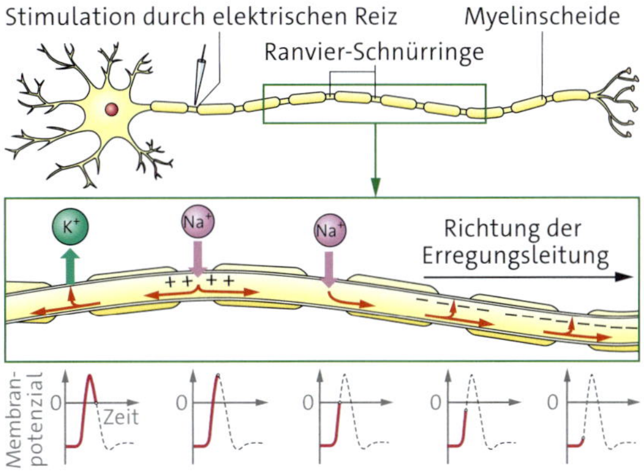

7 Saltatorische Erregungsleitung

Signalübertragung an der Synapse

Zwischen zwei miteinander in Kontakt stehenden Nervenzellen befindet sich ein schmaler Spalt mit einer Breite von ungefähr 20 bis 40 nm. Die an diesen synaptischen Spalt angrenzende Membran des Synapsenendknöpfchens wird als präsynaptische Membran und die der nachgeschalteten Nervenzelle als postsynaptische Membran bezeichnet. In den Vesikeln des Synapsenendknöpfchens befindet sich ein chemischer Botenstoff, zum Beispiel der Neurotransmitter Acetylcholin. Er ist für die Signalübertragung über den synaptischen Spalt hinweg verantwortlich. Derartige Synapsen werden deshalb als chemische Synapsen bezeichnet.

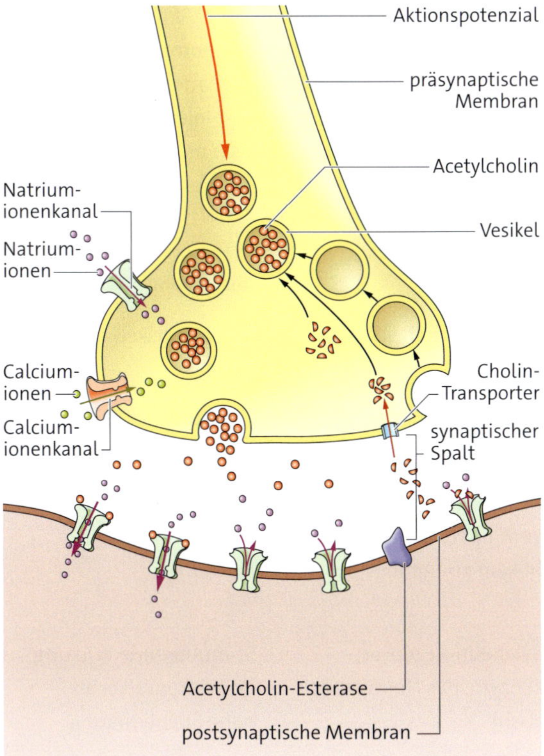

8 Signalübertragung an einer chemischen Synapse

Ablauf:
- ein Aktionspotenzial erreicht das Synapsenendknöpfchen
- die Membran wird durch die Öffnung der Natriumionenkanäle und den Einstrom von Natriumionen in das Endknöpfchen depolarisiert
- spannungsgesteuerte Calciumionenkanäle öffnen sich und Calciumionen strömen in das Endknöpfchen ein
- je höher die Calciumionenkonzentration steigt, umso mehr Vesikel verschmelzen mit der Zellmembran der Präsynapse
- in den Vesikeln sind Neurotransmitter enthalten (oft Acetylcholin), diese werden in den synaptischen Spalt ausgeschüttet (Exozytose)
- die Neurotransmitter diffundieren durch den synaptischen Spalt und binden an Rezeptoren der Natriumionenkanäle an der postsynaptischen Membran
- die Natriumionenkanäle öffnen sich und Natriumionen strömen in die Postsynapse ein
- die Natriumionen lösen beim nächsten Neuron ein postsynaptisches Potenzial (PSP) aus

Die Stärke der Depolarisation ist davon abhängig, wie viele Natriumionen einströmen, also wie viele Natriumionenkanäle durch Neurotransmitter geöffnet werden. Wenn das postsynaptische Potenzial einen bestimmten Schwellenwert überschreitet, entsteht am Axonhügel des nachgeschalteten Neurons ein neues Aktionspotenzial.

Der Neurotransmitter Acetylcholin wird enzymatisch gespalten und die Bestandteile anschließend zurück in die Präsynapse transportiert. Dort werden sie wieder zu Acetylcholin zusammengebaut und neue Vesikel damit beladen.

Erregende und hemmende Synapsen

Einige Transmitter wie Acetylcholin und Dopamin veranlassen das Öffnen von Natriumionenkanälen an der postsynaptischen Membran. Das Einströmen der positiv geladenen Natriumionen hat zur Folge, dass die Membran depolarisiert wird. Wenn die Depolarisation den Schwellenwert erreicht, wird am Axonhügel des postsynaptischen Neurons ein neues Aktionspotenzial ausgelöst.
Eine derartige Synapse bezeichnet man als **erregende Synapse** und die Veränderung des Membranpotenzials als exzitatorisches postsynaptisches Potenzial (**EPSP**) (▸ 9A).

Andere Neurotransmitter wie Glycin binden an Rezeptoren von Chloridionenkanälen an der postsynaptischen Membran. Die Chloridionenkanäle öffnen sich und negativ geladene Chloridionen strömen in das Neuron ein. Dies hat zur Folge, dass das postsynaptische Potenzial negativer wird, die Membran wird hyperpolarisiert. Der Abstand zum Schwellenwert ist nun größer und damit ist das Auslösen eines Aktionspotenzials am Axonhügel des postsynaptischen Neurons unwahrscheinlicher.
Bei solch einer Synapse handelt es sich um eine **hemmende Synapse** und bei der Hyperpolarisation um ein inhibitorisches postsynaptisches Potenzial (**IPSP**) (▸ 9B).

Bei der **räumlichen Summation** kommt es an mehreren erregenden Synapsen zeitgleich zu Depolarisationen, die miteinander verrechnet werden.

Bei der **zeitlichen Summation** werden die in kurzer zeitlicher Abfolge an einer Synapse entstehenden postsynaptischen Potenziale miteinander verrechnet. Die Verrechnung aller an einer Synapse erzeugten Potenziale nennt man **synaptische Integration**.

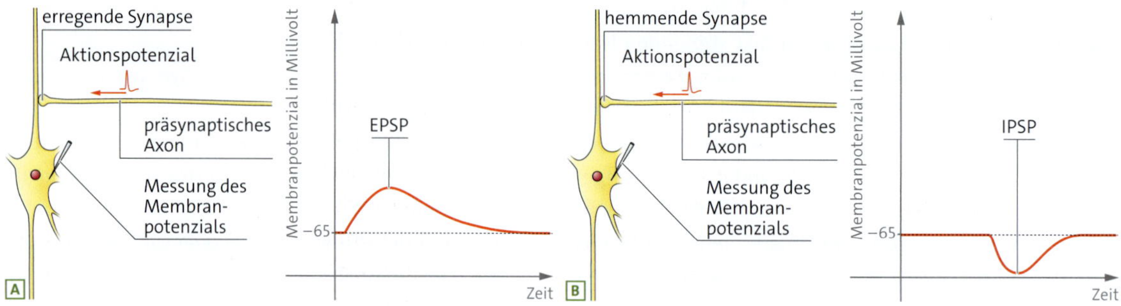

9 Postsynaptisches Potenzial: **A** exzitatorisch, **B** inhibitorisch

Neurotoxine

Neurotoxine sind Giftstoffe, die das Nervensystem angreifen und die Informationsübertragung stören. Verschiedene Bakterien-, Pflanzen- und Tierarten produzieren beim Beutefang oder bei der Abwehr von Beutegreifern natürliche Neurotoxine. Sie können verschiedene neuronale Vorgänge beeinflussen (▸ 10).

Botulinumtoxin („Botox") ist ein Neurotoxin, das in geringer Dosierung zur kosmetischen Faltenbehandlung eingesetzt wird. Dabei wird nach der Injektion des Neurotoxins in den Gesichtsmuskel dieser nicht mehr innerviert. Seine Lähmung führt zur Entspannung der entsprechenden Hautregion.

Gift	Folge an der Synapse	Auswirkung
α-Latroxin der Schwarzen Witwe	Daueraktivierung der Calciumionenkanäle, dadurch schlagartige Entleerung der Vesikel	Starke Muskelkrämpfe
Botulinumtoxin eines Bakteriums	Hemmt Verschmelzung der Vesikelmembran mit der präsynaptischen Membran, verhindert dadurch Freisetzung von Acetylcholin	Lähmung der Skelettmuskulatur und Atemmuskeln
α-Bungarotoxin der Königskobra	Bindet an Acetylcholin-Rezeptor und verhindert Öffnung der Natriumionenkanäle, dadurch entsteht kein erregendes postsynaptisches Potenzial	Muskel- und Atemlähmung
Nikotin der Tabakpflanze	Wirkt wie Acetylcholin, bindet an Acetylcholin-Rezeptor; hemmt mit anderen Tabakstoffen das Enzym, das Neurotransmitter wie Dopamin und Serotonin abbaut	Stimulierende Wirkung im Präfrontalkortex, hohe Suchtwirkung

10 Auswahl natürlicher Neurotoxine und ihre Wirkung

4.2 Sinnesreize

Reizaufnahme

Reizaufnahme und Reizumwandlung sind Aufgaben der Sinneszellen oder Rezeptorzellen in den Sinnesorganen. Die Reize der Umwelt werden dort in elektrische Erregung umgewandelt. Die Sinneszellen zeichnen sich durch spezifische Membranstrukturen aus, die der Reizaufnahme dienen. Sie sind auf unterschiedliche Reizarten oder Reizmodalitäten spezialisiert:

- **Chemorezeptoren** reagieren auf bestimmte chemische Stoffe. Sie sind die Grundlage für den Geruchs- und Geschmackssinn.
- **Fotorezeptoren** werden durch Licht angeregt.
- **Thermorezeptoren** sind temperaturempfindliche Sinneszellen.
- **Mechanorezeptoren** reagieren auf mechanische Reize wie Berührung, Druck und Vibration. Sie sind für den Tastsinn, den Hörsinn und den Gleichgewichtssinn grundlegend.
- **Elektro- und Magnetorezeptoren** registrieren elektrische beziehungsweise magnetische Felder. Sie kommen z. B. bei Haien und Zitteraalen vor, nicht jedoch bei Menschen.

Reizverarbeitung

Sinneszellen sind hochselektiv. Die Reizmodalität, für die ein Rezeptor empfindlich ist, nennt man den adäquaten Reiz. Auf einen adäquaten Reiz reagieren die Sinneszellen mit einer dem postsynaptischen Potenzial vergleichbaren Veränderung des Rezeptorpotenzials. Sinneszellen wandeln den Reiz in eine elektrische Erregung um. Diese Umwandlung wird als **Signaltransduktion** bezeichnet.

Bei der Signaltransduktion kann der Reiz direkt die räumliche Struktur von Ionenkanälen beeinflusst, sodass sie sich öffnen und Ionen in die Zelle strömen. Dies führt wiederum zur Öffnung spannungsgesteuerter Ionenkanäle. Die erhöhte positive Ladung im Inneren der Zelle bewirkt die Exozytose der transmittergefüllten Vesikel in den synaptischen Spalt.

Eine weitere Möglichkeit ist, dass der Reiz indirekt über spezielle Rezeptorproteine eine Kette von Reaktionen im Inneren der Zelle anregt. Sie führt zur Bildung eines sekundären Botenstoffs, eines **Second Messengers**, der dann Einfluss auf die Öffnung von Ionenkanälen nimmt und z. B. den Einstrom von Natrium- und Calciumionen bewirkt. Dadurch wird die Zelle depolarisiert. Über nachgeschaltete Neuronen gelangt das Signal ins Gehirn. Dort werden die einlaufenden sensorischen Informationen interpretiert und geeignete Reaktionen ausgelöst.

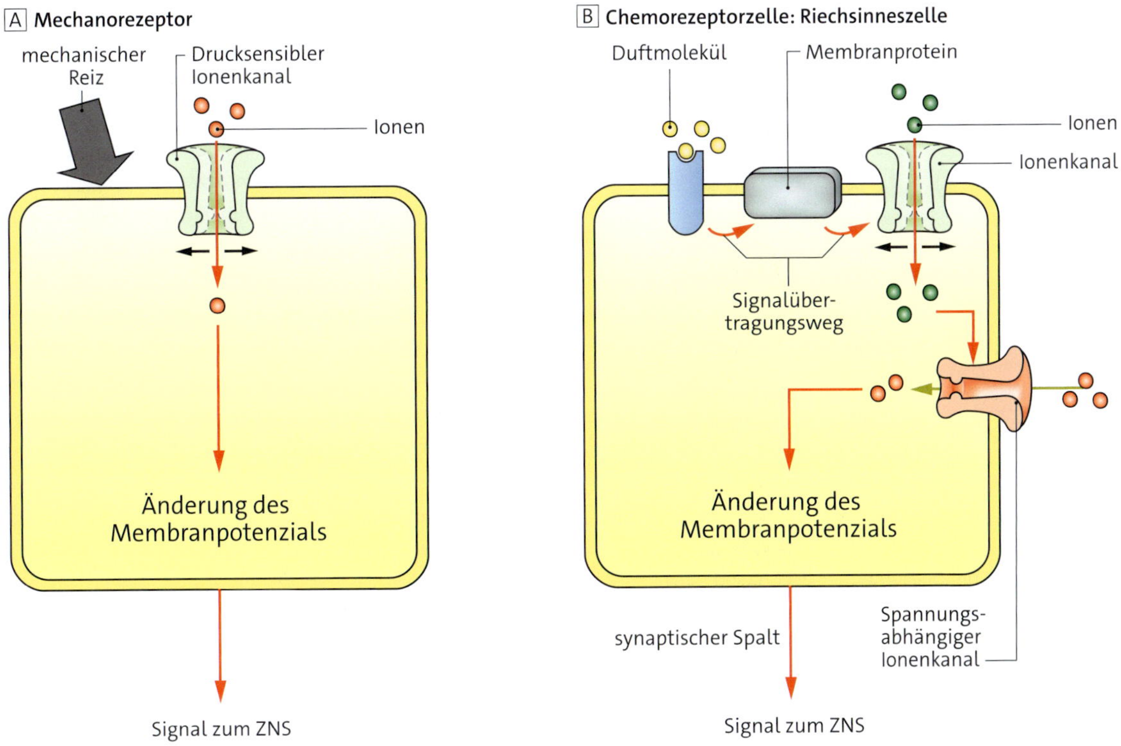

1 Zwei Prinzipien der Signaltransduktion (Schema): **A** Mechanorezeptor, **B** Riechsinneszelle

Primäre und sekundäre Sinneszellen

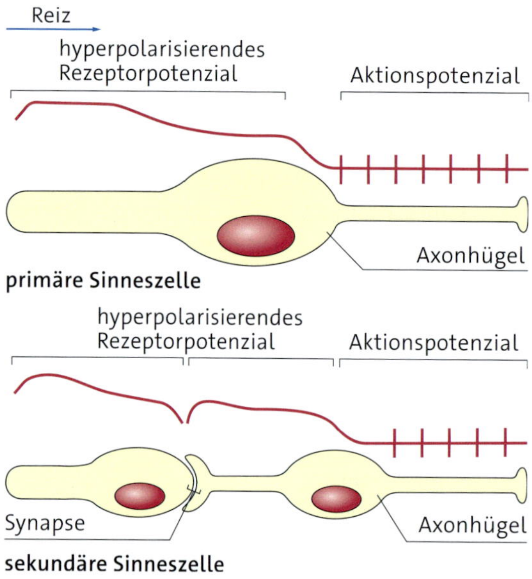

2 Primäre und sekundäre Sinneszellen

Primäre und sekundäre Sinneszellen unterscheiden sich in der Signalweiterleitung.
Primäre Sinneszellen ähneln in Bau und Funktion den Neuronen. Als Reaktion auf einen Reiz bilden sie ein Rezeptorpotenzial, das sich bis zum Axonhügel ausbreitet und bei Überschreiten eines Schwellenwerts in Aktionspotenziale umgewandelt wird. Dabei bestimmt die Stärke des Rezeptorpotenzials die Frequenz der Aktionspotenziale, die Rezeptorantwort.
Sekundäre Sinneszellen besitzen kein Axon und bilden selbst keine Aktionspotenziale. Das Rezeptorpotenzial breitet sich bis zur Synapse aus und bewirkt dort die Ausschüttung eines Neurotransmitters. Erst in den nachgeschalteten Neuronen werden Aktionspotenziale erzeugt, die als Impulsfolgen die Information über den ursprünglichen Reiz weiterleiten.
Bei beiden Sinneszelltypen ist die Stärke des Rezeptorpotenzials von der eintreffenden Reizstärke abhängig.

Sehvorgang

cGMP = zyklisches Guanosinmonophosphat

Fotorezeptoren sind Lichtsinneszellen in der Netzhaut (Retina) des Auges. Man unterscheidet zwischen den Stäbchen und den Zapfen. Stäbchen sind lichtempfindlicher und für das Sehen bei Dämmerung, Zapfen für das Farbensehen zuständig.

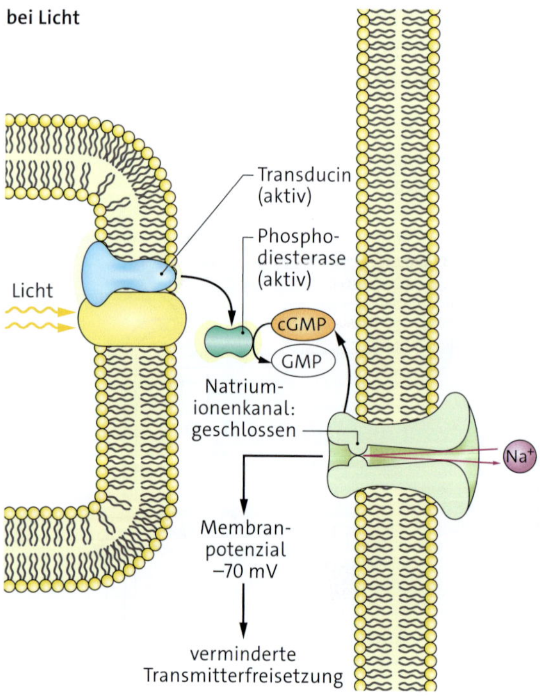

3 Fototransduktion bei Licht

Rhodopsin ist ein Sehfarbstoff, bestehend aus dem lichtabsorbierenden Farbstoff Retinal und dem Membranprotein Opsin. Bereits ein einziges Photon verändert die räumliche Struktur des Retinals: Aus dem 11-cis-Retinal entsteht das all-trans-Retinal. Innerhalb 1 ms reagiert daraufhin das fotoangeregte Rhodopsin zum Metarhodopsin II. Dieser Vorgang wird auch als Bleichung bezeichnet.

Die Verarbeitung des Lichtreizes zu einem Nervenimpuls bezeichnet man als **Fototransduktion**. Im Gegensatz zum Ruhepotenzial eines Neurons (etwa – 65 mV) beträgt das Membranpotenzial der Disks von Stäbchen in völliger Dunkelheit etwa – 40 mV. Diese Depolarisation der Fotorezeptoren wird durch den ständigen Einstrom von Natriumionen verursacht. Da er in Abwesenheit von Licht erfolgt, wird er auch Dunkelstrom genannt. Die Natriumionenkanäle werden durch cGMP offen gehalten.

Bei einem Lichtreiz findet eine Folge von Reaktionen statt. Das fotoangeregte Rhodopsin reagiert zum Metarhodopsin II. Es aktiviert ein Membranprotein, das Transducin. Dieses wiederum aktiviert das Enzym Phosphodiesterase, das den Abbau von cGMP katalysiert. Die Abnahme der Konzentration des cGMP durch einen Lichtreiz bewirkt eine Schließung der Natriumionenkanäle. Es kommt zu einer Hyperpolarisation der Stäbchenmembran auf etwa – 70 mV.

4.3 Muskelkontraktion

Neuromuskuläre Synapse

Bei allen Bewegungen wirken Muskeln und Neuronen zusammen. Als neuromuskuläre Synapse oder motorische Endplatte bezeichnet man die Synapse zwischen Motoneuron und Muskelfaser. An den auf den Muskelfasern flach aufliegenden Synapsenendknöpfchen kommen die elektrischen Impulse an und veranlassen die Muskelfaser, sich zu kontrahieren.

Erreicht ein Aktionspotenzial die neuromuskuläre Synapse, so bewirkt der freigesetzte Transmitter Acetylcholin an der postsynaptischen Membran eine Depolarisation, die zu einem Muskelaktionspotenzial an der Membran der Muskelfaser führt. Über kanalartige Einfaltungen der Membran, die T-Tubuli, breitet sich das Muskelaktionspotenzial bis tief in die Muskelfaser aus. Dort bewirkt es, dass Calciumionen, die im Sarkoplasmatischen Reticulum gespeichert sind, in das Zellplasma einströmen.

Durch die stark erhöhte Calciumionenkonzentration im Zellplasma werden die Bindungsstellen am Aktinfilament freigelegt. Noch im entspannten Zustand des Muskels werden die Myosinköpfe, die aus den Myosinfilamenten herausragen, in eine 90°-Stellung gebracht. Dazu ist ATP nötig, das an den Myosinköpfen enzymatisch zu ADP und Phosphat hydrolisiert wird. Die so aktivierten Myosinköpfe lagern sich an die freigelegten Bindungsstellen am Aktinfilament an und bilden Querbrücken aus. Den Vorgang der Aktivierung des Querbrückenzyklus durch elektrische Impulse nennt man elektromechanische Kopplung.

Die mit dem Aktinfilament verbundenen, aktivierten Myosinköpfe ändern nun ihre Stellung. Sie knicken um etwa 45 ° um und verschieben dadurch das Aktinfilament um 10 nm. Die beiden Proteinfilamente gleiten auf diese Weise aneinander vorbei und die Sarkomere verkürzen sich. Dies führt zur Kontraktion des Muskels. Unter Verbrauch von ATP lösen sich die Myosinköpfe wieder vom Aktinfilament, richten sich auf und sind bereit für den nächsten Querbrückenzyklus.

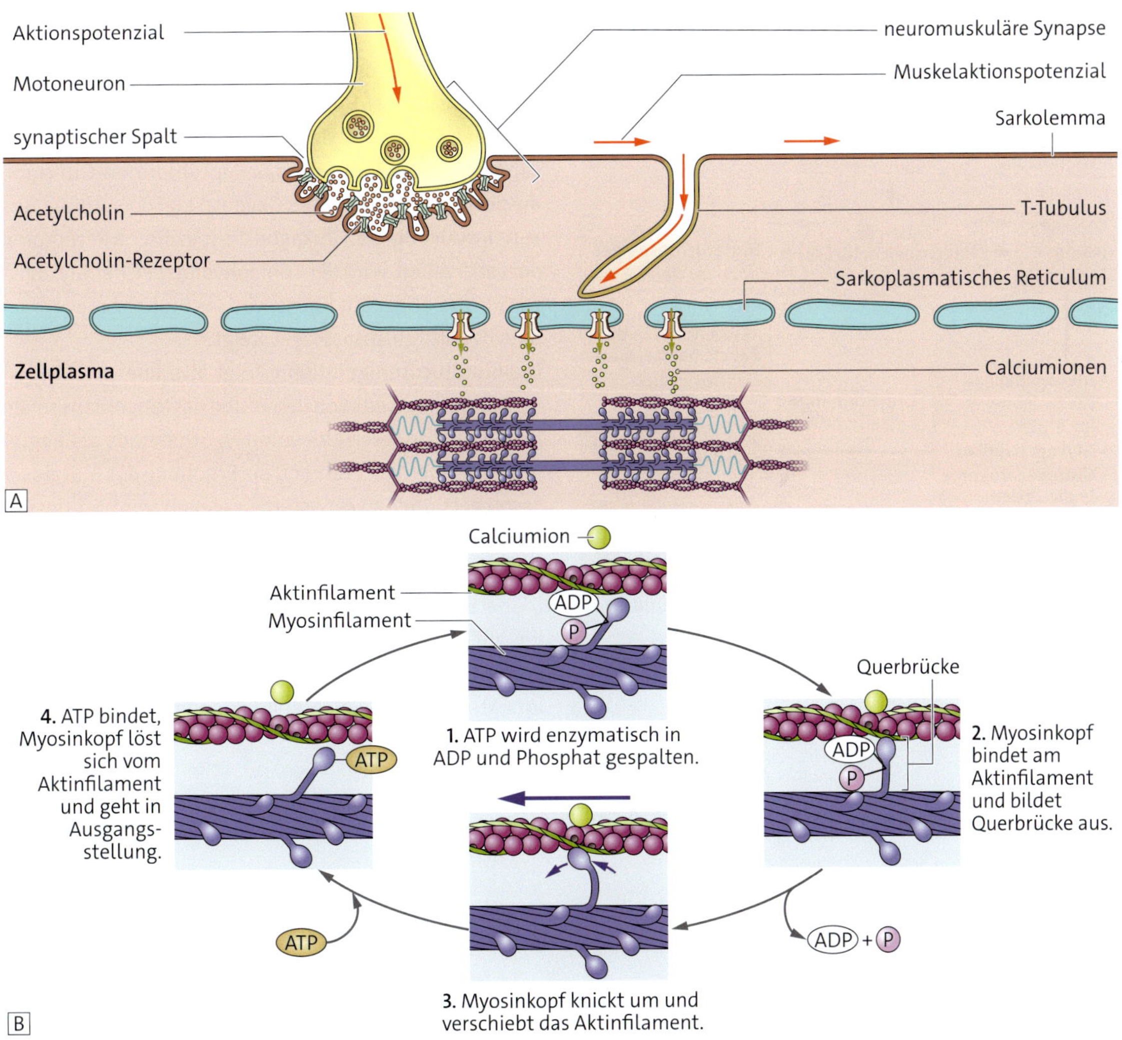

1 Wirkung eines elektrischen Impulses auf die Muskelzelle: A Aktivierung des Querbrückenzyklus, B Wechselwirkung von Aktin und Myosin

Endogene Stoffe stellt der Körper selbst her.

Exogene Stoffe werden von außen zugeführt.

4.4 Endogene und exogene Stoffe

Hormon Insulin

Hormone sind biochemische Botenmoleküle, die verschiedene Körperfunktionen regulieren.
Bei Diabetes mellitus handelt es sich um eine Stoffwechselerkrankung, bei welcher der Blutglucosespiegel ständig zu hoch ist, weil die Menge der nach Nahrungsaufnahme im Blut zirkulierenden Glucose nicht reduziert werden kann. Ursache für den Diabetes Typ I ist ein Mangel an Insulin.

Insulin ist ein Peptidhormon (auch Proteohormon), das extrazellulär an Insulin-Rezeptoren binden kann. Durch die Bindung des Insulins an den spezifischen Rezeptor wird intrazellulär eine Tyrosinkinase aktiviert, die wiederum Insulin-Rezeptorsubstratproteine phosphoryliert. Darüber werden weitere kaskadenartige Reaktionswege eingeleitet und das Hormonsignal wird verstärkt. Die Aktivierung der Proteinkinase B bewirkt schließlich, dass Vesikel mit Glucosetransportproteinen mit der Zellmembran verschmelzen, Glucose in die Zelle gelangt und dort zu dem Speicherkohlenhydrat Glykogen synthetisiert wird. So sinkt schließlich durch die regulatorische Wirkung des Insulins der Glucosespiegel im Blut.

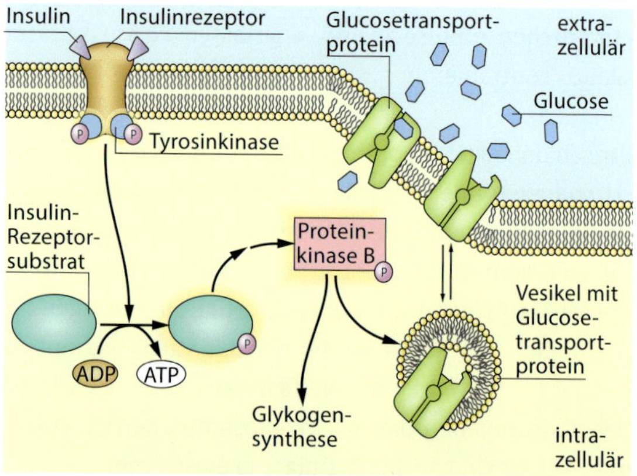

1 Schema der Insulinwirkung

Blutglucoseregulation

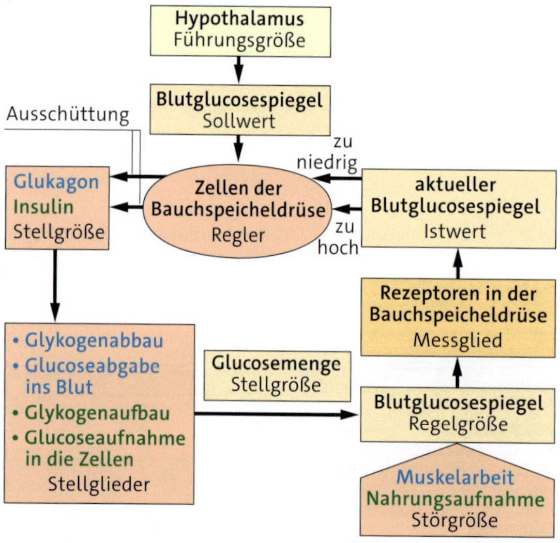

2 Regelung des Blutglucosespiegels durch Insulin und Glukagon

Registrieren Glucoserezeptoren im Hypothalamus und in der Bauchspeicheldrüse, dass der Blutglucosewert unterhalb des Sollwerts liegt, wird aus den α-Zellen der Langerhans'schen Inseln das Peptidhormon Glukagon ausgeschüttet. Es wirkt als Gegenspieler oder Antagonist zum Insulin. Bindet Glukagon an spezifische Rezeptoren der Leberzellen, wird der Kohlenhydratspeicher Glykogen zu Glucose abgebaut. Diese wird ins Blut abgegeben, sodass der Blutglucosespiegel steigt.
Die Blutglucoseregulation erfolgt also über zwei Regelkreise, die einerseits von den Zellen der Langerhans'schen Inseln und andererseits vom Hypothalamus als Regler gesteuert werden. Während die Erhöhung des Blutglucosespiegels über zwei Systeme geregelt wird, ist dessen Senkung allein vom Insulin abhängig. Daher ist ein Insulinmangel durch eine Fehlfunktion der β-Zellen wie beim Diabetes Typ I oder eine mangelnde Reaktion der Zielzellen auf Insulin wie beim Diabetes Typ II mit schwerwiegenden Folgen für den Organismus wie Arteriosklerose, Infarktrisiko und Nervenschädigungen verbunden.

Drogenwirkung – Cannabis

Die wichtigste psychoaktive Substanz der Hanfpflanze ist das Tetrahydrocannabinol (THC). THC entfaltet eine sedierende Wirkung gekoppelt mit hypnotischen Zuständen. Hinsichtlich seiner chemischen Struktur ähnelt THC keinem bekannten Neurotransmitter, sondern ist eher mit einem Steroidhormon vergleichbar. Der körpereigene Ligand Anandamid erzielt vergleichbare Effekte wie THC. Anandamid-Rezeptoren befinden sich im Hippocampus und in der Großhirnrinde, wodurch die euphorischen Wirkungen ebenso zu erklären sind wie die Störungen der Wahrnehmung, Konzentration und Gedächtnisleistung.
Eine verheerende Folge des THC-Konsums ist die schädigende Wirkung auf das Gedächtnis. Bindet THC an Rezeptoren der Astrozyten, wird Glutamat freigesetzt, das an postsynaptische Rezeptoren bestimmter Neuronen im Hippocampus bindet. Daraufhin werden andere Rezeptoren der postsynaptischen Membran zurückgebildet, sodass eine dauerhafte Abschwächung der Signalübertragung an der Synapse eintritt (▶ 3). Diese Langzeitdepression (LTD) ist ein grundlegender Prozess der Gedächtnisfunktion, wird aber durch den Einfluss des THC verstärkt. THC führt demnach dazu, dass Teile des Hippocampus und damit der Gedächtnisleistung über längere Zeit nur eingeschränkt funktionieren.

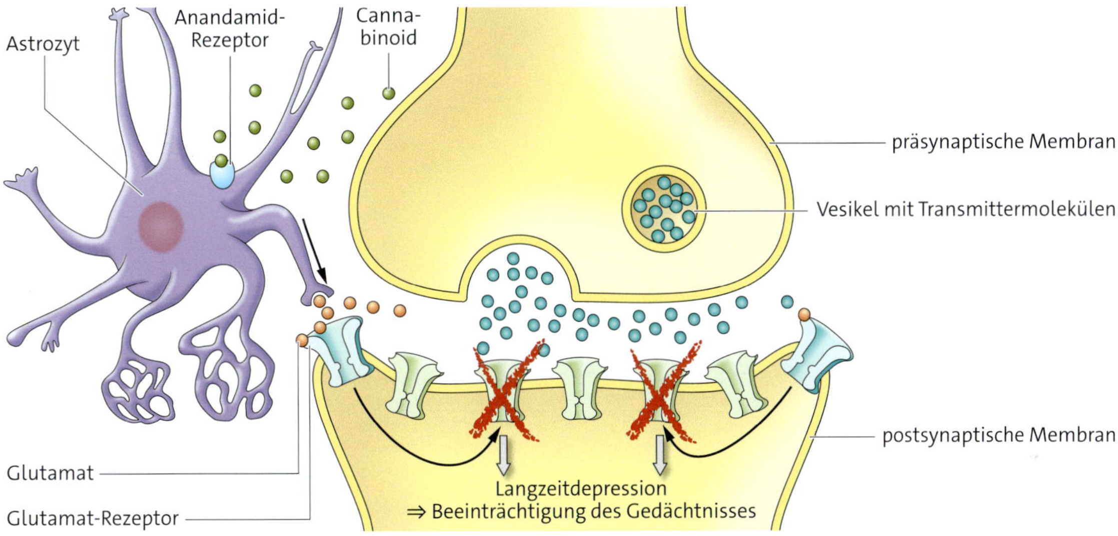

3 Wirkung des THC auf Astrozyten

Drogenwirkung – Alkohol

Ein Blackout nach exzessivem Konsum der legalen Droge Alkohol zeigt deutlich, dass Alkohol die Funktion des Gedächtnisses beeinträchtigt.

Ethanol öffnet indirekt bestimmte Kaliumionenkanäle, sodass Kaliumionen aus dem Neuron strömen und durch Hyperpolarisation dessen Aktivität verringern. Außerdem blockiert Ethanol postsynaptische Glycin-Rezeptoren, die Teil des wichtigsten exzitatorischen Systems im Gehirn sind und aufgrund ihrer speziellen Funktion eine wesentliche molekulare Grundlage für Lernen und Gedächtnis darstellen. Eine Langzeitpotenzierung wird daher nicht mehr möglich und es kommt zu nachteiligen Lerneffekten. Gleichzeitig aktiviert Ethanol GABA-Rezeptoren, sodass die hemmende Wirkung des Transmitters verstärkt wird. In der Amygdala bewirkt dies beispielsweise ein vermindertes Angstempfinden, im Hippocampus und Cortex eine verminderte Gedächtnisleistung und im Kleinhirn eine reduzierte Koordinationsleistung. Außerdem bindet Ethanol an präsynaptische Rezeptoren von Synapsen, die Acetylcholin als Transmitter ausschütten. Dies führt zu einer verringerten Konzentration dieses Transmitters, beispielsweise in der Muskulatur, und damit zu unkoordinierten Bewegungsabläufen.

Glossar

Hier ist Platz, um dein Wissen zur Neurobiologie zu organisieren. Dafür kannst du z. B. eine Mind-Map mit wichtigen Fachbegriffen anlegen. Nutze dazu auch das ▶ Glossar.

Neurobiologie

Platz für weitere Notizen zum Thema Neurobiologie:

Lösungen

Neurobiologie

Nervenzellen

1 Grundelemente des Nervensystems sind Neuronen.

a Benennen Sie die Bestandteile 1–8 des Neurons.

b Erklären Sie am Beispiel des Neurons das Basiskonzept Struktur und Funktion.

c Zeichnen Sie den Versuchsaufbau, mit dem das Membranpotenzial eines Neurons gemessen wird.

d Beschreiben Sie die Verteilung der verschiedenen Ionen innerhalb und außerhalb eines Neurons.

e Erklären Sie Zustandekommen und Erhaltung des Ruhepotenzials.

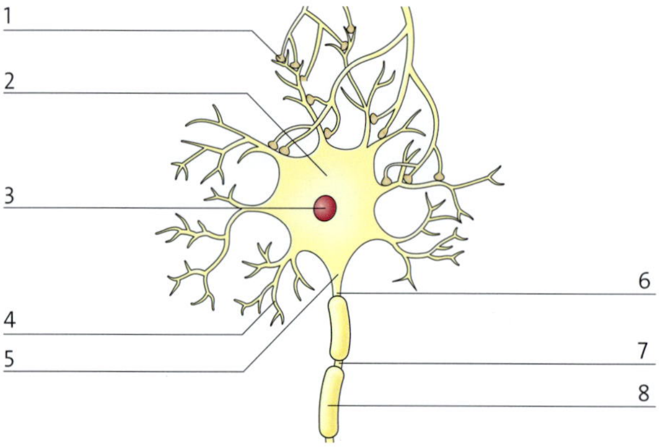

2 Die elektrische Erregung eines Neurons wird in Form von Aktionspotenzialen weitergeleitet.

a Beschreiben Sie die Vorgänge an der Axonmembran während eines Aktionspotenzials.

b Erklären Sie den Spannungsverlauf dabei.

c Begründen Sie, dass eine zweimalige Axon-Reizung im Abstand von 2 ms nur ein Aktionspotenzial auslöst.

d Erläutern Sie, weshalb die saltatorische Erregungsleitung schneller abläuft als die kontinuierliche.

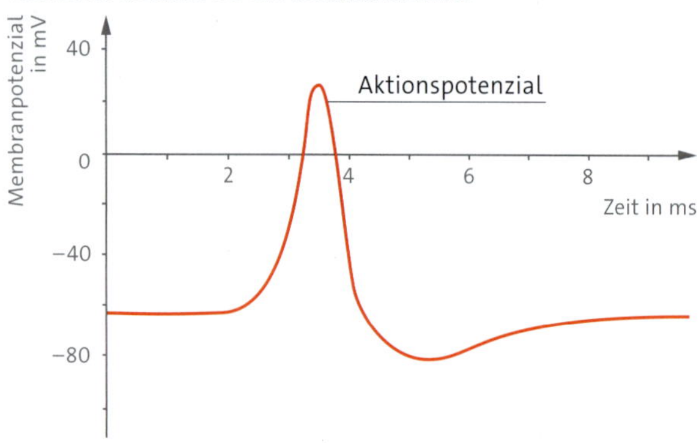

3 An interneuronalen Synapsen wird die Erregung von einem Neuron auf ein anderes übertragen.

a Benennen Sie die Bestandteile 1–11 der Synapse.

b Beschreiben Sie die dargestellten Vorgänge bei der Erregungsübertragung an dieser cholinergen Synapse.

c Nennen Sie ein Beispiel für das Schlüssel-Schloss-Prinzip bei diesen Vorgängen.

d Erläutern Sie die Wirkung des Acetylcholin-Esterasehemmers Parathion auf die Vorgänge an der Synapse.

e Begründen Sie, weshalb das Kegelschneckengift ω-Conotoxin durch eine Blockade der Calciumionenkanäle als Schmerzmittel eingesetzt werden kann.

f Vergleichen Sie erregende und hemmende chemische Synapsen.

g Erklären Sie, wie derselbe Neurotransmitter, beispielsweise Dopamin, an erregenden und hemmenden Synapsen gegensätzliche Wirkung entfalten kann.

h Zeichnen Sie den Verlauf des Membranpotenzials bei einem EPSP ab und ergänzen Sie in der Zeichnung, wie es sich durch räumliche und zeitliche Summation erregender Potenziale verändert.

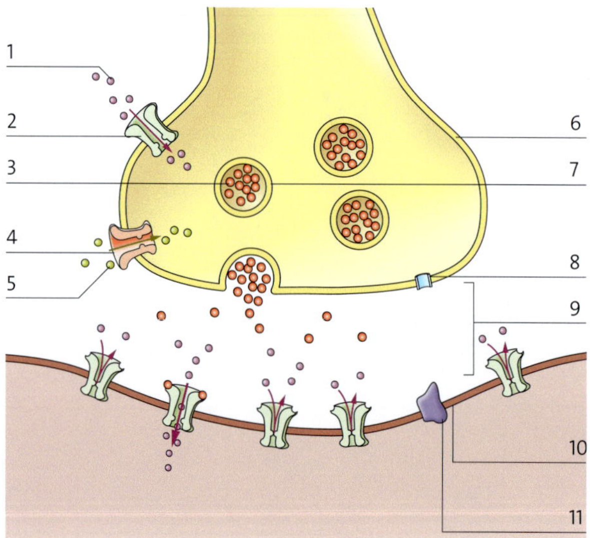

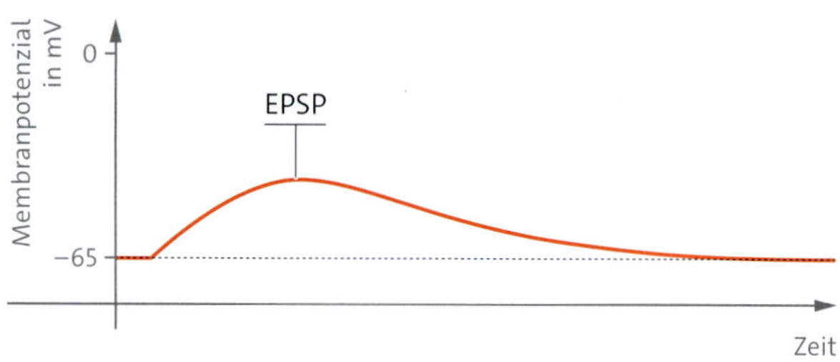

Sinneszellen

4 Einige Ganglienzellen in der Netzhaut des Menschen sind fotosensitiv. Bei Belichtung senden sie Signale an den Hypothalamus und die Zirbeldrüse sowie an die Reflexzentren des Mittelhirns.

a Beschreiben Sie das Zustandekommen eines Rezeptorpotenzials in einer fotosensitiven Ganglienzelle.

b Begründen Sie, weshalb man diese Form der Signaltransduktion als Second-Messenger-Prinzip bezeichnet.

c Erklären Sie, wodurch es in der fotosensitiven Ganglienzelle zu einer Signalverstärkung kommt.

d Begründen Sie, welche Information nötig ist, um die fotosensitiven Ganglienzellen den primären oder sekundären Sinneszellen zuzuordnen.

e Begründen Sie, weshalb die fotosensitiven Ganglienzellen nicht an der bewussten Wahrnehmung von Licht beteiligt sind.

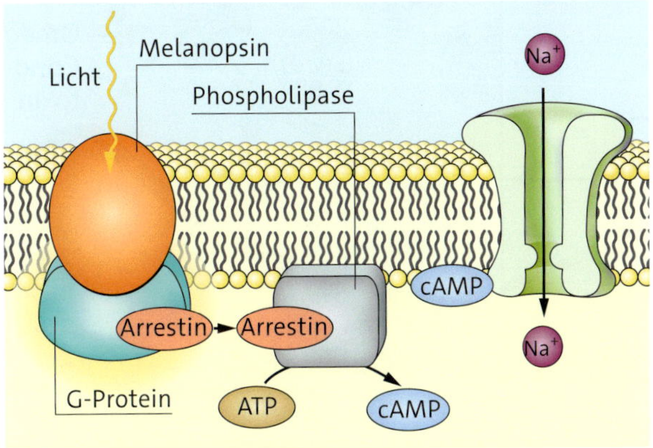

Kontraktion von Muskeln

5 Nervensystem und Muskeln arbeiten koordiniert zusammen.

a Erklären Sie, was man unter elektromechanischer Kopplung versteht.

b Wenn ein Aktionspotenzial die neuromuskuläre Synapse erreicht, wird die Kontraktion des Sarkomers ausgelöst. Beschreiben Sie den Vorgang auf molekularer Ebene.

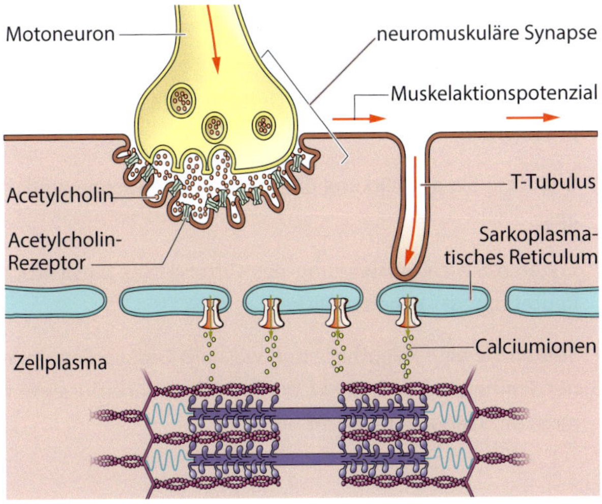

Hormone regeln Lebensfunktionen

6 Das vegetative Nervensystem und die hormonelle Regelung wirken häufig zusammen.

a Beschreiben Sie die Bestandteile und die Funktionen des vegetativen Nervensystems.

b Erklären Sie die Bedeutung des Hypothalamus am Beispiel der Stressreaktion.

c Erklären Sie die Wirkung der hormonellen Stressachse.

d Erläutern Sie die Wirkung des Insulins an den Zielzellen.

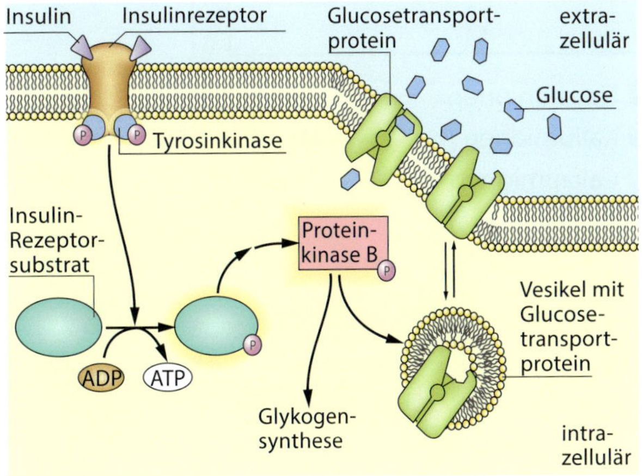

Training A Toxine der Kegelschnecke

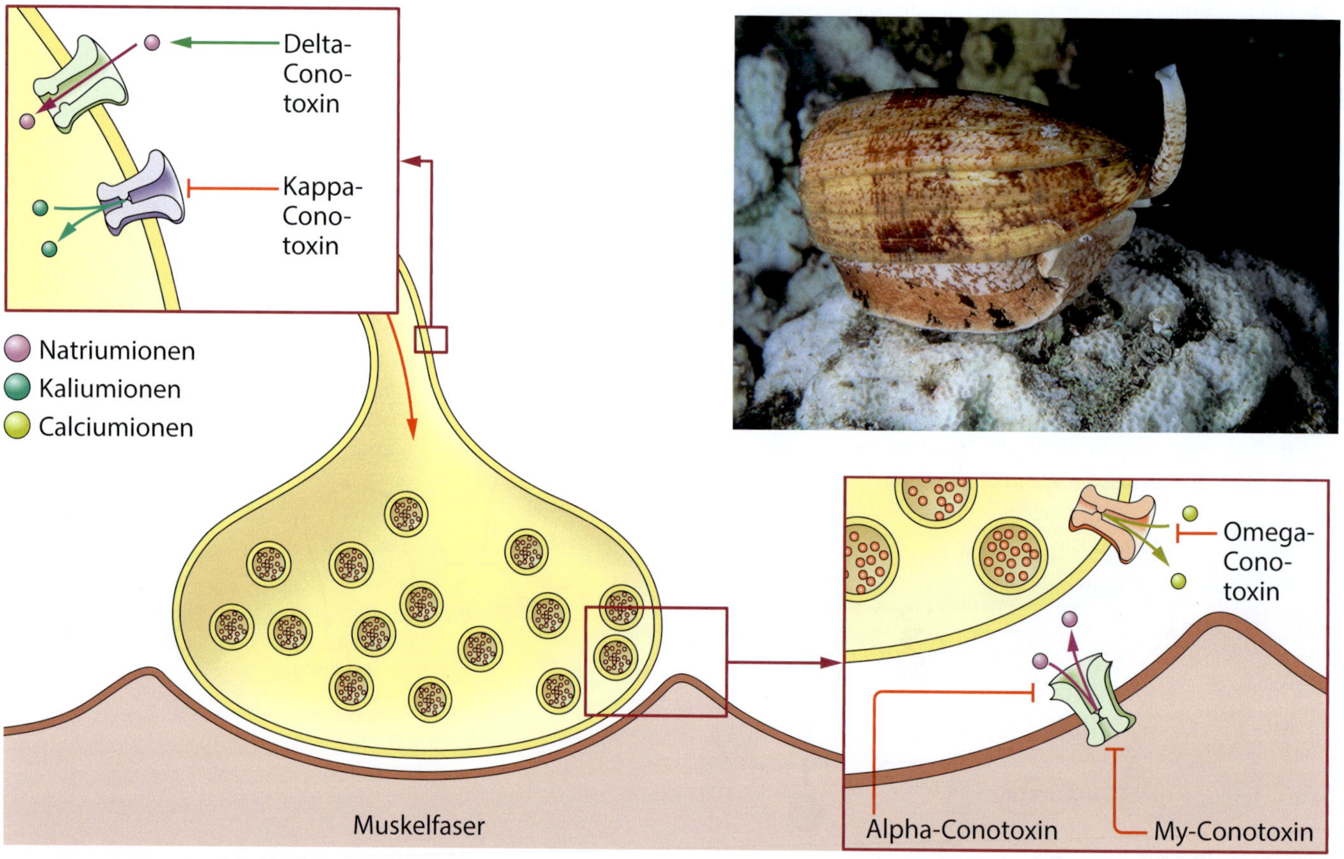

Toxin	Wirkung/Ort
Alpha-Conotoxin	blockiert die Acetylcholin-Rezeptoren an der motorischen Endplatte
Delta-Conotoxin	verhindert das Schließen der spannungsgesteuerten Natriumionenkanäle des Axons
Kappa-Conotoxin	blockiert die Kaliumionenkanäle des Axons
Omega-Conotoxin	blockiert die Calciumionenkanäle an der präsynaptischen Membran
My-Conotoxin	blockiert die Öffnung postsynaptischer Natriumionenkanäle

Kegelschnecken leben im Meer und ernähren sich von Würmern und kleineren Fischen. Sie sind deutlich langsamer als ihre Beute. Im Verlauf der Evolution hat sich bei ihnen ein spezielles Jagdverhalten entwickelt: Sie graben sich im sandigen Meeresboden ein, bis nur noch ihr Schlundrohr aus dem Boden ragt. Fische halten das Schlundrohr für einen Wurm und werden dadurch angelockt. Wenn sich ein Fisch nähert, schießt die Schnecke einen Giftpfeil ab. Die gelähmte Beute wird anschließend in das dehnbare Schlundrohr gezogen und verdaut. Das Gift der Kegelschnecken besteht aus einem Cocktail verschiedener Peptide, der Conotoxine.

Obwohl die Conotoxine auch für Menschen gefährlich werden können, wird Omega-Conotoxin in der Humanmedizin erfolgreich zur Schmerztherapie eingesetzt. Neuronen leiten die Schmerzinformation über das Rückenmark zum Gehirn, wo der Schmerz wahrgenommen wird. Bei der Schmerztherapie wird Omega-Conotoxin in geringer Dosierung in die Rückenmarksflüssigkeit injiziert.

1 Erläutern Sie die Wirkung des Delta- und des Kappa-Conotoxins am Axon.

2 Erläutern Sie die Wirkung der anderen Conotoxine an der Synapse.

3 Erklären Sie die Auswirkung des Giftcocktails hinsichtlich des Beutefangs der Kegelschnecke.

4 Stellen Sie eine Hypothese auf, weshalb Omega-Conotoxin bei der Schmerztherapie direkt in die Rückenmarksflüssigkeit und nicht intravenös verabreicht wird.

Training B Verzögerte Reaktion

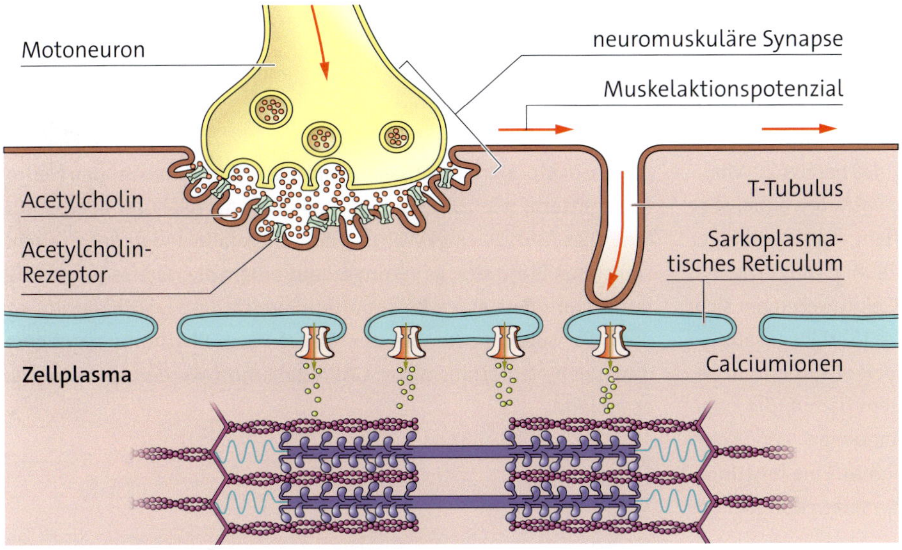

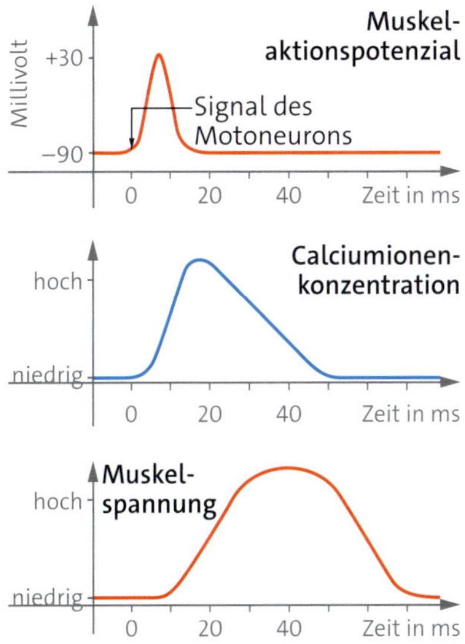

Phasen der Informationsverarbeitung	Dauer in Millisekunden
Reizeinwirkung bis zur Erregung des Rezeptors (Transduktion)	10 bis 50
Erregungsleitung (afferentes Neuron)	30 bis 100
Verarbeitung im ZNS	50 bis 120
Erregungsleitung (efferentes Neuron)	2 bis 20
synaptische Übertragung an der motorischen Endplatte	4 bis 10
Erregung der postsynaptischen Membran bis zur Kontraktion der Muskelfaser	10 bis 25

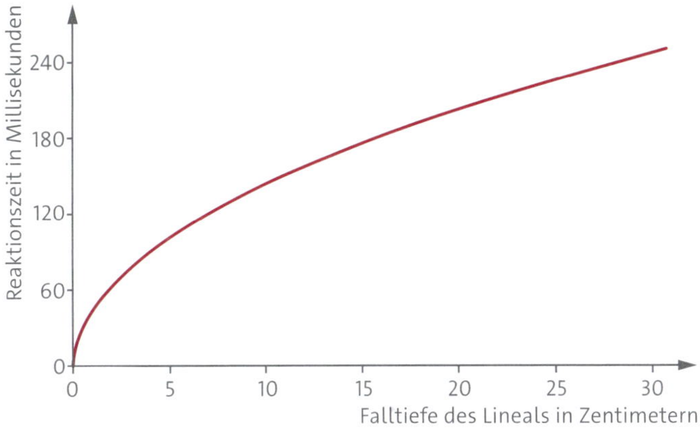

Versuchsperson	1 (♂)	2 (♀)	3 (♂)	4 (♀)	5 (♂)	6 (♀)
Fallstrecke in cm (1. Durchgang)	17,5	16,0	21,0	21,5	18,5	11,5
Fallstrecke in cm (10. Durchgang)	19,0	19,5	11,0	15,0	8,5	11,0
Fallstrecke in cm (20. Durchgang)	21,0	19,0	16,5	17,5	9,0	17,5

Besonders im Straßenverkehr spielt die Fähigkeit, schnell auf Reize zu reagieren, eine entscheidende Rolle. Die Reaktionsgeschwindigkeit ist die Zeit von der Aufnahme eines Reizes bis zum Beginn der motorischen Reaktion. Mithilfe verschiedener Methoden lässt sich die Dauer der einzelnen Phasen der Informationsverarbeitung messen. Mit einem einfach durchzuführenden Reaktionstest, dem Fallstabtest, lässt sich die Reaktionsgeschwindigkeit ermitteln. Aus der Fallstrecke eines Lineals, das eine Versuchsperson aufzufangen versucht, nachdem der Versuchsleiter bzw. die Versuchsleiterin es ohne Vorankündigung losgelassen hat, kann man über die Fallstrecke die Reaktionsgeschwindigkeit indirekt ableiten. Jede Versuchsperson führt den Versuch 20-mal durch.

1. Stellen Sie anhand der Informationsverarbeitungsphasen die neurobiologischen Ursachen einer Reaktionsverzögerung dar.
2. Erläutern Sie die Abläufe bei der Übertragung der Erregung auf eine Muskelfaser und erklären Sie die Ursachen der verzögerten Kontraktion.
3. Erklären Sie den Einfluss der Oberflächenvergrößerung der postsynaptischen Membran im Bereich der Synapse auf diese Abläufe.
4. Begründen Sie, welche Ionenkanäle in der Muskelzellmembran vorhanden sein müssen, damit ein Muskelaktionspotenzial ablaufen kann.
5. Beschreiben Sie die Bedeutung von ATP für den Querbrückenzyklus.
6. Ermitteln Sie die durchschnittlichen Reaktionszeiten der sechs Versuchspersonen und werten Sie die Daten in Bezug auf mögliches Lernverhalten und die Reaktionszeit von Mädchen und Jungen aus.
7. Beurteilen Sie die Aussagekraft dieses Reaktionstests.

Training C Koffein

A Fakten über Kaffee

Kaffee ist das beliebteste Getränk der Deutschen. Daher ist das im Kaffee enthaltene Koffein die am meisten konsumierte pharmakologisch aktive Substanz. Besonders die morgendlichen Kaffeetrinker hoffen auf die belebende Wirkung des Koffeins, das bereits 20 Minuten nach dem Konsum seine Wirkung im Gehirn entfaltet, dabei aber nicht den Nucleus accumbens stimuliert. Koffein regt in mäßiger Konzentration das Nervensystem an und beschleunigt Herztätigkeit, Stoffwechsel und Atmung. Die Blutgefäße im Gehirn verengen sich. Blutdruck und Körpertemperatur steigen an. Dies führt insgesamt zu einem reduzierten Müdigkeitsgefühl. Bei Dauerkonsumenten beruht die belebende Wirkung allerdings vor allem darauf, die ohne Koffein auftretenden leichten Entzugserscheinungen wie Kopfschmerzen oder anhaltende Müdigkeit abzumildern. Eine leistungssteigernde Wirkung im Vergleich zu Personen, die selten Koffein konsumieren, besteht nicht.

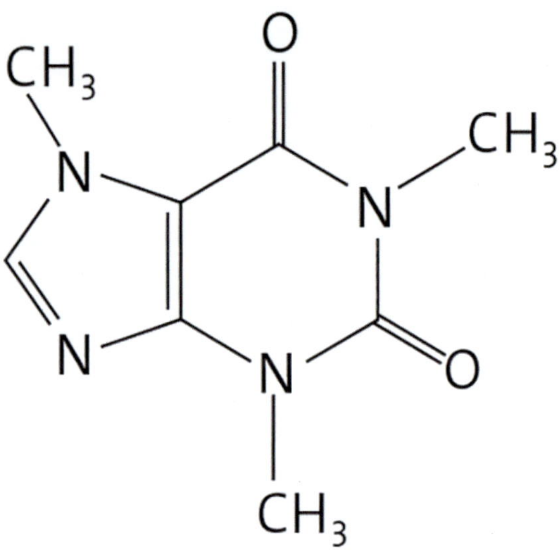

1 Strukturformel des Koffeins

B Adenosin

Adenosin ist ein Abbauprodukt der energieübertragenden Verbindung Adenosintriphosphat.

Adenosin blockiert die Ausschüttung von allen aktivierenden Neurotransmittern, wie zum Beispiel Dopamin, Acetylcholin oder Glutamat. Dies führt zu einer Weitung der Blutgefäße und damit zu einem sinkenden Blutdruck. Es verringert außerdem die Herzfrequenz. Adenosin stimuliert einen bestimmten Bereich des Hypothalamus, sodass die Gehirnareale, die den Schlaf-Wach-Rhythmus regulieren, durch den Neurotransmitter GABA gehemmt werden, und wirkt so ermüdend.

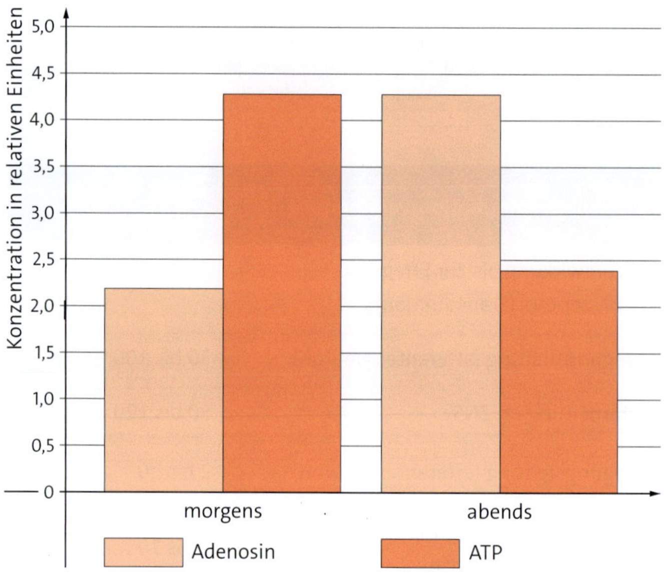

2 ATP- und Adenosinkonzentration in Gehirnzellen

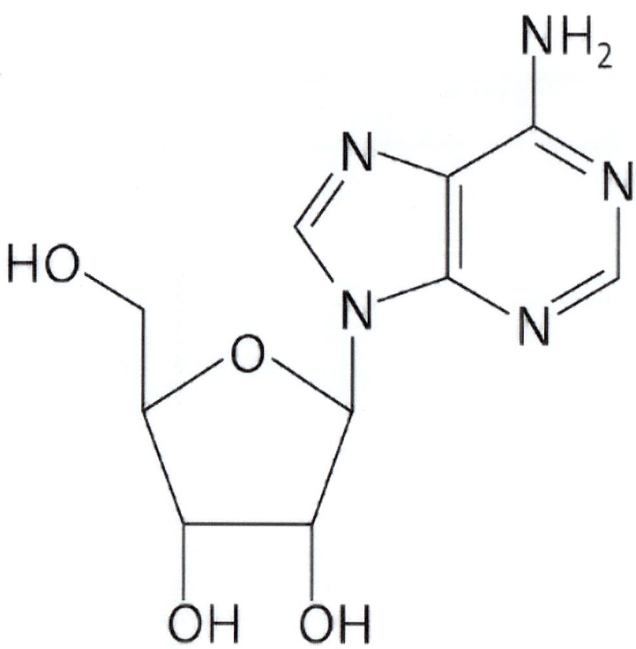

3 Strukturformel des Adenosins

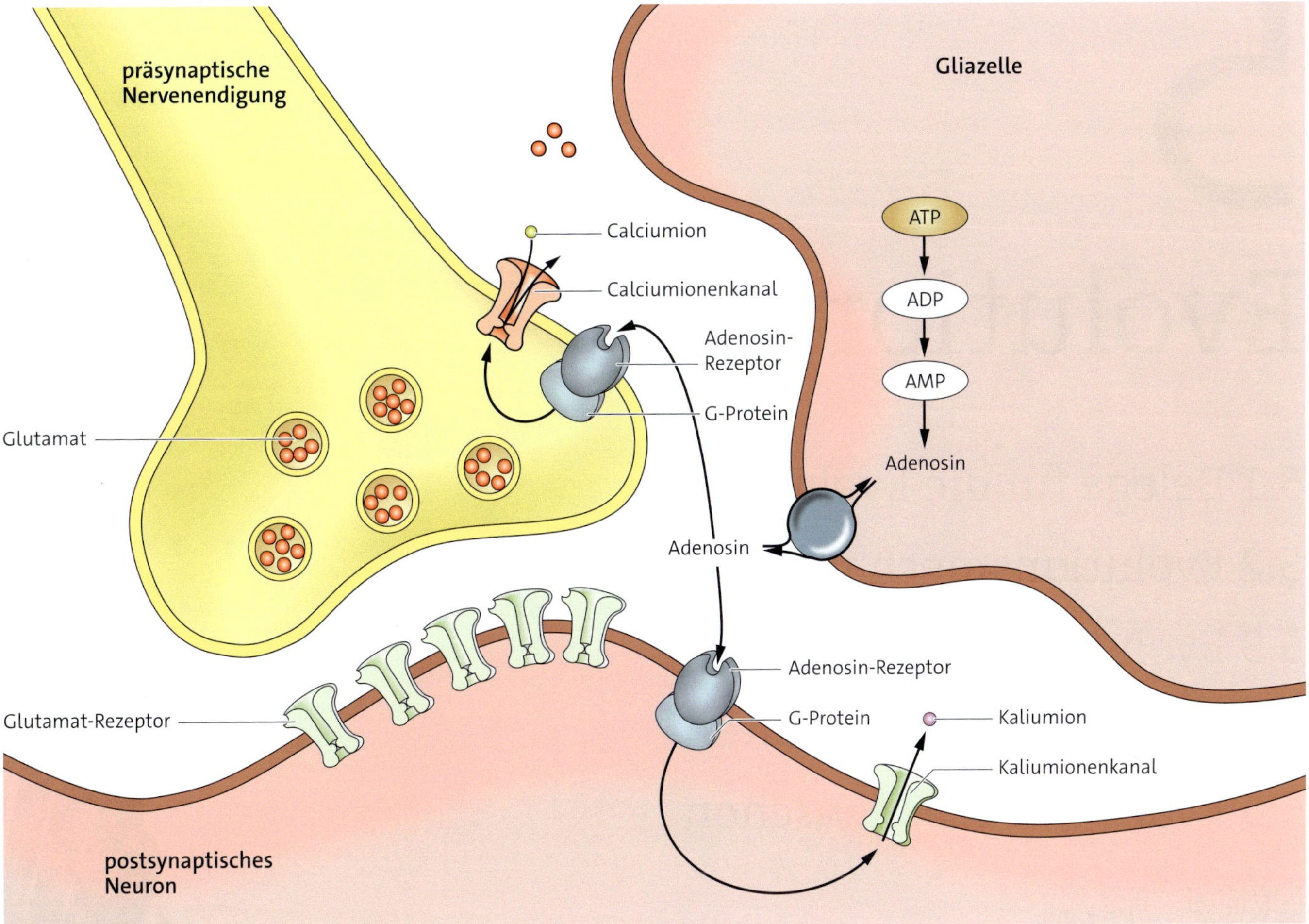

4 Wirkung des Adenosins als Neuromodulator

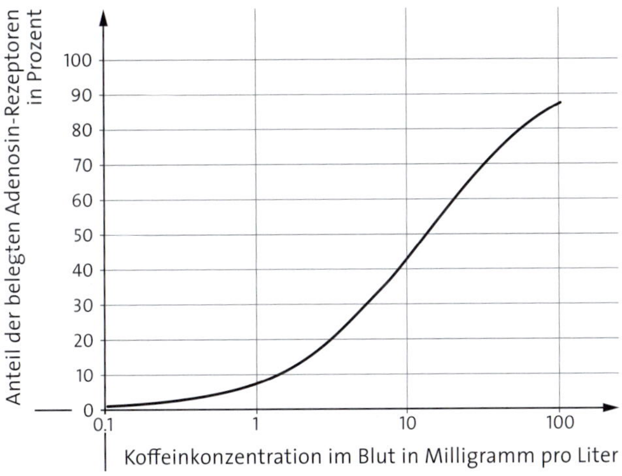

5 Belegung der Adenosin-Rezeptoren in Abhängigkeit von der Koffeinkonzentration im Blut

1 Beschreiben Sie die Wirkung des Adenosins auf den Körper und erklären Sie die unterschiedlichen Konzentrationen im Tagesverlauf.

2 Erläutern Sie die neuromodulatorische Wirkung des Adenosins.

3 Stellen Sie jeweils eine Hypothese zum molekularen Wirkmechanismus des Koffeins, zu den molekularen Ursachen der Gewöhnung an Koffein und zum Abhängigkeitspotenzial des Koffeins auf.

Folgende Aufgaben habe ich bereits gelöst:

Nervenzellen		
1 ○	2 ○	3 ○
Sinneszellen		
4 ○		
Kontraktion von Muskeln		
5 ○		
Hormone regeln Lebensfunktionen		
6 ○		
Training		
A ○	B ○	C ○

5 Evolution

Einstufungstest

Karteikarten

Ich kann:

- Belege für die Evolution nennen und beschreiben ○
- dabei homologe und analoge Merkmale sowie ihre Entstehung vergleichen ○
- den biologischen Artbegriff sowie Stammbäume und Verwandtschaften erklären ○
- die Entwicklung des Evolutionsgedankens beschreiben und Evolutionstheorien vergleichen ○
- die Evolution des Menschen und seine kulturelle Entwicklung erläutern ○

Diese Rekonstruktion zeigt *Archaeopteryx*, einen ausgestorbenen, befiederten Raubsaurier, der sowohl reptilien- als auch vogeltypische Merkmale zeigte.

5.1 Belege für die Evolution

Fossilien

Fossilien sind Überreste von Lebewesen vergangener Erdzeitalter. Unter bestimmten Bedingungen kann ein kompletter Organismus nach dem Tod konserviert werden.

Fossilien ermöglichen den Paläontologen selektive Einblicke in die Entwicklung des Lebens, wodurch eine zeitliche Entwicklung aufgezeigt werden kann.

Durch Vergleich mit **rezenten** Lebewesen sind Rekonstruktionen möglich, die Aufschluss über Körperbau, Verwandtschaftsverhältnisse etc. geben.

Bernsteinfossilien und natürliche Mumien • Der Organismus befindet sich in einer Umgebung, die die Zersetzung verhindert (Baumharz, Eis, Moor), wodurch der komplette Organismus erhalten bleibt.

Sedimentfossilien • Sedimente wie Schlamm oder Sand schließen die anorganischen Überreste eines Lebewesens ein und erhärten dann zu Gestein. Man kann Steinkernfossilien, Abdruckfossilien und Hartteilfossilien unterscheiden.

Altersbestimmung von Fossilien

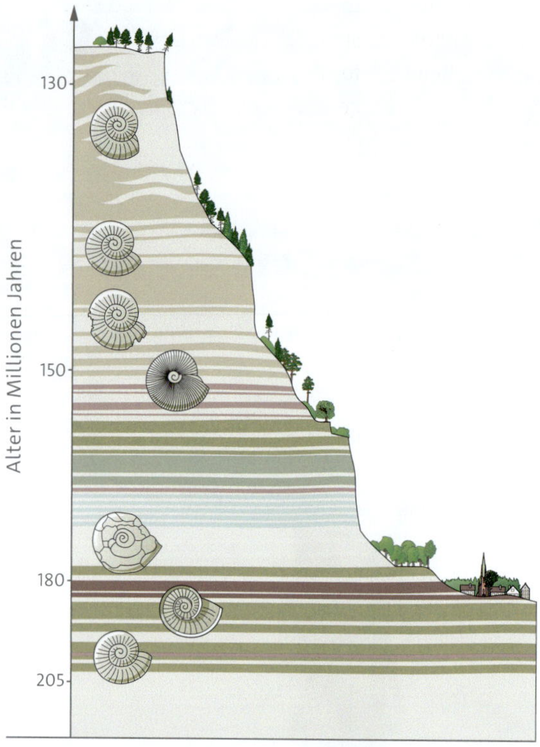

1 Fossilien einer Schichtstufenlandschaft

Biostratigraphie • relative Altersbestimmung, Voraussetzung: ungestörte Sedimentschichten. Je tiefer eine Schicht liegt, desto älter ist sie; dasselbe gilt auch für die Fossilien in ihr. Fossilien in einer Schicht sind etwa gleich alt.

Leitfossilien wie Ammoniten erleichtern die Zuordnung anderer Fossilien zu Epochen der Erdgeschichte. Altersbestimmung ist relativ: das exakte Alter der Fossilien kann nicht ermittelt werden.

Radiokarbonmethode • absolute Altersbestimmung
- Das Kohlenstoffisotop ^{14}C zerfällt mit einer Halbwertszeit von 5730 Jahren.
- Lebende Organismen nehmen neben ^{12}C ständig neues ^{14}C auf, der Gehalt bleibt also konstant.
- Da nach dem Tod kein neues ^{14}C aufgenommen wird, sinkt der ^{14}C-Anteil im Organismus.
- Die Bestimmung der Menge von ^{14}C und ^{12}C im Fossil ermöglicht die Berechnung seines Alters.
- Altersbestimmung ist absolut: das exakte Alter der Fossilien kann ermittelt werden (wenn $< 50\,000$ Jahre).
- Für ältere Fossilien kann die Kalium-Argon-Methode verwendet werden: ^{40}K zerfällt mit einer Halbwertszeit von 1,3 Milliarden Jahren zu ^{40}Ar.

Konvergenz und analoge Strukturen

Entwicklung ähnlicher analoger Merkmale bei systematisch nicht näher verwandten Arten.

Merkmale verschiedener Arten können sich äußerlich gleichen, aber in ihrem inneren Aufbau unterscheiden. Der unterschiedliche Grundbauplan zeigt, dass die Ähnlichkeit nicht auf genetischer Verwandtschaft beruht. Sie kommt vielmehr durch eine ökologisch bedingte konvergente Entwicklung zustande. Das ist der Fall, wenn die Strukturen dieselbe Funktion haben. Durch Konvergenz entstandene Merkmale nennt man analog.

2 Beispiel für analoge Strukturen: A Grabbeine der Maulwurfsgrille; B Grabhände des Maulwurfs

Homologie

Merkmale haben unterschiedliche Funktionen, die auf einem gemeinsamen Bauplan und einer gemeinsamen Erbinformation basieren.

Organe oder andere Merkmale können denselben anatomischen Grundbauplan besitzen. Aufgrund der Verwandtschaft der Lebewesen besitzen sie ähnliche Erbinformationen. Homologien sind nicht immer auf den ersten Blick als solche erkennbar, weil sie sich äußerlich stark unterscheiden können. Durch verschiedene Umweltbedingungen hat hier ein unterschiedlicher Selektionsdruck auf die Strukturen eingewirkt. Sie haben sich an verschiedene Funktionen angepasst.

Um festzustellen, dass Merkmale einander homolog sind, muss mindestens eines von drei Homologiekriterien erfüllt sein.

Homologiekriterien

Kriterium der Lage	Kriterium der spezifischen Qualität	Kriterium der Stetigkeit
Strukturen sind dann homolog, wenn sie in einem ähnlichen Grundbauplan die gleiche Lage zueinander einnehmen.	Komplexe, aus vielen Einzelelementen bestehende Strukturen sind homolog, wenn sie in zahlreichen Einzelmerkmalen auffallend übereinstimmen.	Äußerlich unterschiedlich gestaltete Strukturen sind homolog, wenn sie durch eine Reihe von Zwischenformen in eine Entwicklungsreihe gestellt werden können.
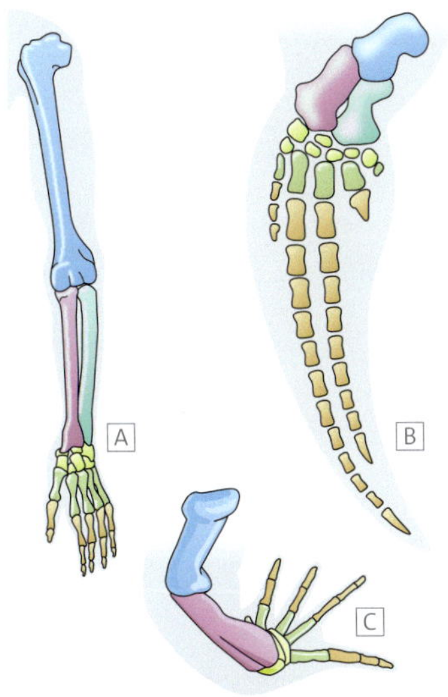 **3** Vorderextremitäten von: **A** Mensch, **B** Wal, **C** Frosch	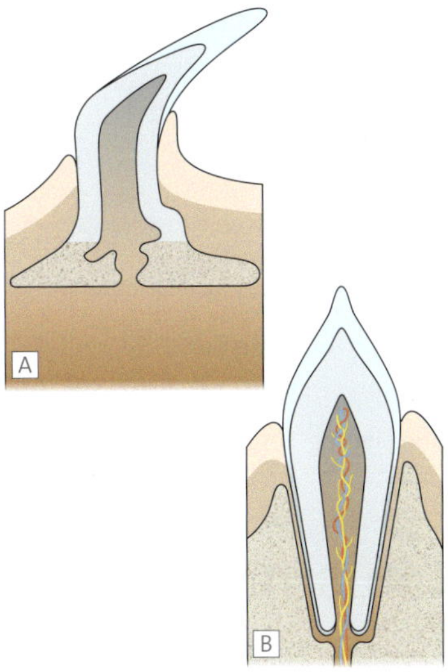 **4** **A** Haischuppe, **B** menschlicher Schneidezahn	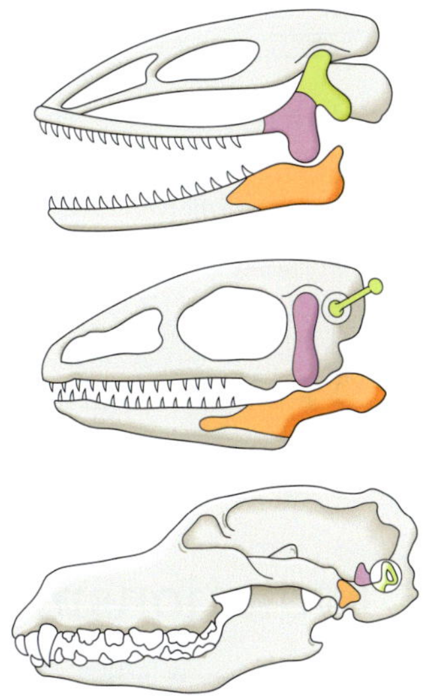 **5** Kiefergelenkknochen **A** Fisch, **B** Reptil, **C** Gehörknöchelchen Säugetier

Molekulare Verwandtschaft I

Molekulare Homologien • Die Grundlage für das verschiedene Aussehen von Lebewesen sind Unterschiede in ihren Genen und Proteinen.

Genstammbaum • Stammbäume können basierend auf den mutationsbedingten Änderungen einer Sequenz erstellt werden. Die Evolutionsrate gibt die Anzahl an ausgetauschten Aminosäuren je Zeiteinheit an. Sie ist über lange Zeiträume relativ konstant. Man erhält so eine **molekulare Uhr** (▶ 6), durch die man Genstammbäume erstellen und somit Aussagen über phylogenetische Beziehungen zwischen Arten machen kann.

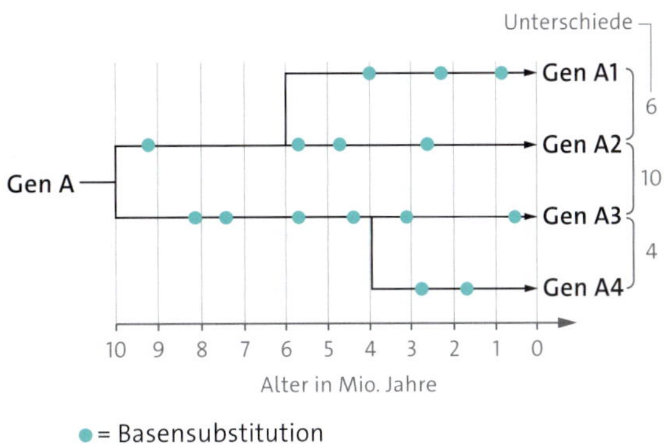

6 Prinzip der molekularen Uhr

Molekulare Verwandtschaft II

Analyse durch Sequenzierung • Die Basenabfolge von Genen und die Aminosäureabfolge von Proteinen können durch Sequenzierung ermittelt werden. Vergleicht man die Sequenzen homologer Gene oder Proteine verschiedener Arten miteinander, kann man auf den Grad ihrer Verwandtschaft schließen: Je ähnlicher die Sequenzen, desto enger die Verwandtschaft.

DNA-DNA-Hybridisierung • DNA-Einzelstränge zweier Arten werden hybridisiert. Je weniger komplementäre Übereinstimmungen es zwischen ihnen gibt, desto weniger Wasserstoffbrücken hat die Hybrid-DNA und desto weniger Energie braucht es, um deren Stränge wieder zu trennen. Die Differenz der Schmelztemperatur der Hybrid-DNA zu jener reiner DNA gibt Aufschluss über den Verwandtschaftsgrad.

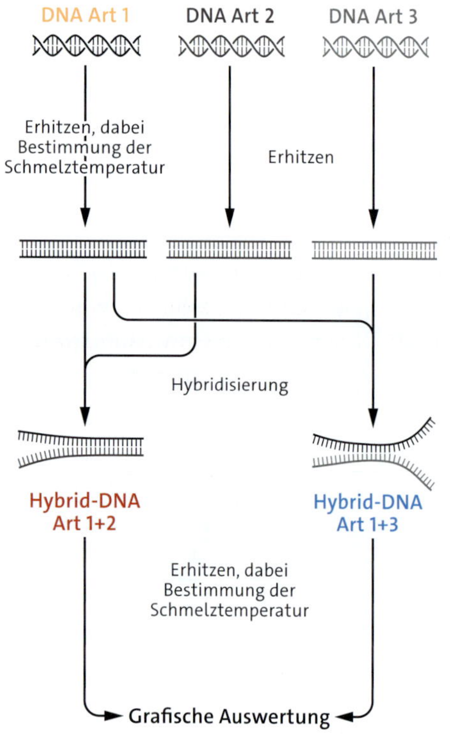

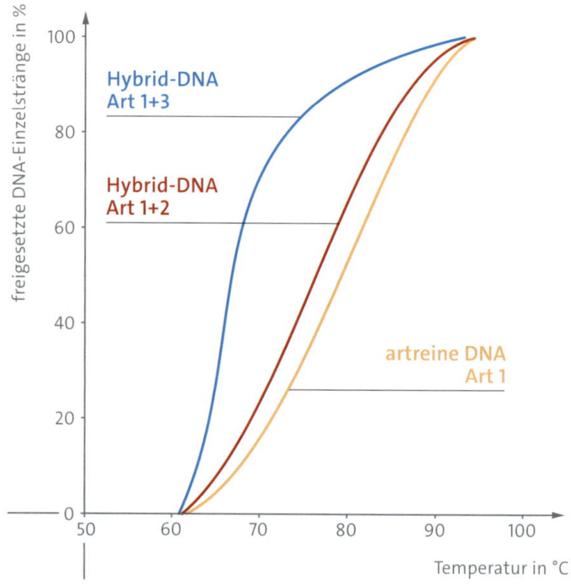

Hybrid-DNA Art 1+2: geringere Differenz zu DNA Art 1
→ engere Verwandtschaft

Hybrid-DNA Art 1+3: höhere Differenz zu DNA Art 1
→ entferntere Verwandtschaft

7 Ablauf und Ergebnisse der DNA-DNA-Hybridisierung

5.2 Evolutionsmechanismen

Variabilität und Genpool

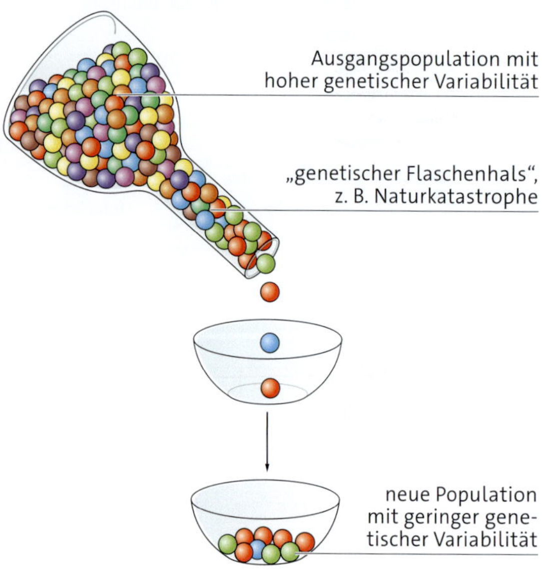

1 Schematische Darstellung des Flaschenhalseffekts

Intraspezifische Variabilität • Durch Merkmalsvariationen in jedem Generationsübergang existiert in Populationen stets eine gewisse Vielfalt von Phänotypen. Diese intraspezifische Variabilität ist eine zentrale Voraussetzung für biologische ungerichtete Vielfalt.

Gene, Allele und Merkmale • Das Aussehen der Angehörigen einer Population variiert mit den verschiedenen Allelen, die sie für ihre Gene in sich tragen. Die Allelkombination eines Individuums (sein Genotyp) bestimmt die Ausprägung seiner Merkmale (seinen Phänotyp). Die Gesamtheit aller Allele einer Population bezeichnet man als **Genpool**. Die Häufigkeit, mit der ein Allel auftritt, ist die Allelfrequenz. Die Variabilität im Genpool kann durch verschiedene Zufallsereignisse beeinflusst werden. Mutation und Rekombination erhöhen sie, Gendrift schränkt sie ein. Der Gründereffekt und der Flaschenhalseffekt (▶ 1) sind Beispiele einer Gendrift.

Selektion

Natürliche Selektion • Innerhalb einer Population gibt es eine genotypische und damit phänotypische Variabilität. Individuen, die durch ihre Merkmale gut an die Umweltbedingungen angepasst sind, haben eine bessere biologische Fitness und einen höheren Fortpflanzungserfolg. Durch diese natürliche Selektion verändert sich eine Population. Im Gegensatz zur Gendrift, die auch die Variabilität einer Population verändert, ist die Selektion kein zufälliger Prozess. Der Selektionsdruck, der den Fortpflanzungserfolg begrenzt, entsteht durch abiotische Faktoren wie Temperatur oder durch biotische Faktoren wie Parasiten.

Sexuelle Selektion • Im Tierreich paaren sich Weibchen manchmal bevorzugt mit Männchen, die Merkmalausprägungen aufweisen, durch die ihre Überlebenswahrscheinlichkeit verringert wird. Z. B. sind die Schwanzfedern beim Pfau ein balancierter Kompromiss zwischen Überlebenswahrscheinlichkeit und sexueller Selektion.

Koevolution • Verschiedene Arten können durch wechselseitige Evolution bestimmte Merkmale immer weiter optimieren. Koevolution kommt z. B. bei Arten vor, die in einer Räuber-Beute-Beziehung stehen. Die Beute wird immer schneller, um zu überleben. Der Räuber muss immer schneller werden, um Beute zu erlegen.

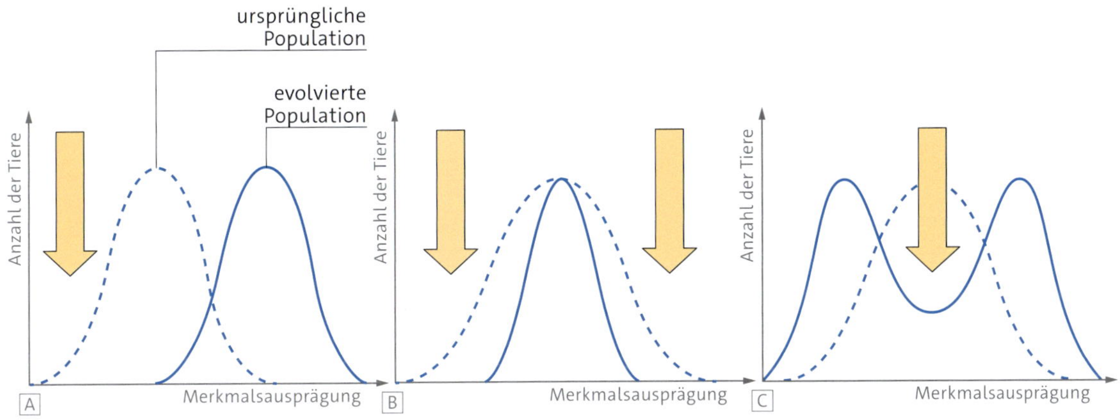

2 A transformierende Selektion, B stabilisierende Selektion, C disruptive Selektion

Artbildung

Formen der Artbildung • Die Evolutionsmechanismen Mutation, Rekombination, Gendrift und Selektion verändern den Genpool einer Population. Für die Entstehung einer neuen Art sind jedoch zusätzlich Fortpflanzungsbarrieren nötig, sodass aus zwei Teilpopulationen mit verschiedenen Genpools zwei verschiedene, voneinander isolierte Arten werden. Je nach Wirken der Isolationsmechanismen spricht man von allopatrischer, sympatrischer oder peripatrischer Artbildung (▶ 3).

Präzygotische Isolationsmechanismen • Es kommt nicht zur Befruchtung durch folgende Fortpflanzungsbarrieren zwischen potenziellen Paarungspartnern: geografische, ökologische, zeitliche, ethologische, physiologische, anatomische Isolation.

Postzygotische Isolationsmechanismen • Trotz Befruchtung entsteht kein fruchtbarer Nachwuchs: entwicklungsbiologische Isolation, Fitness-Isolation, genetische Isolation.

Adaptive Radiation • Innerhalb von evolutionär kurzen Zeiträumen entstehen aus einer Stammart viele neue Arten.

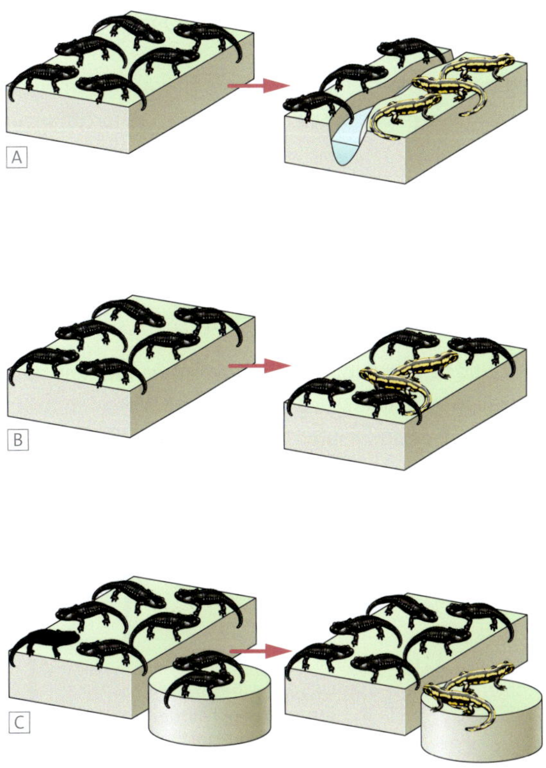

3 Artbildung A allopatrisch, B sympatrisch, C peripatrisch

Systematik

Einteilung und Benennung • In der Biologie teilt man Lebewesen nach dem Grad ihrer Verwandtschaft in hierarchische Gruppen ein. Jede davon besitzt einen wissenschaftlichen Namen, häufig gibt es zudem auch deutsche Bezeichnungen.

Arten werden nach dem Prinzip der binären Nomenklatur benannt: Ihre wissenschaftlichen Namen bestehen immer aus zwei Teilen, dem Gattungsnamen und dem Artzusatz. Durch dieses Prinzip der Namensgebung kann jede Art eindeutig und international einheitlich bezeichnet werden.

Ein dritter Namensteil wird hinzugefügt, wenn man innerhalb einer Art verschiedene Unterarten unterscheidet. Bei Tieren spricht man dann von Rassen, bei Pflanzen von Sorten.

Tiere	Reich		Pflanzen
Gliederfüßer (*Arthropoda*)	Stamm	Abteilung	Samenpflanzen (*Spermatophytina*)
Insekten (*Insecta*)	Klasse		Gefäßpflanzen (*Tracheophyta*)
Hautflügler (*Hymenoptera*)	Ordnung		Enzianartige (*Gentianales*)
Echte Bienen (*Apidae*)	Familie		Hundsgiftgewächse (*Apocynaceae*)
Honigbienen (*Apis*)	Gattung		Immergrün (*Vinca*)
Westliche Honigbiene (*Apis mellifera*)	Art		Kleines Immergrün (*Vinca minor*)
Dunkle Europäische Biene (*Apis mellifera mellifera*)	Rasse	Sorte	Weißes Immergrün (*Vinca minor alba*)

4 Systematik von Pflanzen und Tieren anhand von Beispielen

Artkonzepte

Wie man eine Art definiert, hat sich im Lauf der Zeit gewandelt und ist auch davon abhängig, mit welcher Fragestellung und welchen Methoden man Arten untersucht. Grundsätzlich kann man zwischen dem morphologischen, dem biologischen und dem phylogenetischen Artkonzept unterscheiden.

morphologisches Artkonzept	biologisches Artkonzept	phylogenetisches Artkonzept
Art = Lebensform, die sich äußerlich von anderen Lebewesen unterscheidet	Art = Gemeinschaft von Lebewesen, die fortpflanzungsfähige Nachkommen miteinander zeugen können	Art = Populationsgemeinschaft gleicher Abstammung, die sich mit der Zeit weiter aufspalten kann

5 Artdefinitionen nach verschiedenen Artkonzepten

Struktur von Stammbäumen

Äste und Verzweigungen stellen die Verwandtschaftsverhältnisse zwischen Lebewesen dar. Dabei werden Arten oder Gruppen durch ihren letzten gemeinsamen Vorfahren miteinander verbunden. Die Ausrichtung der Äste orientiert sich meist an einer vertikalen, aber nicht immer dargestellten Zeitachse. Die an der Oberseite des Stammbaums endenden Äste repräsentieren die heute lebenden, rezenten, Vertreter der gezeigten Gruppen.

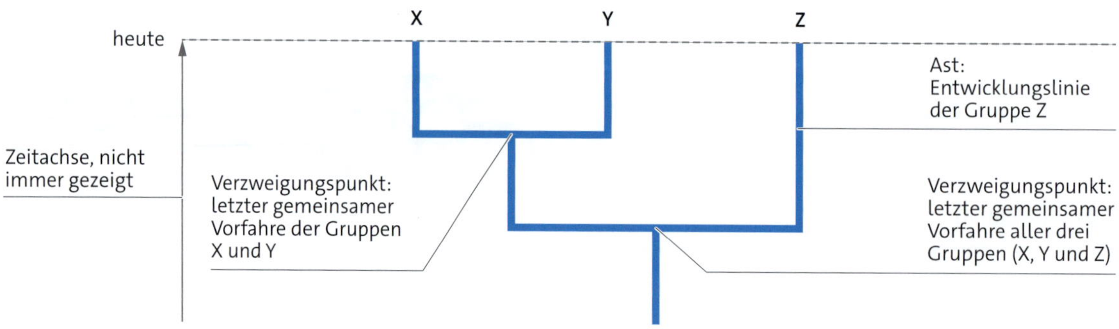

6 Struktur eines Stammbaums

Gruppen, Homologie und Analogie in Stammbäumen

Zusammenfassung zu Gruppen • Die Arten oder Gruppen, die in einem Stammbaum dargestellt sind, lassen sich zu größeren Gruppen zusammenfassen:

- monophyletische Gruppe: geschlossene Gruppe gemeinsamer Abstammung, die alle Nachkommen eines letzten gemeinsamen Vorfahren umfasst (Beispiel: Wirbeltiere)
- paraphyletische Gruppe: Gruppe, die nicht alle Nachkommen eines letzten gemeinsamen Vorfahren umfasst, also keine geschlossene Abstammungsgemeinschaft bildet (Beispiel: wirbellose Tiere)

Homologie und Analogie • Homologe Merkmale von Arten oder Gruppen sind schon bei ihrem letzten gemeinsamen Vorfahren vorhanden, sie sind also vor der Aufspaltung in die Arten oder Gruppen entstanden, die dieses Merkmal tragen. Analoge Merkmale hingegen liegen beim letzten gemeinsamen Vorfahren noch nicht vor und sind erst nach der Aufspaltung entstanden.

Die Verwandtschaftsgrade in Stammbäumen werden aus homologen Merkmalen abgeleitet.

Konstruktion von Stammbäumen

Daten • Als Grundlage für die Stammbaumkonstruktion eignen sich:

- morphologisch-anatomische Merkmale, z. B. Skelettmerkmale oder Körperbedeckung; sie ermöglichen nur die Darstellung der Abfolge von Aufspaltungen im Stammbaum
- molekulare Daten, z. B. aus DNA- oder Aminosäuresequenzierung oder DNA-DNA-Hybridisierung; sie ermöglichen eine quantitative Darstellung der Verwandtschaft im Stammbaum

Stammbäume können weitgehend durch Daten belegt oder eher hypothetisch sein. Im zweiten Fall eignen sie sich zur Entwicklung von Hypothesen zu Verwandtschaftsbeziehungen.

Vorgehensweise • Um zu ermitteln, wie die Arten oder Gruppen in einem Stammbaum anzuordnen sind, kann man die Ausprägung ihrer Merkmale vergleichen. Merkmalsausprägungen, die Arten oder Gruppen gemeinsam haben und die auf ihren letzten gemeinsamen Vorfahren zurückgehen, nennt man Synapomorphien. Nach dem Prinzip der einfachsten Erklärung ist in einem Stammbaum diejenige Anordnung am wahrscheinlichsten, die von der geringsten Anzahl neu entstandener Merkmalsausprägungen ausgeht. Hier liegt die größte Anzahl an Synapomorphien vor.

Eine Ausnahme vom Prinzip der einfachsten Erklärung kann gemacht werden, wenn ein Merkmal als Analogie identifiziert wird.

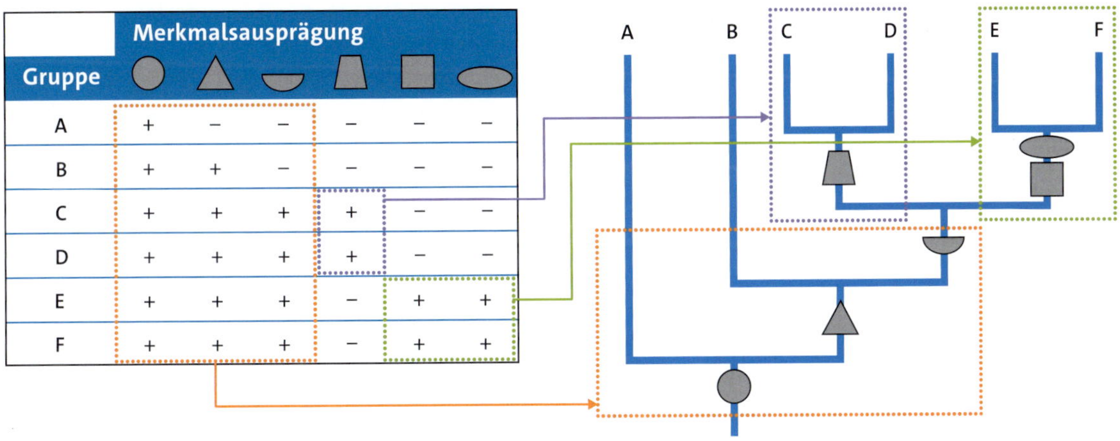

7 Exemplarische Merkmalstabelle und daraus abgeleiteter Stammbaum

5.3 Evolutionstheorien

Lamarck und Darwin

Lamarck und Darwin • Nachdem alle früheren Evolutionstheorien von der Unveränderlichkeit der Arten ausgegangen waren, bestritt Jean-Baptiste de Lamarck diese Annahme. Lamarcks Vorstellung von zielgerichteten Anpassungen und der Vererbung erworbener Eigenschaften wurde allerdings von der Evolutionstheorie Charles Darwins abgelöst. Darwin erkannte als Erster, dass alle Lebewesen miteinander verwandt sind und ihre evolutionäre Entwicklung in Form sich verzweigender Linien verfolgt. Wie Lamarck ging auch er davon aus, dass die Grundlage für einen Artenwandel die Veränderung von Umweltbedingungen ist. Darwin erklärte die Angepasstheit von Lebewesen allerdings durch natürliche Selektion.

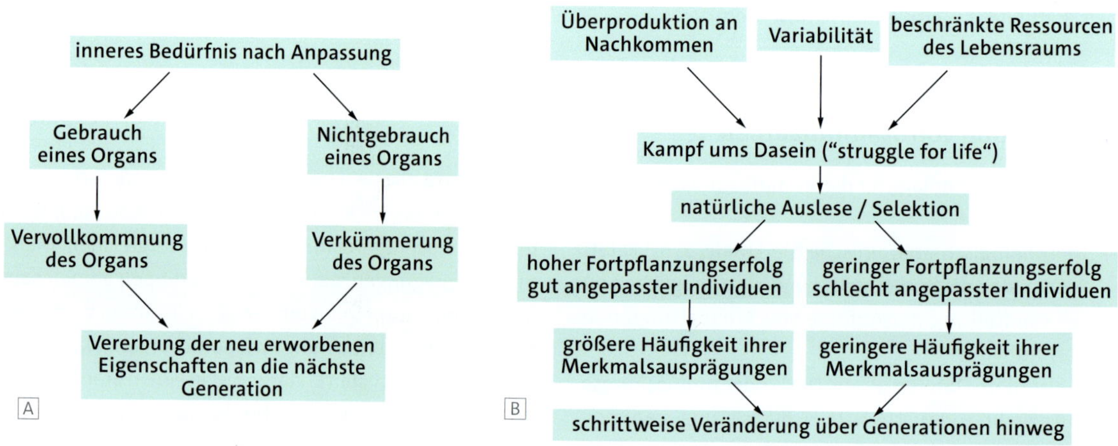

1 Evolutionstheorie nach **A** Lamarck, **B** Darwin

Synthetische Theorie der Evolution

Durch moderne Forschungsergebnisse wurde Darwins Theorie zur Synthetischen Evolutionstheorie weiterentwickelt. Dafür sind Erkenntnisse folgender Fachgebiete relevant:

- **Biogeografie:** Nachweis getrennter Besiedlungs- und Artbildungsprozesse in geografisch isolierten Bereichen
- **Paläontologie:** Erkenntnisse zu Merkmalen und Altersbestimmung von Fossilien, z. B. von Mosaikformen
- **Entwicklungsbiologie:** Feststellung von Rudimenten (Überresten von früher funktionsfähigen Körperstrukturen) und Atavismen (wieder aufgetauchten, eigentlich zurückgebildeten Merkmalen)
- **Zellbiologie und Physiologie:** Nachweis von Gemeinsamkeiten in fundamentalen Vorgängen bei fast allen Lebewesen
- **Genetik:** Untersuchung von Mutations- und Rekombinationsvorgängen und DNA-Sequenzierung

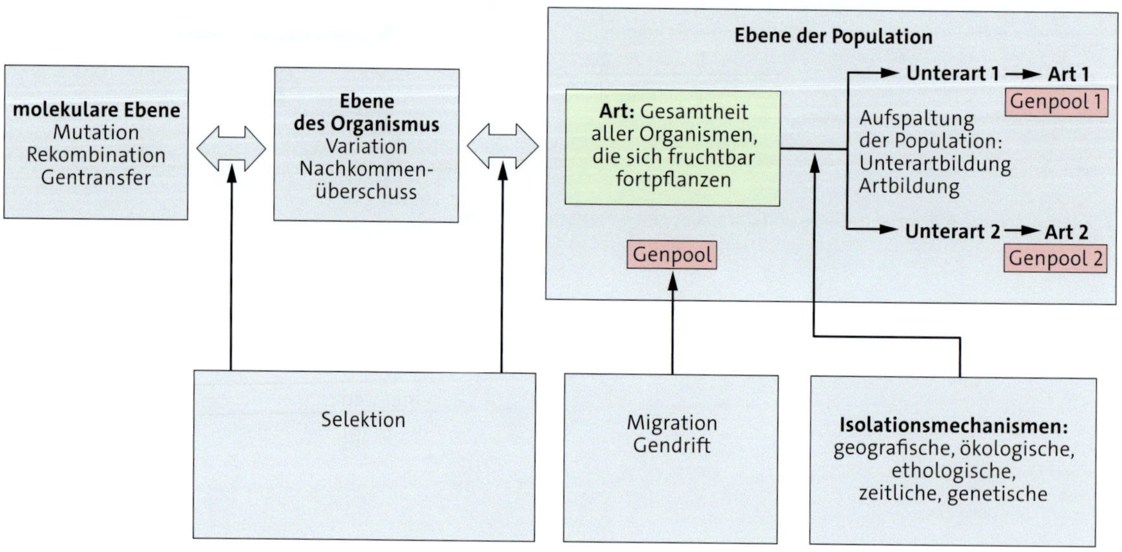

2 Die Synthetische Evolutionstheorie

5.4 Evolution und Verhalten

Feindabwehr und Jagderfolg

Tarnen • Einige Lebewesen können sich durch ihr sichtbares Erscheinungsbild tarnen (Tarntracht), um nicht erkannt zu werden. Wenn Tiere in der Gestalt, Färbung und Haltung ihrer Umgebung ähneln, spricht man von einer **Mimese**.

Warnen • Als Feindabwehr besitzen einige Tiere eine auffällige Warntracht, die Giftigkeit oder Wehrhaftigkeit signalisiert. Bei anderen ungefährlichen Tieren hat sich eine ähnliche Gestalt entwickelt, die Scheinwarntracht, die eine Gefahr nur vortäuscht. Diese Ähnlichkeit zweier Arten wird Mimikry genannt. Man unterscheidet zwischen:

Batessche Mimikry: ungefährliche Tiere sehen gefährlich oder giftig aus (▶ 1A)

Peckhamsche Mimikry: Täuschung der Beute durch einen Räuber (▶ 1B)

Gruppenleben • Das Jagen in Gruppen erleichtert vielen Tieren die Nahrungsbeschaffung, da im Rudel bei einer kooperativen Jagd auch einzelne größere oder schnellere Tiere überwältigt werden können.

Aus der Sicht der Beute sinkt wiederum das Risiko angegriffen zu werden, je größer die Gruppe ist (Verdünnungseffekt). Besonders Jungtiere können in der Mitte einer Gruppe besser vor Feinden geschützt werden.

Je größer eine Gruppe von Tieren ist, umso größer ist aber auch die innerartliche Konkurrenz um Nahrung. Außerdem steigt das Infektionsrisiko, da sich Krankheitserreger und Parasiten leichter ausbreiten können. Das Kosten-Nutzen-Verhältnis bestimmt die Überlebenswahrscheinlichkeit und den Fortpflanzungserfolg in der Gruppe und damit die Gruppengröße.

1 A Batessche Mimikry bei Wespe und Schwebfliege, B Peckhamsche Mimikry der Spinnenschwanzviper

Das Schwanzende der Spinnenschwanzviper ähnelt einer Spinne. Dadurch lockt sie ihre Beute an (▶ 1B).

Altruismus

Altruismus • Das Verhalten zwischen zwei Lebewesen einer Art, bei der ein Spender einem Empfänger uneigennützig hilft. Dabei entstehen ausschließlich für den Handelnden Kosten.
Wenn aber die Hilfe zwischen den Tieren wechselseitig geleistet wird, spricht man von **reziprokem Altruismus**. Nach einem gegenseitigen Austausch von Hilfe zwischen Tieren ist die Fitnessbilanz positiv, wenn der Vorteil größer war als die aufgewendeten Kosten.

Verwandtschaft • Die Verwandtenselektion beschreibt die Unterstützung naher Verwandter bei Verzicht auf eigene Fortpflanzung. Das kann z. B. bei Insektenarten beobachtet werden, bei denen sich nur die Königin fortpflanzt. Die Nähe einer Verwandtschaft kann durch einen Verwandtschaftskoeffizienten r ausgedrückt werden, der den Anteil übereinstimmender Allele bei zwei Lebewesen angibt. Bei einer Gemeinsamkeit von 75% der Allele, z. B. zwischen Arbeiterinnen, beträgt $r = 0{,}75$.

Nutzen und Kosten der Brutpflege

Kosten der Aufzucht • Ein hoher elterlicher Aufwand bei der Aufzucht eines Jungtieres reduziert die Fähigkeit der Elterntiere, weitere Nachkommen aufzuziehen. Durch den hohen Energieaufwand, mit dem das Säugen und die Fütterung verbunden sind, sinken bei Nahrungsmangel die eigenen Überlebenschancen. Da nur Tiere überleben, die besser an ihre Umwelt angepasst sind als ihre Artgenossen, muss die Aufzucht der Jungtiere trotz hoher Kosten das Ergebnis eines Selektionsprozesses im Laufe der Evolution sein.

Fortpflanzungsstrategien

r-Strategie • Arten, die eine hohe Reproduktionsrate haben, erzeugen besonders viele Nachkommen und können einen Lebensraum schnell besiedeln. Das Wachstum der Population wird erst durch ökologische Faktoren wie Nahrungsknappheit begrenzt. Der Lebensraum hat dann seine Tragekapazität erreicht.

K-Strategie • Arten, die eine geringe Anzahl an Nachkommen haben, erhöhen die Chancen für den Nachwuchs durch hohen elterlichen Aufwand.

Verhaltensbiologie

Verhalten • Zum Verhalten zählt man alle Bewegungen und nachweisbaren Aktionen von Lebewesen. Das Verhalten ist ein Mechanismus der Angepasstheit eines Organismus an seine Lebensweise. Es ermöglicht flexible Reaktionen auf wechselnde Umweltbedingungen. Die wichtigsten Angepasstheiten beziehen sich auf den Nahrungserwerb, die Vermeidung von Beutegreifern, das Finden von Fortpflanzungspartnern und die Aufzucht der Jungtiere.
Um das Verhalten eines Tieres zu analysieren, kann man verschiedene Ursachen betrachten.

proximate Ursachen: unmittelbare Ursachen von Verhalten wie hormonelle oder neuronale Mechanismen und entwicklungsbedingte Ursachen für Lernen.

ultimate Ursachen: evolutionsbedingte Ursachen von Verhalten.

Der Einfluss auf das Verhalten lässt sich bei proximaten Ursachen experimentell besser zeigen als bei ultimaten Ursachen.

5.5 Evolution des Menschen

Der Mensch ist ein Primat

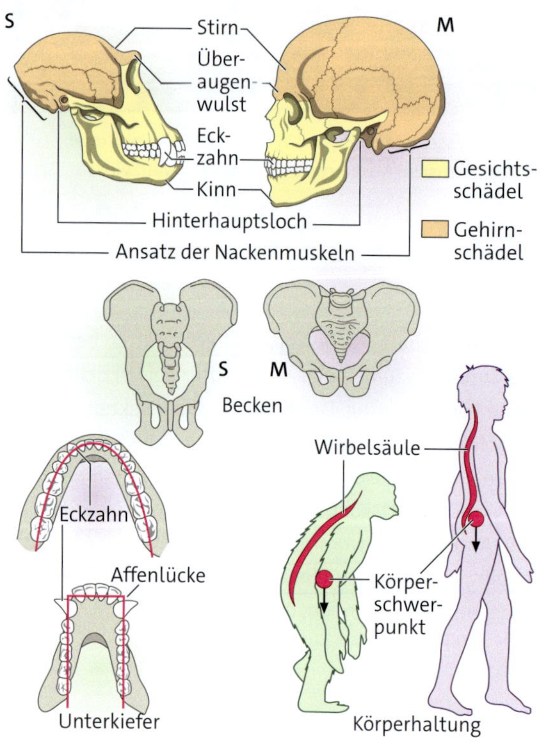

1 Merkmalsvergleich von Schimpanse (S) und Mensch (M)

Vertreter und Merkmale • Zu den Primaten gehören Mensch, Schimpansen, Gorillas, Orang-Utan, Gibbons, Paviane, Neuweltaffen, Koboldmakis, Lemuren und Loriartige.

Typische Primatenmerkmale sind:
- zwei brustständige Milchdrüsen
- nach vorne gerichtete Augen
- unbewegliche Ohrmuscheln
- opponierbarer Daumen und Großzeh
- verhältnismäßig großes Gehirn
- komplexes Sozialverhalten
- hoher Brutpflegeaufwand für wenige Junge

Die nächsten Verwandten des Menschen sind die Schimpansen. Sie haben mit uns viel gemeinsam, es gibt aber auch klare Unterschiede im Körperbau (▸ 1).

Frühe Hominide

Australopithecinen und aufrechter Gang • In Ostafrika lebten in der Zeit vor rund 4 bis 1 Million Jahren mehrere Vormenschen-Arten der Gattung *Australopithecus*. Ein bekanntes Fossil ist „Lucy", ein etwa 1 m großer *Australopithecus afarensis*, der schon aufrecht gehen konnte. Vorteile des aufrechten Gangs in der Savanne waren:
- geringerer Energieaufwand beim Laufen
- Freiwerden der Hände zum Tragen von Kindern oder Gegenständen beim Laufen
- bessere Fernsicht
- besserer Schutz gegen Überhitzung

Die Gattung *Homo* • Die ältesten Vertreter der Gattung *Homo* lebten vor rund 2,5 Millionen Jahren. Entwicklungstendenzen bis heute sind eine zunehmende Körper- und Gehirngröße und eine Verkleinerung des Gesichtsschädels relativ zum Gehirnschädel. Außerdem entwickelten sich zunehmend Verhaltensweisen wie die Werkzeugherstellung und der Gebrauch des Feuers.

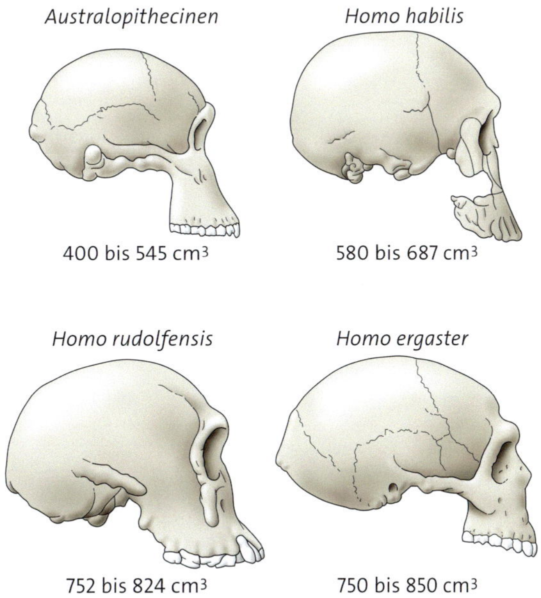

2 Die Entwicklung des Gehirnvolumens

Ursprung des modernen Menschen

Zum Ursprung des *Homo sapiens* existieren zwei Hypothesen, wobei die Out-of-Africa-Hypothese nach heutigem Kenntnisstand bevorzugt wird:
1. Multiregionale Hypothese
2. Out-of-Africa-Hypothese (► 4)

Kulturelle Evolution • Neben der biologischen Evolution durchlief der Mensch auch eine kulturelle Evolution. Kultur bedeutet in der Biologie die Entwicklung und Weitergabe von Erkenntnissen und Verhaltensweisen, die nicht genetisch festgelegt sind. Kulturelle Kennzeichen sind Werkzeuge (► 3), Behausungen, Kunst, Kleidung, Schriftsprache, Ackerbau, Viehzucht, Wissenschaft und vieles mehr.

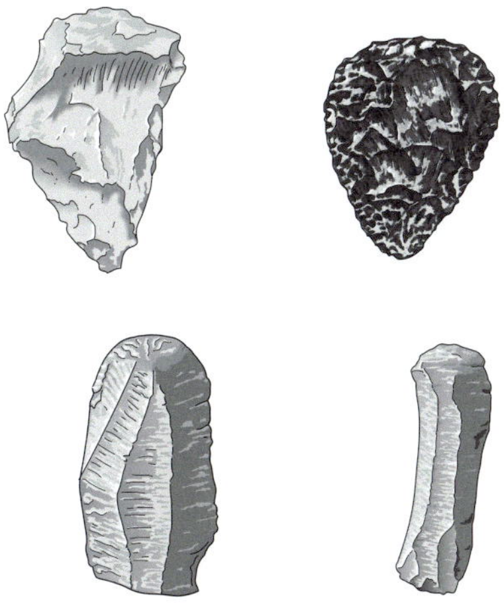

3 Steinwerkzeuge von *Homo ergaster*: Acheuléen-Kultur

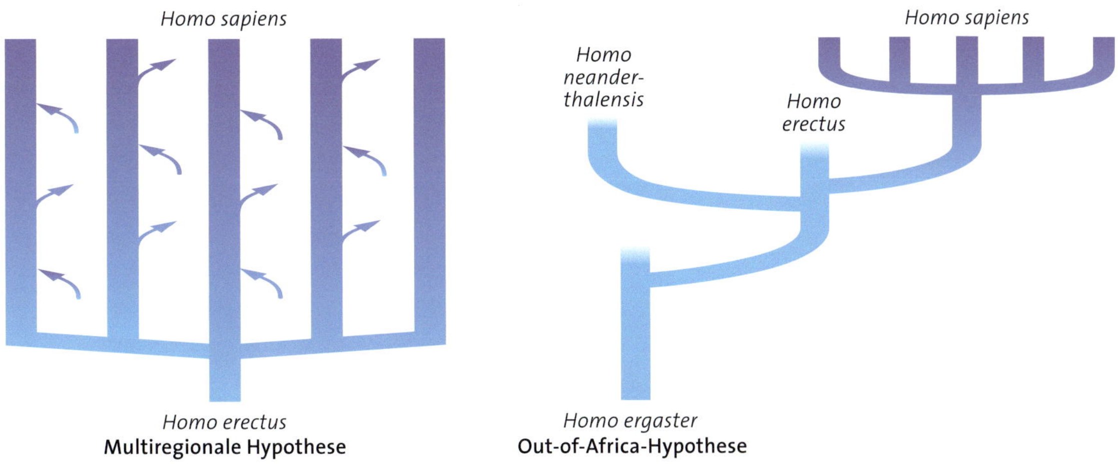

4 Hypothesen zum Ursprung des modernen Menschen

Glossar

Hier ist Platz, um dein Wissen zur Evolution zu organisieren. Dafür kannst du z. B. eine Mind-Map mit wichtigen Fachbegriffen anlegen. Nutze dazu auch das ▸ Glossar.

Evolution

Platz für weitere Notizen zum Thema Evolution:

Evolution

Lösungen

Belege für die Evolution

1 Bei den Zähnen verschiedener Arten und den Schuppen von Haien liegen sowohl Homologien als auch Analogien als Ergebnisse konvergenter Entwicklungen vor.

a Formulieren Sie die drei Homologiekriterien.

b Erklären Sie die evolutionäre Entwicklung von Konvergenzen.

c Vergleichen Sie Bau und Funktion der Strukturen a–d.

d Beurteilen Sie, ob die Giftzähne von Schlange und Kegelschnecke bzw. der menschliche Schneidezahn und die Haischuppe einander homolog oder analog sind.

e Beurteilen Sie, weshalb der Giftzahn der Kegelschnecke und der Schneidezahn des Menschen einander weder homolog noch analog sind.

f Erklären Sie, weshalb Zähne von Wirbeltieren häufiger fossil erhalten bleiben als andere Körperteile.

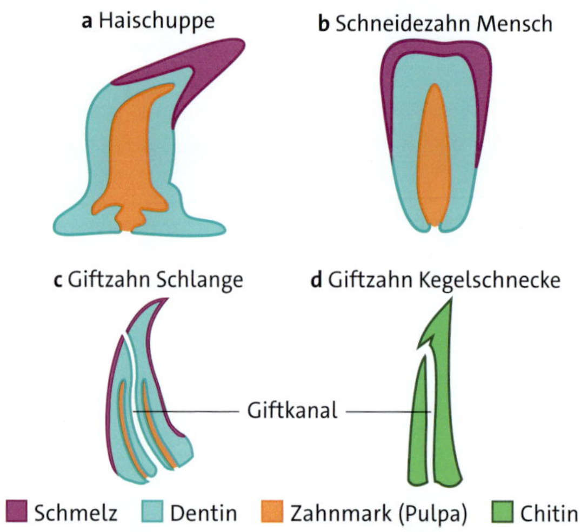

2 Stammbäume stellen die Verwandtschaftsverhältnisse zwischen Arten oder Artengruppen dar.

a Zeichnen Sie zwei Stammbäume mit derselben Aussage wie der dargestellte Stammbaum.

b Begründen Sie mithilfe Ihrer Zeichnung die Bedeutung des letzten gemeinsamen Vorfahren für die Aussage eines Stammbaums.

c Erklären Sie, weshalb molekulare Homologien zur Stammbaumerstellung herangezogen werden können.

d Erläutern Sie, welche Ergebnisse Sie erwarten, wenn die Verwandtschaft der Arten A–C durch DNA-Sequenzierung untersucht wird.

e Erklären Sie, wie die molekulare Uhr die Angabe einer Zeitachse an einem Stammbaum ermöglicht.

f Beschreiben Sie das Prinzip der Radiokarbonmethode zur absoluten Altersbestimmung von Fossilien.

g Erklären Sie die Bedeutung von Leitfossilien für die relative Altersbestimmung von Fossilien.

h Erläutern Sie, inwiefern es sich bei *Archaeopteryx* um eine Mosaikform handelt.

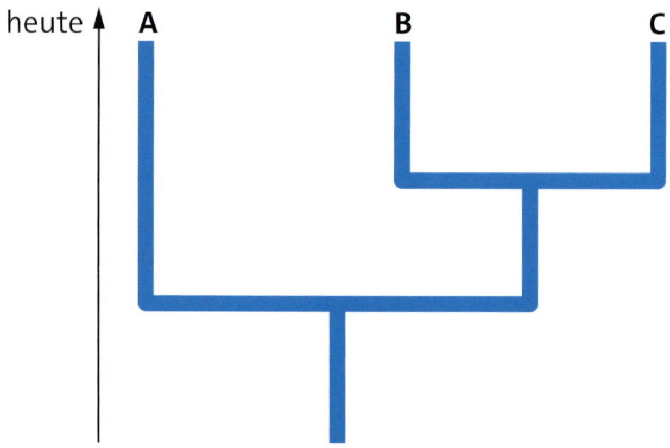

Evolutionsmechanismen

3 In einer Pflanzenpopulation zeigt sich die Variabilität unter anderem bei den unterschiedlichen Duftstoffen, die in ihren Blüten hergestellt werden.

a Erklären Sie die Begriffe Variabilität und Population.

b Beschreiben Sie grundsätzlich die Entstehung von Variabilität in Populationen.

c Erklären Sie die Einschränkung der Variabilität einer Population durch Gendrift.

d Begründen Sie, inwiefern die bestäubenden Insekten einer Pflanzenart bestimmen, welche Individuen zur Pflanzenpopulation gehören.

e Beschreiben Sie an einem selbst gewählten Beispiel die Koevolution zwischen einer Pflanze und ihrem Bestäuber.

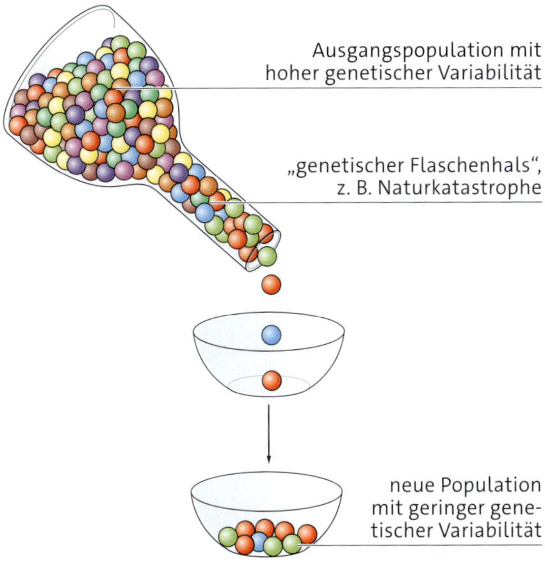

4 Bei Nashörnern tragen meist beide Geschlechter ein oder zwei Hörner. Deshalb werden die Tiere stark bejagt und sind vom Aussterben bedroht. Vom Java-Nashorn gab es 2023 nur noch etwa 70 Tiere, ihr Bestand ist allerdings stabil. In den verbliebenen Populationen aller Nashornarten lässt sich in den letzten hundert Jahren eine Verringerung der durchschnittlichen Horngröße relativ zur Körpergröße um etwa 10 % beobachten.

a Nennen Sie Informationen, die notwendig sind um entscheiden zu können, ob die Horngröße bei Nashörnern Ergebnis sexueller Selektion ist.

b Erläutern Sie den Effekt der Jagd durch den Menschen auf die durchschnittliche Horngröße.

c Stellen Sie den Effekt in einem Diagramm dar, das die relative Anzahl der Tiere mit verschieden großen Hörnern vor hundert Jahren und heute zeigt.

d Formulieren Sie eine Hypothese zur künftigen Veränderung der Horngröße, wenn die Bejagung der Tiere bestehen bleibt.

e Erklären Sie, weshalb die geringe Anzahl an Java-Nashörnern evolutionsbiologisch besorgniserregend ist, auch wenn sich ihr Bestand wieder erhöhen sollte.

5 Arten können sich wandeln oder neue Arten entstehen.

a Formulieren Sie die Definition einer Art nach dem morphologischen, dem biologischen und dem phylogenetischen Artkonzept.

b Erläutern Sie die allopatrische Artbildung mithilfe der Abbildung.

c Beschreiben Sie die Besonderheit der sympatrischen Artbildung.

d Erklären Sie die Vorgehensweise zur Überprüfung, ob zwei Individuen nach dem biologischen Artkonzept artgleich sind oder nicht.

e Nennen und beschreiben Sie je zwei prä- und postzygotische Isolationsmechanismen.

f Begründen Sie die Voraussetzungen für eine adaptive Radiation.

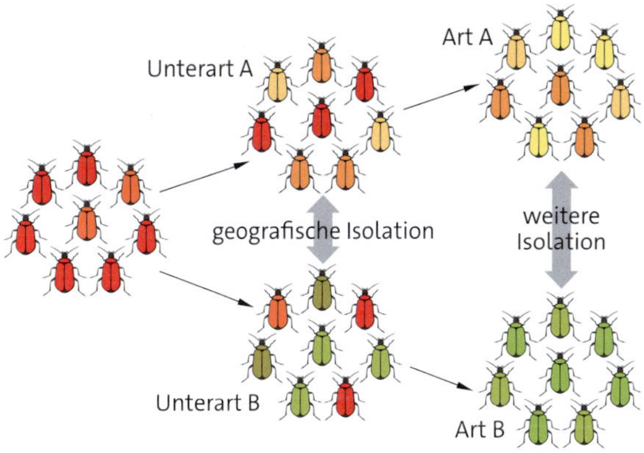

Evolutionstheorien

6 Darwins Evolutionskonzept wurde durch moderne Forschungsergebnisse bestätigt und zur Synthetischen Evolutionstheorie erweitert. Trotzdem existieren noch immer nicht-wissenschaftliche Vorstellungen zur Entstehung der Artenvielfalt, zum Beispiel kreationistische.

a Erläutern Sie die Entstehung des langen Halses von Giraffen nach der Synthetischen Evolutionstheorie.

b Nennen Sie die Aspekte Ihrer Erläuterung, die über Darwins Evolutionstheorie hinausgehen.

c Vergleichen Sie die Aussagen der Stammbaumdarstellungen A und B (A: evolutionsbiologisch, B: kreationistisch).

d Begründen Sie, weshalb Kreationismus keine wissenschaftliche Theorie ist.

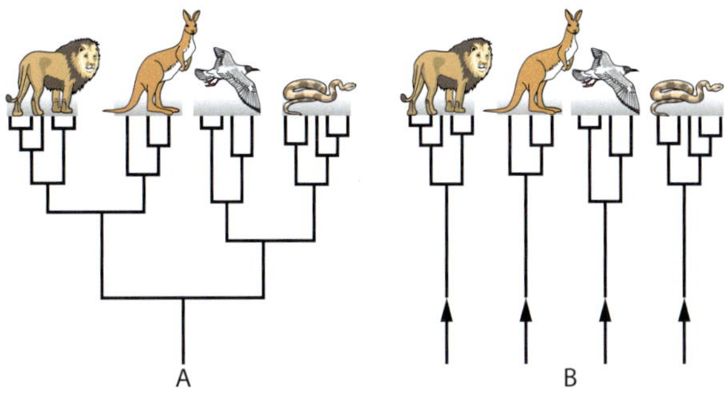

Evolution und Verhalten

7 Blaukiemen-Sonnenbarsche ernähren sich von Wasserflöhen, deren Populationsdichte aufgrund ihrer Fortpflanzungsstrategie stark schwankt. Die Barsche fressen am liebsten große Wasserflöhe, für die sie nicht weit schwimmen müssen. Nur bei sehr geringer Beutedichte sind sie weniger wählerisch und fressen auch einen höheren Anteil kleiner Individuen.

a Vergleichen Sie die r- und K-Strategie in der unteren Tabelle.

b Ordnen Sie dem Wasserfloh eine der Strategien zu.

c Nennen Sie allgemein Kosten und Nutzen beim Nahrungserwerb von räuberisch lebenden Tieren.

d Stellen Sie mithilfe einer Kosten-Nutzen-Analyse eine Hypothese auf, die das abweichende Fressverhalten der Barsche bei sehr geringer Beutedichte erklärt.

	Anteil verschieden großer Wasserflöhe in der Nahrung (in relativen Einheiten)		
	groß (3,6 mm)	mittelgroß (2,5 mm)	klein (1,4 mm)
bei hoher Beutedichte*	100	23	5
bei niedriger Beutedichte*	100	83	27

* Anteile der Wassenflöhe sind in beiden Fällen gleich.

8 Verschiedene Wissenschaftsgebiete tragen zur Untersuchung von Verhalten bei. Beispiele:

A Ältere Hirsche sind in der Paarungszeit aufgrund ihres Hormonzyklus eher paarungsbereit als jüngere Hirsche.

B Beim Zusammentreiben der weiblichen Tiere zeigt der Platzhirsch ein Imponierverhalten mit erhobenem Kopf und geöffnetem Maul, welches als Eckzahndrohen bezeichnet wird. Primitivere Hirscharten haben im Gegensatz zum Rothirsch Eckzähne ausgebildet, die als Waffe dienen.

C Die Paarungszeit von Rotwild dauert fünf bis sechs Wochen. Findet keine Befruchtung statt, kommt es während der Brunftzeit fünf- bis sechsmal zur Ovulation.

D Vorfahren von Kälbern, die aufgrund intensiverer Duftstoffabsonderung aus ihren Voraugendrüsen eine bessere individuelle Erkennung durch das Muttertier zeigten, hatten bessere Chancen zu überleben und sich fortzupflanzen.

E Wenn ein Kalb säugen möchte, sind die Voraugendrüsen geöffnet. Mit zunehmender Sättigung schließen sich die Voraugendrüsen. Die Ausbildung der Voraugendrüsen und Regulation der Abgabe der Duftstoffe ist genetisch verankert.

a Beschreiben Sie den Unterschied zwischen einer proximaten und einer ultimaten Erklärung für das Verhalten von Tieren.

b Beurteilen Sie, ob es sich bei den verschiedenen Beispielen um proximate oder ultimate Erklärungen handelt.

9 Die Bildung sozialer Gruppen im Tierreich hat unterschiedliche Funktionen.

a Beschreiben Sie die in den Diagrammen dargestellten Ergebnisse der Untersuchungen zum Jagderfolg des Habichts.

b Beschreiben Sie die Vor- und Nachteile, die ein Leben in der Gruppe für die Tauben mit sich bringt.

c Erklären Sie, wovon die optimale Gruppengröße abhängig ist.

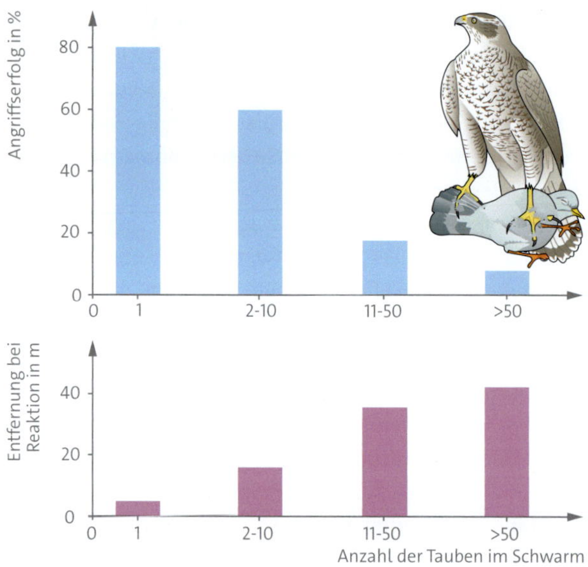

	r-Strategie	K-Strategie
Individualentwicklung		
Lebensdauer		
Vermehrungsrate		
elterliche Fürsorge		
Umweltbedingungen		
Katastrophen		
Populationsgröße		
Populationsdichte		
innerartliche Konkurrenz		

Evolution des Menschen

10 Innerhalb der Primaten lassen sich verschiedene Sozial- und Paarungssysteme sowie vielfältige kulturelle Leistungen beobachten.

a Beschreiben Sie die Paarungssysteme von Gorilla, Orang-Utan, Schimpanse und Mensch mithilfe der Tabelle.

b Erklären Sie den biologischen Kulturbegriff.

c Begründen Sie, weshalb die kulturelle Evolution im Allgemeinen schneller verläuft als die biologische Evolution.

11 Eines der berühmtesten Hominiden-Fossilien ist Lucy, ein *Australopithecus afarensis*.

a Beschreiben Sie die in der unteren Abbildung sichtbaren Skelett- und Gesichtsmerkmale.

b Ordnen Sie zu, welche dieser Merkmale eher ursprünglich, also affenähnlich, und welche eher modern, also menschenähnlich, sind.

c Erklären Sie, inwiefern auch Merkmale des Schädels Hinweise auf den aufrechten Gang geben können.

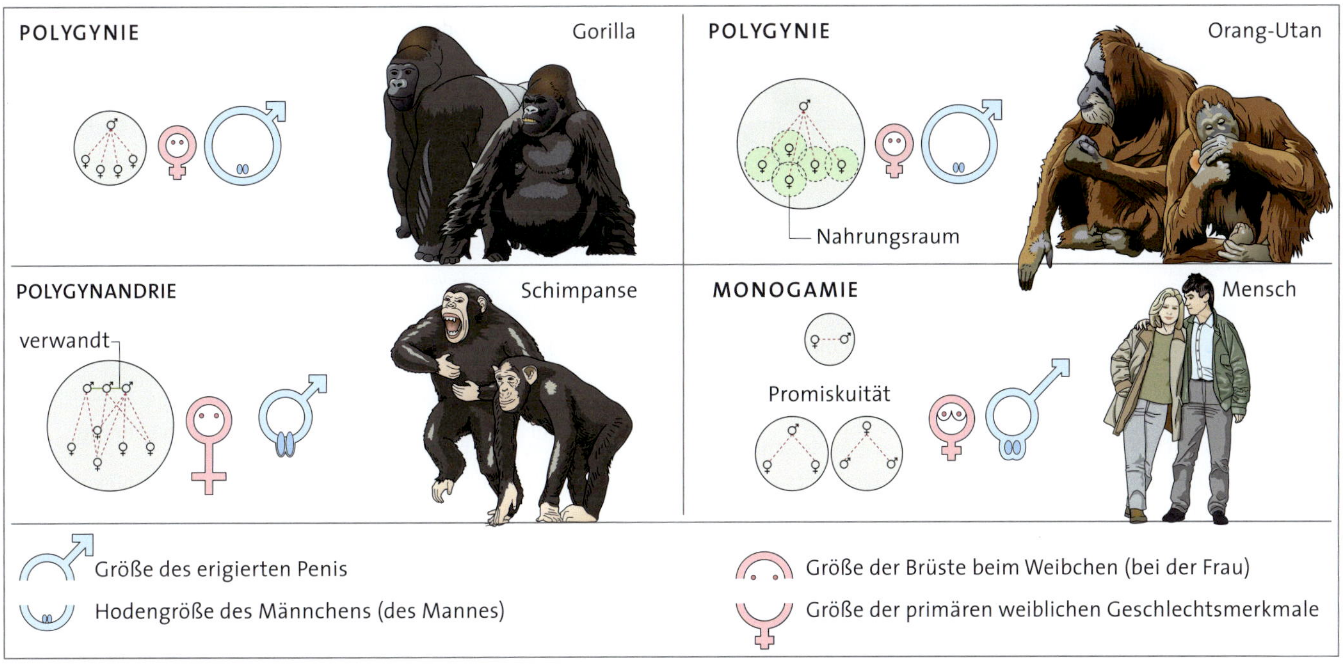

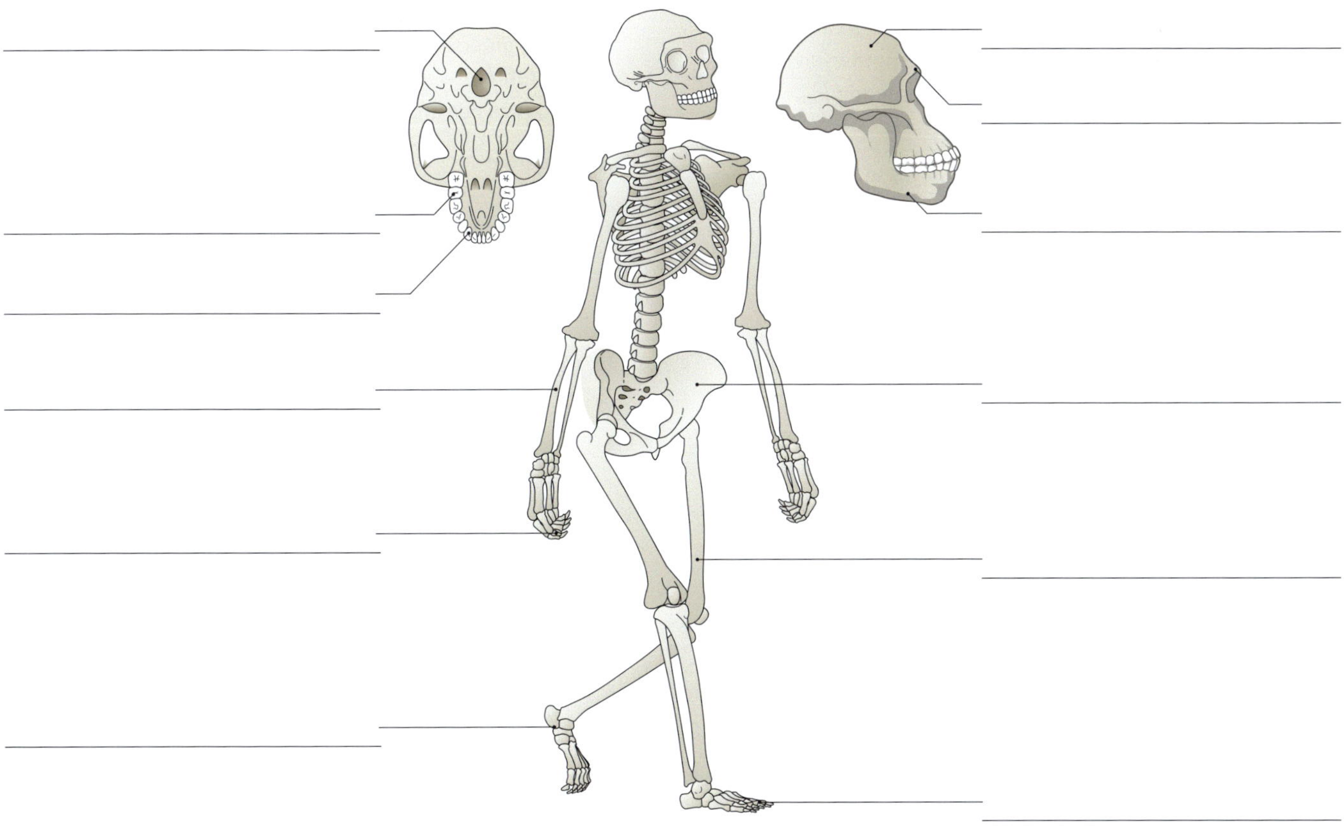

Training A Dreistachliger Stichling

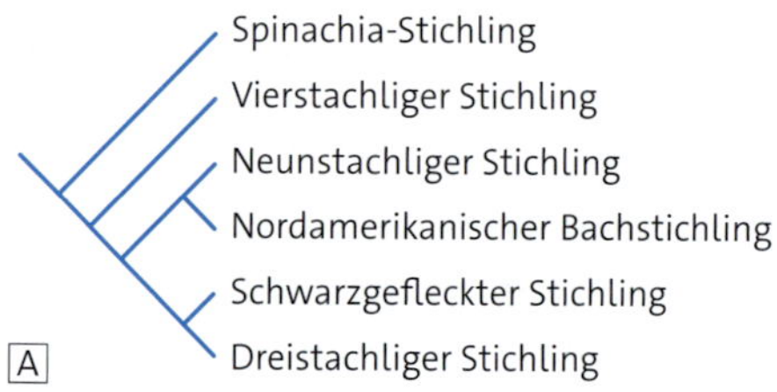

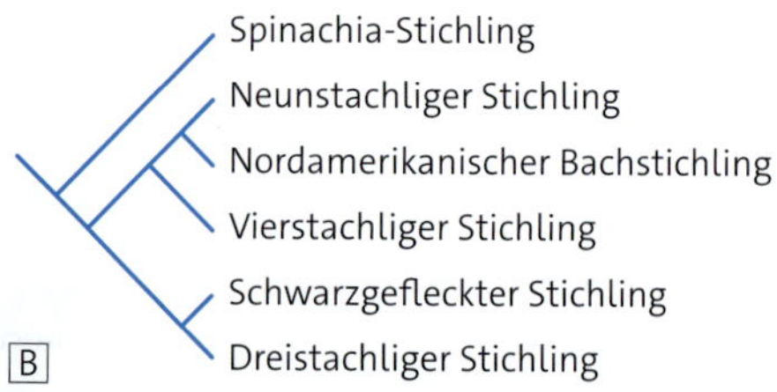

Der Dreistachlige Stichling ist ein fast weltweit vorkommender Süßwasserfisch. Wie viele andere Tiere, zum Beispiel Pinguine und Delfine, besitzt er einen stromlinienförmigen Körper. Aufgrund großer äußerlicher Unterschiede wurden verschiedene Populationen des Dreistachligen Stichlings früher jeweils als eigene Art beschrieben. Da sie jedoch die Kriterien des biologischen Artkonzepts erfüllen, gelten sie heute als eine einzige Art mit verschiedenen Ökotypen. Im Bodensee kommen zwei Ökotypen vor: Tiere vom Ökotyp „Seestichling“ leben im offenen Gewässer. Sie sind größer und besitzen Knochenplatten an den Seiten. Tiere vom Ökotyp „Flussstichling“ sind an den Zuflüssen zu finden. Sie sind kleiner und nicht mit Knochenplatten bewehrt. Bei beiden Ökotypen bilden die Männchen zur Paarungszeit einen roten Bauch aus, ein Ergebnis sexueller Selektion.
Die Verwandtschaft des Dreistachligen Stichlings zu anderen Stichlingsarten kann nach verschiedenen Kriterien untersucht werden, beispielsweise mithilfe der DNA-DNA-Hybridisierung.

1 Formulieren Sie die beiden Artkonzepte, die entscheidend dafür sind, ob man die Populationen des Dreistachligen Stichlings einer oder mehreren Arten zuordnet.

2 Beschreiben Sie für jedes dieser Artkonzepte eine Schwierigkeit, die sich in seiner Anwendung ergibt.

3 Beschreiben Sie, wie sich die Knochenplatten der Seestichlinge nach der Theorie von Darwin entwickelt haben könnten.

4 Planen Sie ein Experiment, mit dem man ohne molekulare Untersuchungen überprüfen kann, ob die Unterschiede in der Körpergröße zwischen den beiden Ökotypen genetisch oder durch Umwelteinflüsse bedingt sind.

5 Erläutern Sie das beschriebene Prinzip der sexuellen Selektion.

6 Beschreiben Sie den Ablauf der DNA-DNA-Hybridisierung.

7 Erklären Sie, inwiefern sich die Ergebnisse der DNA-DNA-Hybridisierung unterscheiden, die zur Erstellung der Stammbäume A und B führen, wenn die Verwandtschaft des Dreistachligen Stichlings zu den anderen Stichlingsarten untersucht wird.

8 Erläutern Sie das Phänomen, dass die Körper von Dreistachligen Stichlingen genauso wie die von Pinguinen und Delfinen stromlinienfömig sind.

Training B Malaria

Die Infektionskrankheit Malaria wird durch Plasmodien, einzellige haploide Parasiten, ausgelöst. Die Plasmodien werden bei der Blutmahlzeit durch den Stechrüssel von *Anopheles*-Mücken auf Menschen übertragen. Sie vermehren sich innerhalb weniger Tage in den roten Blutzellen und bewirken dadurch heftige Fieberschübe, die zum Tod führen können. Die hohe Mutationsrate der Plasmodien erschwert dem Immunsystem ihre Bekämpfung.

Menschen mit der genetisch bedingten Sichelzellkrankheit besitzen eine Resistenz gegen Malaria, da die Plasmodien in ihre roten Blutzellen nicht eindringen können. Liegt das Sichelzellallel homozygot vor, ist eine deutlich verringerte Lebenserwartung die Folge. Bei heterozygoten Trägern führt das Sichelzellallel lediglich zu geringerer körperlicher Belastbarkeit.

Die Verwendung von Moskitonetzen kann vor Malaria schützen, denn die Netze halten die nachtaktiven *Anopheles*-Mücken fern. Seit der EInführung mit Insektiziden imprägnierter Mosiktonetze kann man bei den *Anopheles*-Mücken jedoch eine zunehmende Resistenz gegen die Insektizide beobachten. Zudem können sich die Flugzeiten der Mücken, die vor allem nachts aktiv sind, verändern. Viele Tiere meiden die Nachtstunden, in denen die Moskitonetze Anwendung finden, sondern gehen entweder früher oder später auf Wirtssuche.

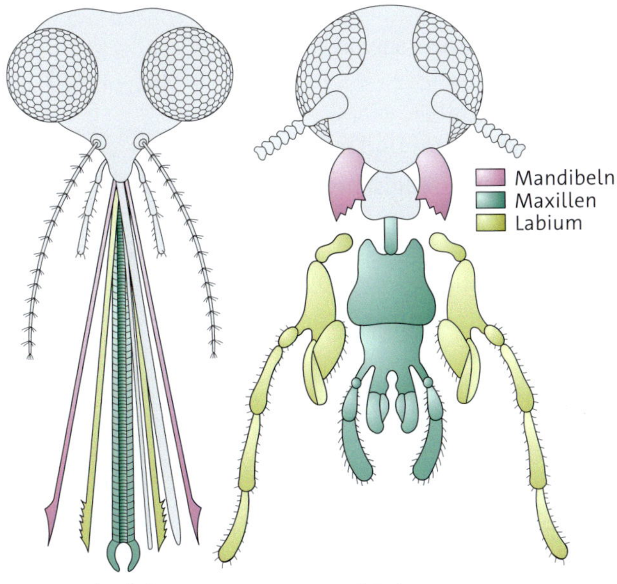

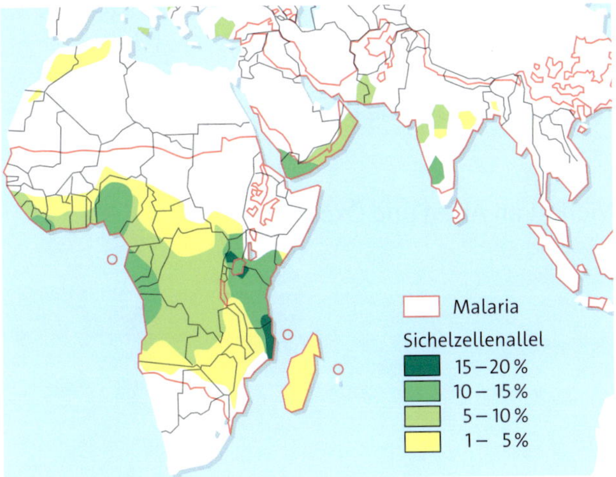

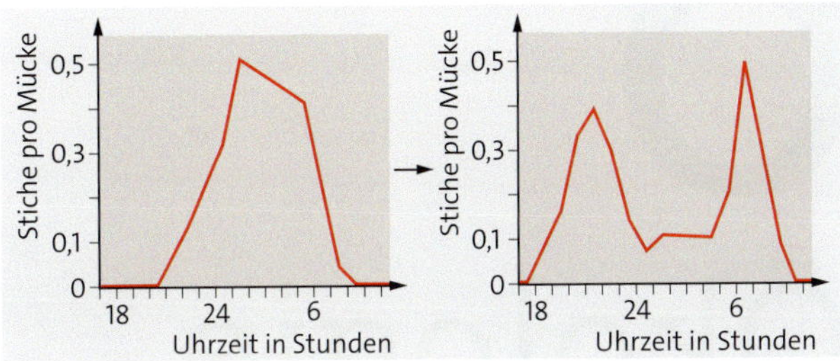

1 Erklären Sie anhand der Informationen aus dem Text, weshalb die Evolution von Plasmodien deutlich schneller voranschreitet als die von Menschen.

2 Begründen Sie, ob die stechend-saugenden Mundwerkzeuge der Stechmücke und die kauend-beißenden Mundwerkzeuge der Schabe einander homolog sind oder sich konvergent entwickelt haben.

3 Erläutern Sie im Sinne der Theorie von Lamarck, wie sich die Mundwerkzeuge der Stechmücke entwickelt haben könnten.

4 Beschreiben Sie je ein weiteres Beispiel für Homologie und Konvergenz.

5 Beschreiben Sie am Beispiel der Sichelzellkrankheit die Bedeutung von Mutation und Rekombination als Evolutionsmechanismen.

6 Erläutern Sie die unterschiedlich starke Verbreitung des Sichelzellallels in Afrika.

7 Diskutieren Sie die Aussage „Insektizide machen *Anopheles*-Mücken resistent."

8 Beschreiben Sie das Diagramm zur Veränderung der Stiche pro Mücke in Abhängigkeit der Uhrzeit durch den Einsatz imprägnierter Moskitonetze.

9 Erklären Sie, wie durch die veränderten Flugzeiten innerhalb einer Population eine neue *Anopheles*-Art entstehen könnte.

Folgende Aufgaben habe ich bereits gelöst:

Belege für die Evolution		
1 ○	2 ○	
Evolutionsmechanismen		
3 ○	4 ○	5 ○
Evolutionstheorien		
6 ○		
Evolution und Verhalten		
7 ○	8 ○	9 ○
Evolution des Menschen		
10 ○	11 ○	
Training		
A ○	B ○	

6 Ökologie

6.1 Abiotische und biotische Umweltfaktoren

6.2 Ausgewählte Ökosysteme

6.3 Einfluss des Menschen

Einstufungstest

Karteikarten

Ich kann:

- die Einflüsse von abiotischen Faktoren auf die Lebensprozesse von Pflanzen und Tieren beschreiben ◯
- die dynamische Entwicklung von Populationen sowie intra- und interspezifische Konkurrenz erläutern und das Konzept der ökologischen Nische erklären ◯
- den Energiefluss in Nahrungsnetzen und Wechselwirkungen von Räuber-Beute-Beziehungen, Symbiose und Parasitismus als Formen interspezifischer Beziehungen erläutern ◯
- Merkmale und Lebensbedingungen verschiedener Ökosysteme und die Bestimmung der darin lebenden Tiere oder Pflanzen beschreiben ◯
- den Kreislauf von Kohlenstoff-, Sauerstoff- und Stickstoffatomen durch die Organismen im Ökosystem beschreiben ◯
- exponentielles Wachstum der Weltbevölkerung mit der enormen Zunahme des Ressourcenverbrauchs und der Energienutzung in Bezug setzen ◯
- Ursachen und Folgen von Klimaveränderungen sowie mögliche Klimaschutzmaßnahmen erklären ◯
- Voraussetzungen für die Entwicklung von Vielfalt an Arten und Ökosystemen und deren Bedeutung beschreiben ◯

Koalas, *Phascolarctos cinereus*, leben in den Wäldern Australiens. Der Lebensraum wird immer kleiner und damit sinkt auch die Populationsdichte der Koalas. Doch woran liegt das?

6.1 Abiotische und biotische Umweltfaktoren

Abiotische Umweltfaktoren I

Verschiedene Umweltfaktoren haben Einfluss auf die Lebensprozesse von Pflanzen und Tieren. Zu den abiotischen Faktoren zählen Temperatur, Licht und Wasser.

Temperatur • Stoffwechselprozesse können nur in einem begrenzten Temperaturbereich ablaufen. Bei hohen Temperaturen denaturieren Proteine und verlieren ihre Funktion. Bei Temperaturen unter 0 °C gefriert Wasser in den Zellen, und das Gewebe wird irreversibel geschädigt.

Lebewesen besitzen eine unterschiedliche Toleranz gegenüber Temperatur und anderen Umweltfaktoren.

Der Wirkungsbereich eines Umweltfaktors, in dem die Individuen einer Art besonders gut gedeihen, wird **physiologisches Optimum** genannt. **Toleranzkurven** zeigen den typischen Verlauf einer Optimumskurve. Die Spanne zwischen Minimum und Maximum ist der Toleranzbereich. **Stenotherme** Arten tolerieren nur kleine Temperaturschwankungen, **eurytherme** Arten tolerieren hingegen auch größere.

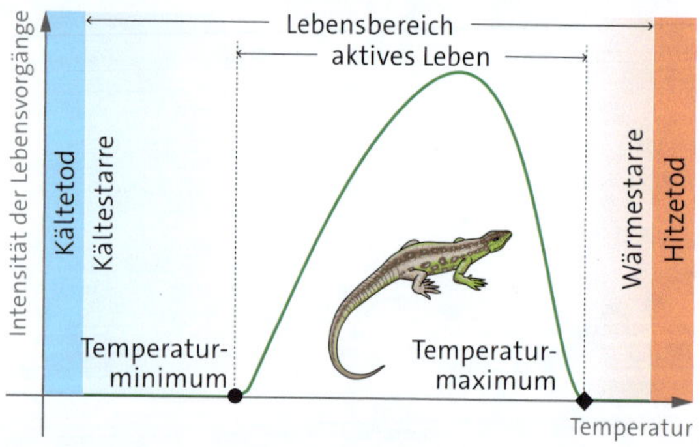

1 Temperaturtoleranzkurve von Poikilothermen

Wechselwarme (**poikilotherme**) Tiere (▶ 1) verfallen in eine Kältestarre bzw. Wärmestarre, wenn die Umgebungstemperatur außerhalb ihres Toleranzbereichs liegt. Gleichwarme (**homoiotherme**) Tiere (▶ 2) können ihre Körpertemperatur weitgehend unabhängig von der Außentemperatur zwischen ca. 36-40 °C halten.

Bergmann'sche Regel: Es gibt eine Beziehung zwischen der Körpergröße homoiothermer Tiere und der Temperatur. Unter warmen Bedingungen lebende Tiere können kleiner sein als solche, die im kalten Klima leben.

Allen'sche Regel: Die Länge der Körperanhänge (Nase, Ohren) nimmt bei homoiothermen Tieren mit dem geografischen Breitengrad ab. Unter kalten Bedingungen wird so der Wärmeverlust reduziert.

Bei Pflanzen sind die Fotosyntheserate und die Zellatmung stark temperaturabhängig. Das Enzym **Rubisco** katalysiert die Fixierung von CO_2 und hat seinen Optimumsbereich bei 15-25 °C. Landpflanzen können sich durch **Transpiration**, der Abgabe von Wasser über die Blätter, vor Überhitzung schützen.

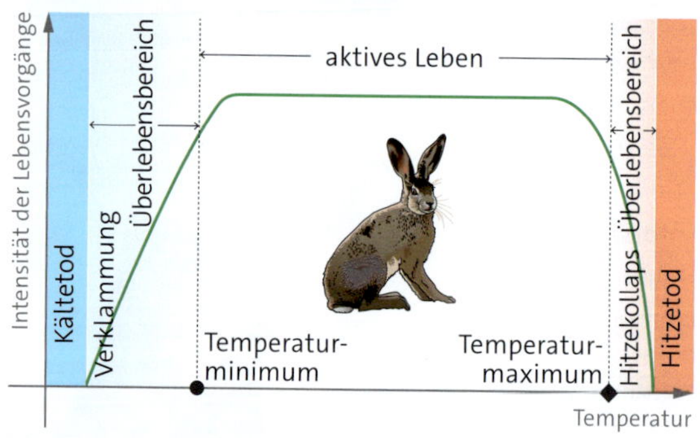

2 Temperaturtoleranzkurve von Homoiothermen

Abiotische Umweltfaktoren II

Licht • Das Licht der Sonne ist die wichtigste Energiequelle für das Leben auf der Erde. Blattpigmente nutzen die **fotosynthetisch aktive Strahlung** im Wellenbereich von 380 bis 710 nm zur Fotosynthese.

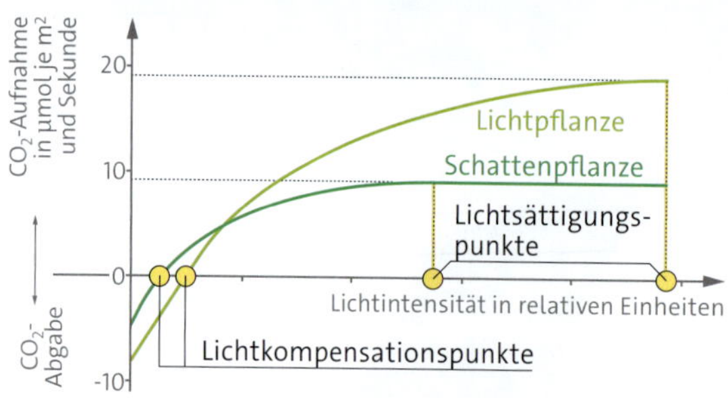

3 Einfluss verschiedener Lichtintensitäten auf die Fotosyntheseleistung bei Licht- und Schattenpflanzen

Licht- und Schattenpflanzen sind Pflanzen, die vor allem durch ihre Blattanatomie an Licht (kleine oder zerteilte Blätter, dicke Cuticula) bzw. Schatten (große, dunkelgrüne Blätter) angepasst sind (▶ 3). Das Wenden von Pflanzenorganen in Richtung des Lichts oder des Schattens nennt man **Fototropismus**.

Bei Tieren gibt es **fotoperiodische** Aktivitäten, die von der Tages- oder Jahreszeit abhängig sind. **Saisondimorphismus** bezeichnet ein an die Jahreszeit angepasstes Aussehen. Der **circadiane Rhythmus** beschreibt die Abhängigkeit der Aktivität von Lebewesen von der Tageszeit. Der Rhythmus ist durch das Sonnenlicht getaktet. Auch beim Menschen sind viele Körperfunktionen vom circadianen Rhythmus abhängig.

Abiotische Umweltfaktoren III

Wasser • Ein hoher Wasserverlust kann bei Lebewesen schnell lebensbedrohlich werden. Um sich dagegen zu schützen, sind Lebewesen an die Verfügbarkeit von Wasser in ihrem Lebensraum angepasst.
Die Angepasstheit kann **anatomisch**, **physiologisch** oder **verhaltensgesteuert** sein. Die Angepasstheit ist kein abgeschlossener Vorgang, sondern unterliegt einer ständigen Optimierung.

Durch die **Osmoregulation** kann ein Organismus die Ionengehalte in den Zellen regulieren, sodass nicht zu viel oder zu wenig Wasser in die Zellen einströmt.

Pflanzen sind je nach Standort an die Wasserverfügbarkeit angepasst.

Man unterscheidet zwischen:
Hydrophyten: Wasserpflanzen, sind ganz oder teilweise untergetaucht
Hygrophyten: Pflanzen feuchter Standorte, wachsen aber nicht im Wasser
Xerophyten: an Trockenheit angepasste Pflanzenarten durch eine dicke Cuticula, wassereffiziente Stoffwechselwege oder wasserspeichernde Gewebe
Halophyten: Pflanzen salzhaltiger Standorte

Biotische Umweltfaktoren I

Biotische Umweltfaktoren sind Einflüsse anderer Lebewesen auf einen Organismus. **Intraspezifische** Einflüsse finden innerhalb einer Art statt, **interspezifische** zwischen verschiedenen Arten.

Intraspezifische Beziehungen • Eine Population ist eine Fortpflanzungsgemeinschaft einer Art, die zur gleichen Zeit am gleichen Ort lebt. Tiere einer Art können in Konkurrenz zueinander stehen, wenn die zur Verfügung stehenden **Ressourcen** begrenzt sind. Diese Konkurrenz um Ressourcen ist abhängig von der Populationsdichte. Viele Tierarten teilen sich den Lebensraum in Reviere ein (**Territorialität**). Eine Populationsdichte kann von dichteabhängigen (▶ 4) und dichteunabhängigen Faktoren (z. B. Temperatur und Luftfeuchtigkeit) beeinflusst werden.

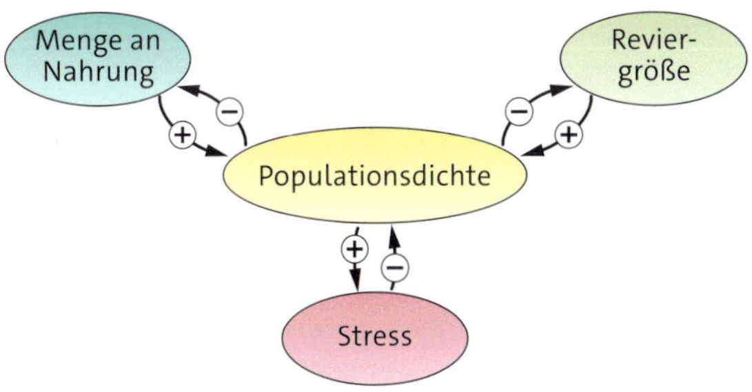

4 Einfluss dichteabhängiger Faktoren auf die Populationsdichte

Interspezifische Beziehungen • Tiere verschiedener Arten können auch aufgrund von Ressourcen in Konkurrenz stehen. Nach dem **Konkurrenzausschlussprinzip** können Arten, die die gleichen ökologischen Ansprüche stellen (totale Konkurrenz), nicht nebeneinander leben.

Die **physiologische Potenz** gibt an, an welchen Orten eine Art vorkommen kann, wenn keine Konkurrenz zu anderen Arten besteht. Die **ökologische Potenz** engt das Vorkommen einer Art auf Orte ein, an denen sie Konkurrenten überlegen sind.
Arten können an identischen Orten nebeneinander leben (**Koexistenz**), wenn sie unterschiedliche ökologische Ansprüche haben.

Ökologische Nische • Die ökologische Nische ist die Gesamtheit aller Umweltbedingungen, die das Leben von Organismen bestimmen. **Einnischung** ist die Merkmalsänderung durch Mutationen, die die Ansprüche eines Organismus an den Lebensraum ändern (▶ 5). Vollständige ökologische Nischen lassen sich nur schwer erfassen. Es gibt viele Nischendimensionen, die beachtet werden müssten. Daher beschreibt man meist nur eine bis drei Dimensionen.

5 Wattvögel besetzen unterschiedliche Nischen bei der Nahrungsbeschaffung

Biotische Umweltfaktoren II

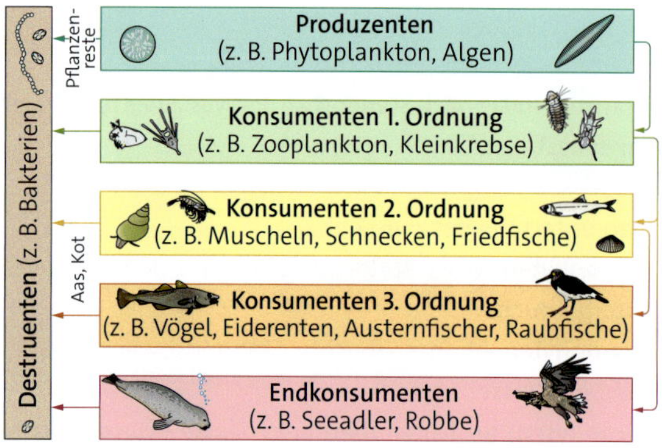

6 Nahrungsbeziehungen in einer Nahrungskette

Nahrungsbeziehungen • Die Nahrungskette ist eine Modellvorstellung, die davon ausgeht, dass Pflanzen als Produzenten von Pflanzenfressern als Primärkonsumenten gefressen werden, die zur Beute von Fleischfressern als Sekundärkonsumenten werden, die wiederum von anderen Fleischfressern erbeutet werden können (▶ 6).
Die Nahrungsbeziehungen in einem Ökosystem sind stark verzweigt und bilden Nahrungsnetze. Alle Organismen, die zu einem Glied in der Nahrungskette gehören, fasst man als Trophiestufe zusammen.
Die Verbindung der Trophiestufen kann man als **ökologische Pyramide** darstellen.

Biotische Umweltfaktoren III

Räuber-Beute-Beziehungen • Räuber und Beutetiere beeinflussen gegenseitig ihre Populationsgröße. Vermehren sich Beutetiere, steht viel Nahrung für Räuber zur Verfügung Dadurch vermehren sich die Räuber und dezimieren die Beutetiere stark, sodass es wieder weniger Nahrung für Räuber gibt und deren Anzahl abnimmt (▶ 7).

Lotka-Volterra-Regeln:
1. Die Zahlen von Räuber- und Beuteindividuen schwanken periodisch, wobei Maxima und Minima der Räuber denen der Beute phasenverzögert folgen.
2. Trotz der Schwankungen bleiben die Mittelwerte beider Populationen langfristig konstant, wobei die Zahlen der Beute durchschnittlich höher liegen.
3. Werden Räuber und Beute gleich stark vermindert, so erholt sich die Population der Beute schneller als die der Räuber.

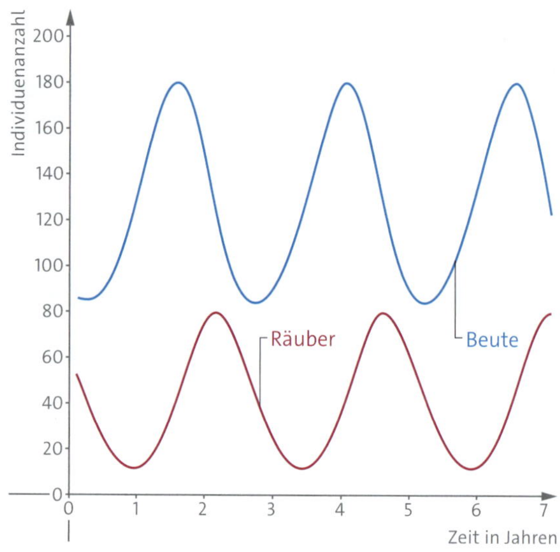

7 Grafische Räuber-Beute-Beziehung

Biotische Umweltfaktoren IV

Symbiose • Das Zusammenleben von Organismen mehrerer Arten, die voneinander profitieren, wird Symbiose genannt. Bei einer **Endosymbiose** leben Organismen einer Art (Symbionten) im Körper einer anderen Art (Wirt) zu beiderlei Nutzen. Bei einer **Ektosymbiose** hingegen leben beide Partner außerhalb des anderen Organismus.

Beispiel: **Mykorrhiza** ist die Symbiose zwischen höheren Blütenpflanzen und Pilzen, bei der Pilze Wasser und Mineralstoffe an die Pflanze abgeben und die Pflanze organische Substanzen an den Pilz abgibt.

Parasitismus • Das Leben einer Art auf Kosten einer anderen nennt man Parasitismus. Der Wirt hat dabei einen Nachteil. Bei einem **Kommensalismus** profitiert eine Art vom Zusammenleben, die andere wird aber nicht geschädigt. Je nach Aufenthaltsort unterscheidet man auch hier zwischen Endo- und Ektoparasiten. Temporäre Parasiten haben eine kurze, permanente Parasiten eine lange Aufenthaltsdauer.

Beispiel: Kopfläuse oder Bandwürmer sind permanente Parasiten. Kopfläuse leben außerhalb des Parasiten und sind damit Ektoparasiten, Bandwürmer leben im Darm und sind daher Endoparasiten.

6.2 Ausgewählte Ökosysteme

Ökosystem Wald

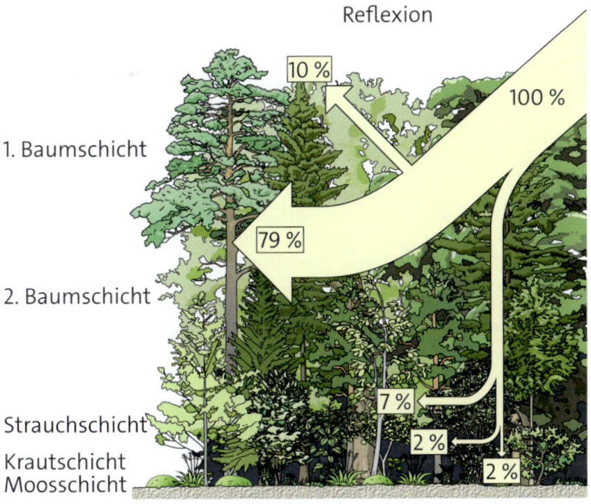

1 Schichten des Waldes und die Lichtmengen, die zu ihnen gelangen

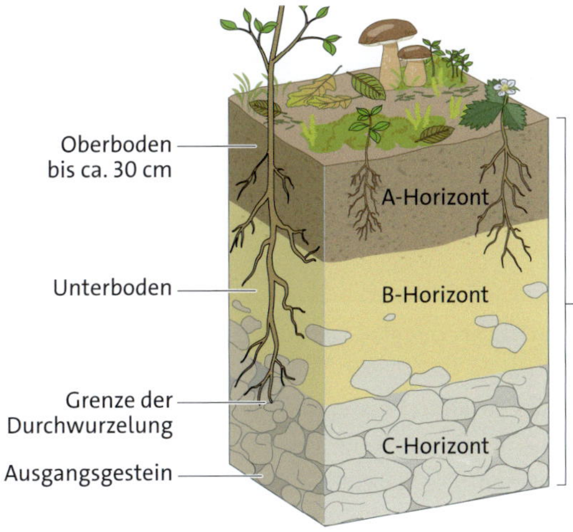

2 Waldbodenprofil

Das Waldbinnenklima ist eine besondere Form eines ausgeglichenen Klimas innerhalb eines Waldes durch eine geringe Menge an Sonnenlicht in seinem Inneren. Dabei lässt sich der Wald in verschiedene Schichten unterteilen (▶ 1).

Auch der Boden des Waldes besteht aus verschiedenen übereinanderliegenden Schichten (Bodenhorizonte) (▶ 2). Die im Boden ablaufenden Prozesse wie Humusbildung, Verwitterung von Gestein oder Versauerung führen zur Bodenbildung.

Dynamik im Ökosystem Wald

Wälder unterliegen einem steten Wandel. Bäume wachsen, altern und brechen zusammen. An immer wieder anderen Stellen werden sie durch Sturm, Schneebruch oder Brände zerstört. Auf den Lichtungen kommt es anschließend zu Sukzessionen, also zu gesetzmäßig immer wieder entsprechend ablaufenden Entwicklungen, bei denen die Lichtungen geschlossen werden. Dort breiten sich zuerst raschwüchsige r-Strategen (z. B. Wildkräuter), dann längerfristig vorhandene K-Strategen (z. B. Bäume) aus.

Der **Mosaikzyklus** ist ein Modell, das die Entwicklung eines Waldes beschreibt. An einzelnen Stellen fallen Bäume um, wodurch Lichtungen mit jungen Bäumen entstehen. Es gibt also ein Mosaik mit Bereichen von verschieden alten Pflanzen. Diese entwickeln sich in einem Zyklus, der aus Wachstum und Absterben besteht.

Auch Tiere, die auf Lichtungen ein gutes Angebot an pflanzlicher Nahrung finden, müssen in Abhängigkeit von der Ausbildung bestimmter Stadien im Mosaikzyklus des Waldes immer wieder neue Nahrungsplätze finden.

3 Ablauf einer typischen Sukzession nach der Aufgabe eines Getreidefelds

Ökosystem See

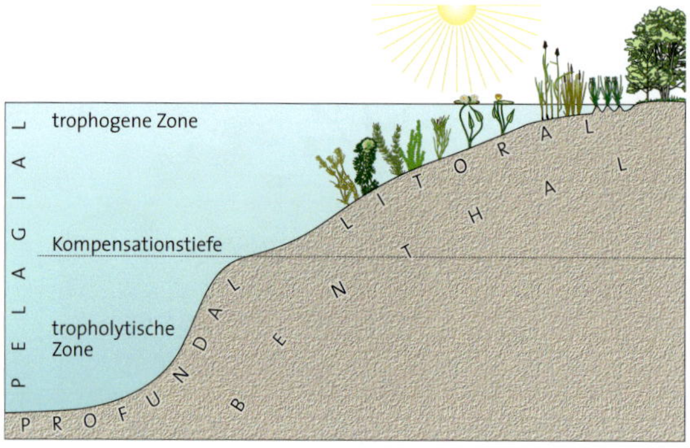

4 Durch Licht erzeugte Gliederung eines Sees

Hat das gesamte Wasser in einem See eine annähernd gleiche Temperatur, kann sich das Wasser durchmischen (zirkulieren). Die Schichten mischen sich hingegen nicht oder nur unvollständig, wenn sie unterschiedliche Temperaturen aufweisen. Es kommt zur Stagnation.

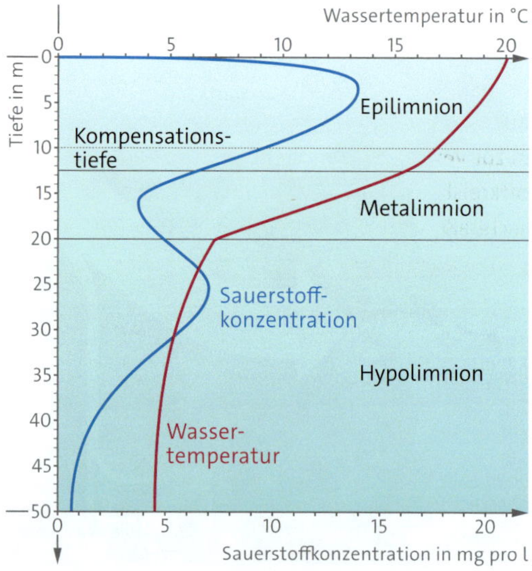

5 Sauerstoffverteilung eines Sees im Sommer

Gewässer (z. B. Seen) lassen sich je nach Mineralstoffgehalt Trophiestufen zuordnen. Mineralstoffarme Seen sind **oligotroph**, Seen mit einem mittleren Mineralstoffgehalt sind **mesotroph** und mineralstoffreiche Seen sind **eutroph**.

Stickstoffkreislauf im eutrophen See

In einem See werden eingetragene Stoffe wie Kohlenstoff- und Stickstoffverbindungen und weitere Mineralstoffe gesammelt. Diese nehmen dann entweder an verschiedenen Stoffumsätzen teil, indem sie auf- oder abgebaut werden, oder sie werden auf dem Seeboden abgelagert. Dieser Prozess der Umwandlung chemischer Verbindungen des Stoffhaushalts wird Stoffkreislauf genannt.

In Zirkulationsphasen ist im eutrophen See überall ein hoher Sauerstoffgehalt vorhanden. Im Sommer ist dagegen lediglich das Epilimnion sauerstoffreich, das Hypolimnion aber wegen intensiver Abbauprozesse sauerstoffarm.

Einige Stickstoffumsätze sind vom jeweiligen Sauerstoffgehalt des Wassers abhängig. In Anwesenheit von Sauerstoff wird Stickstoff oxidiert. Deshalb erfolgt im Sommer die Reaktion von Ammonium zu Nitrat, die Nitrifikation, nur im Epilimnion. Im Hypolimnion findet dann bei fehlendem Sauerstoff die Reduktion des Stickstoffs durch Bakterien statt. Diese betreiben je nach Art Denitrifikation bis zur Bildung von Stickstoff oder Nitratammonifikation, bei der Ammonium entsteht.

Stickstoff: N_2
Aminogruppe: $-NH_2$
Ammonium: NH_4^+
Ammoniak: NH_3
Nitrit: NO_2^-
Nitrat: NO_3^-

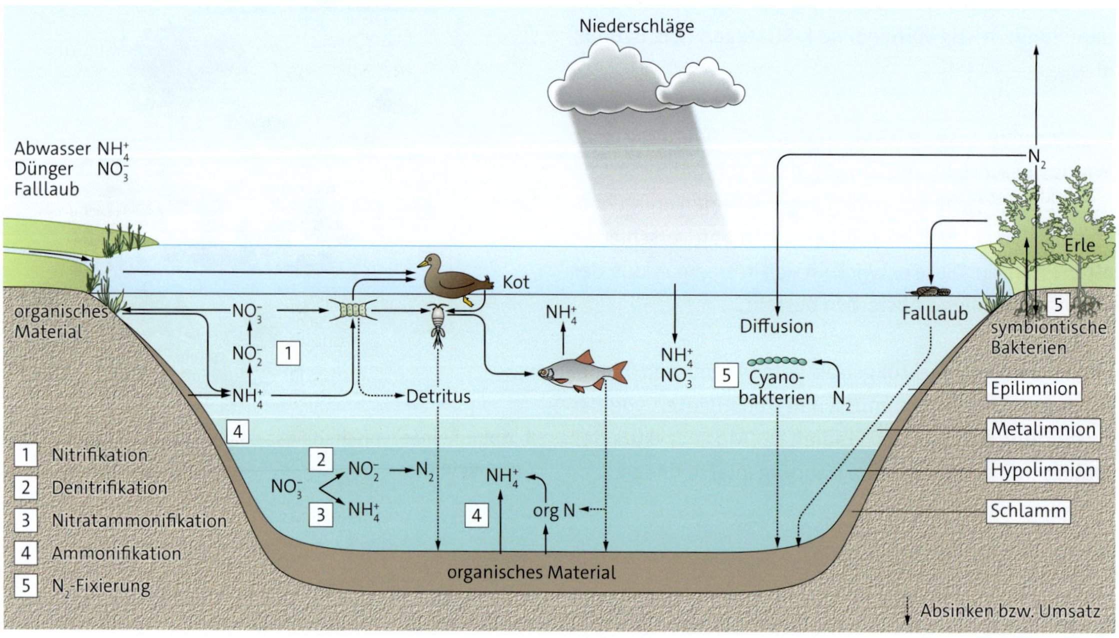

6 Stickstoffumsatz in einem eutrophen See im Sommer

Kohlenstoffkreislauf

Kohlenstoff wird durch Fotosynthese in organische Substanzen eingebaut und durch Atmung oder Verbrennung wieder freigesetzt. Er gelangt in die Atmosphäre, steht aber auch für die erneute Produktion pflanzlicher Substanzen zur Verfügung. Bei langfristigen Formen des Kohlenstoffkreislaufs wird pflanzliche Biomasse aufgebaut, die anschließend in Humus, Torf, Kohle oder Erdöl in teilweise abgebauter Form lange erhalten bleiben kann.

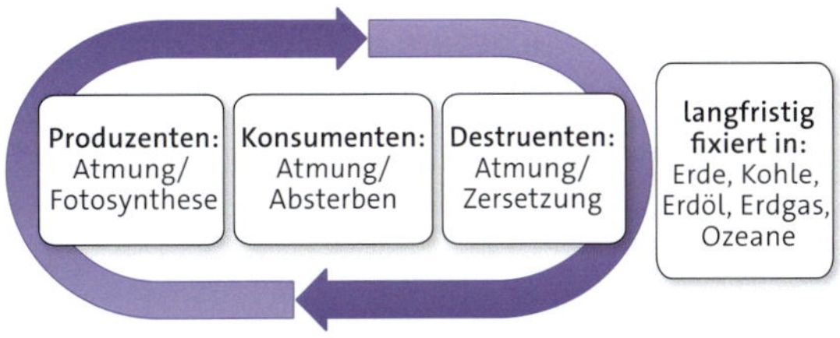

7 Langzeitkreislauf

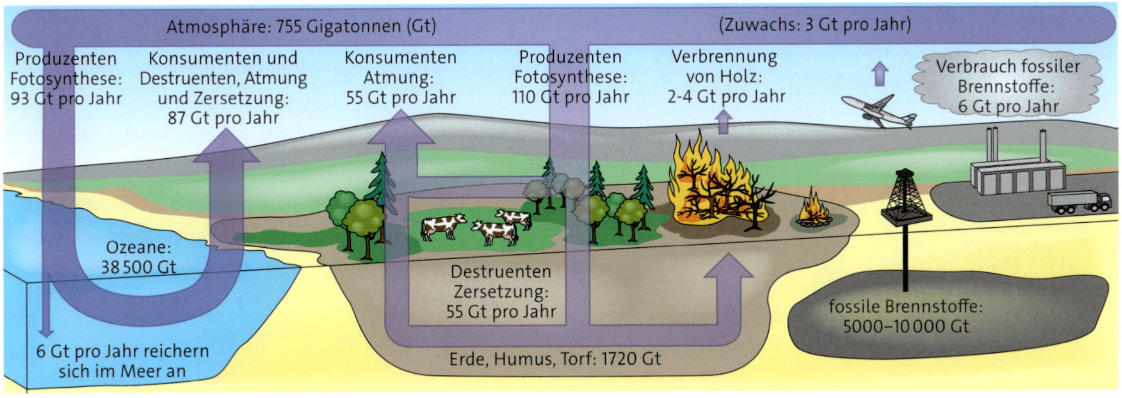

8 Globaler Kohlenstoffkreislauf

Stickstoffkreislauf

Stickstoff ist ein wesentliches Bauelement von Aminosäuren, Nucleotiden und Chlorophyll und wird daher in großen Mengen von Lebewesen benötigt. Atmosphärischer Stickstoff wird über stickstofffixierende Bakterien für Pflanzen verfügbar gemacht, die ihn in körpereigene Stoffe einbauen. Tiere nehmen Stickstoffverbindungen aus pflanzlicher Nahrung auf. Der von Tieren ausgeschiedene Stickstoff wird von Bakterien abgebaut und steht den Pflanzen wieder zur Verfügung.

Ammonifikation: Tiere scheiden überschüssigen Stickstoff als Harnstoff oder Harnsäure aus. Destruenten mineralisieren die Aminogruppe dieser organischen Stickstoffverbindungen zu Ammonium.

Nitrifikation: Bestimmte aerobe Mikroorganismen können in Gegenwart von Sauerstoff Ammonium schrittweise über Nitrit zu Nitrat oxidieren.

Assimilation: Produzenten nehmen das so gebildete Ammonium oder Nitrat aus dem Boden auf.

Stickstoff: N_2
Aminogruppe: $-NH_2$
Ammonium: NH_4^+
Ammoniak: NH_3
Nitrit: NO_2^-
Nitrat: NO_3^-

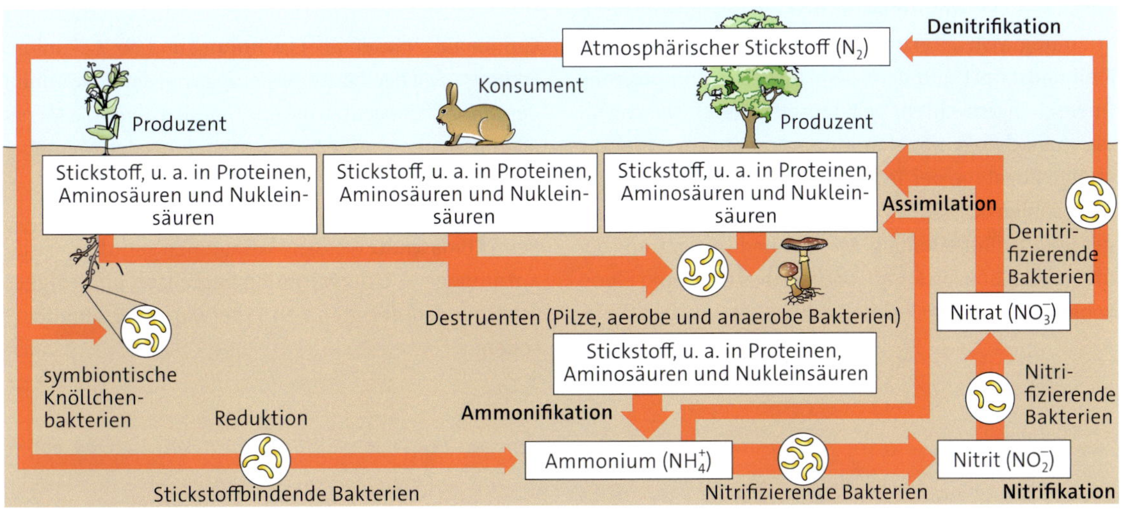

9 Stickstoffkreislauf

6.3 Einfluss des Menschen

Bevölkerungswachstum und Ressourcen

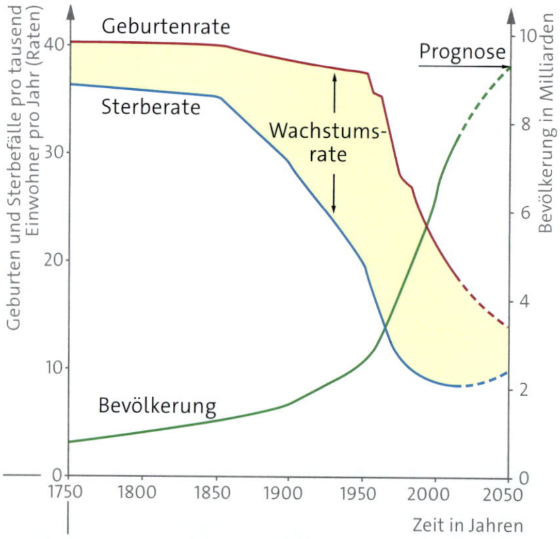

1 Demografischer Übergang der Weltbevölkerung

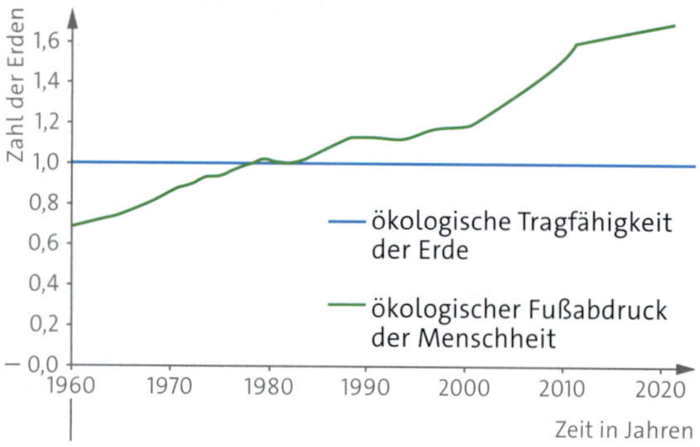

2 Ökologischer Fußabdruck im Vergleich zur ökologischen Tragfähigeit der Erde

Exponentielles Wachstum: Verdopplung der Populationsgröße in gleichen Zeitintervallen

Exponentielles Bevölkerungswachstum • Eine hohe Geburtenrate führt durch **positive Rückkopplung** zu Bevölkerungswachstum. Eine hohe Sterberate bewirkt durch **negative Rückkopplung** einen Rückgang der Bevölkerungszahl. Beide Raten werden pro 1000 Einwohner pro Jahr angegeben. Die Differenz zwischen Geburten- und Sterberate ist die Wachstumsrate der Bevölkerung. Die Annäherung von Geburten- und Sterberate auf einem niedrigen Niveau wird **demografischer Übergang** genannt.

Ressourcen • Menschen nutzen verschiedene Ressourcen wie z. B. Wasser, Nahrung, Holz als Energieträger, fossile Brennstoffe und regenerative Rohstoffe. Die Ressourcen sind dabei ungleich verteilt. Einwohner der Industrieländer verbrauchen ca. 85 % der Ressourcen. Menschen in Entwicklungsländern leben mit nur 15 % der Ressourcen oft unter dem Existenzminimum.

Der **ökologische Fußabdruck** beschreibt die Fläche auf der Erde, die gebraucht wird, um alle Ressourcen für die Versorgung der Menschheit bereitzustellen, einschließlich der Fläche für die Aufnahme von Abfällen und Emissionen. Die **nachhaltige Entwicklung** ist ein Konzept, nach dem nicht mehr entnommen werden darf als gleichzeitig nachwächst. Heute versteht man darunter die Entwicklung, die den Bedürfnissen der heutigen Generation entspricht, ohne dabei die Lebensmöglichkeiten zukünftiger Generationen zu beeinträchtigen. Sie hat ökologische, ökonomische und soziale Dimensionen.

Treibhauseffekt und Klima

Der Treibhauseffekt beschreibt die Erwärmung der unteren Schichten der Atmosphäre durch langwellige Infrarotstrahlung. Man unterscheidet zwischen dem natürlichen Treibhauseffekt und dem zusätzlichen **anthropogenen** (menschengemachten) Treibhauseffekt (▶ 3). Ursache für die menschengemachten Klimaveränderungen ist die stetige Zunahme der Treibhausgase in der Atmosphäre. Dazu zählen CO_2 aus der Verbrennung fossiler Energieträger und der Brandrodung, Methan und Lachgas aus der intensiven Landwirtschaft, bodennahes Ozon und Fluorkohlenwasserstoffe (F-Gase).

Die **Klimavariabilität** beschreibt, dass das Klima nicht konstant ist. Es kann im Laufe der Zeit aus verschiedenen Gründen zu Phasen der Erwärmung und der Abkühlung kommen. Seit der Industrialisierung wird eine Erwärmung des Klimas beobachtet, die mutmaßlich durch die Menge an Emissionen von Treibhausgasen durch den Menschen ausgelöst wird.

Beim **Klimaschutz** werden Maßnahmen getroffen, die die anthropogene Erderwärmung begrenzen und Folgeerscheinungen der globalen Erderwärmung abmildern sollen.

Treibhauseffekt Schema

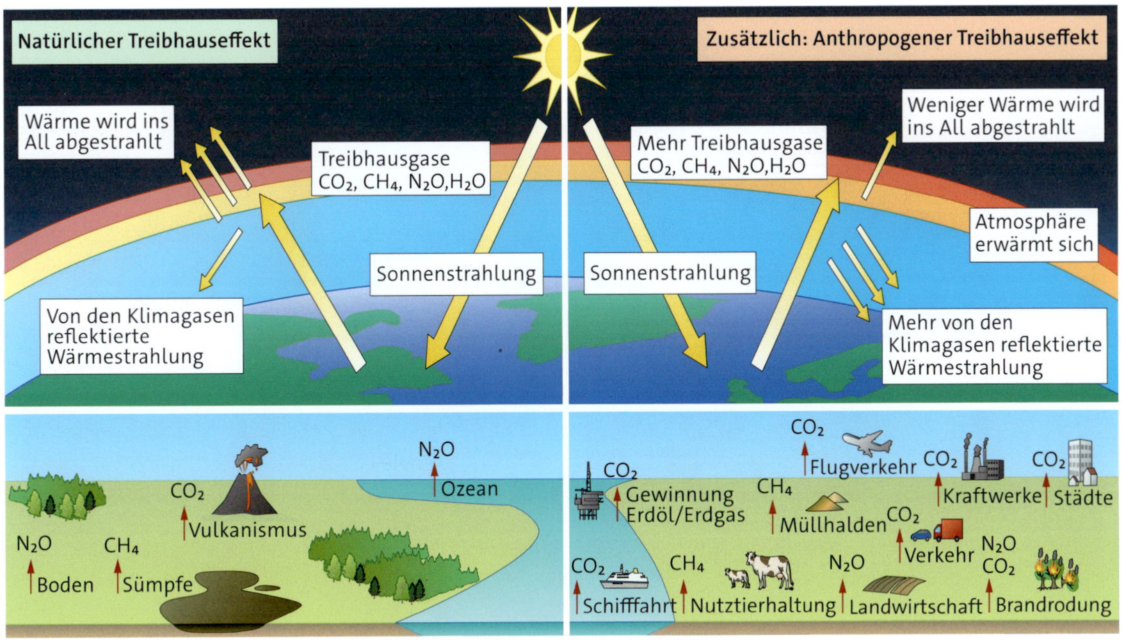

3 Natürlicher und zusätzlich anthropogener Treibhauseffekt

Biodiversität

Biozönose • Die Biodiversität ist ein Begriff von der Vielfalt des Lebens bezogen auf Allele, Individuen, Arten und Lebensräume sowie ihren Wert für den Menschen. In einem bestimmten Lebensraum oder Habitat wie einem Wald gibt es vielschichtige charakteristische Licht-, Temperatur-, Feuchtigkeits- und Windverhältnisse. Dadurch kommt es wiederum zu einer charakteristischen vertikalen Verteilung von Pflanzenarten in diesem Lebensraum. Da die Pflanzen Nahrung und Lebensraum vieler Tiere sind, leben auch die Tiere mehr oder weniger stark geordnet über die Stockwerke verteilt. Alle Lebewesen der Stockwerke stehen in vielfältiger gegenseitiger Wechselwirkung und bilden so eine typische Lebensgemeinschaft, die **Biozönose**. In so einem stark gegliederten Ökosystem gibt es ein großes Angebot an ökologischen Nischen und dadurch auch die Möglichkeit für eine große Artenvielfalt.

Ein Biotop ist der Lebensraum einer Biozönose. Die Biozönose umfasst die Lebensgemeinschaft aller Individuen der unterschiedlichen Arten in einem Lebensraum. Einige Arten wie Zugvögel leben in mehreren Lebensräumen und Biozönosen.

Bedrohung der Biodiversität • Die komplexe Vernetzung aller Lebewesen, Habitate und Ökosysteme führt zu einer großen Sensibilität gegenüber Störungen und Eingriffen von außen. Veränderungen des Klimas und geologische Eingriffe wie Erdbeben können durch ihre Einflüsse auf abiotische Umweltfaktoren Ökosysteme stark verändern. Sie wirken sich also auf Biozönosen und damit auf deren Artenvielfalt aus. Auch der Mensch nimmt durch seine Eingriffe in Ökosysteme Einfluss auf die Artenvielfalt.

Beispiele: Waldrodung, Trockenlegung von Feuchtbiotopen, Bodenversiegelung durch Bau von Siedlungen und Verkehrswegen, Veränderung von Flussläufen, intensive Bejagung und Befischung, Verschmutzung durch Abfälle, Vergiftung durch Chemikalien

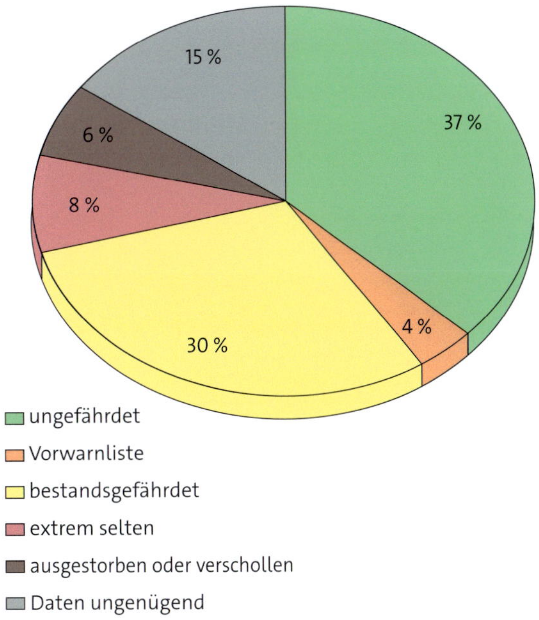

4 Gefährdete Arten in Deutschland

Glossar

Hier ist Platz, um dein Wissen zur Ökologie zu organisieren. Dafür kannst du z. B. eine Mind-Map mit wichtigen Fachbegriffen anlegen. Nutze dazu auch das ► Glossar.

Ökologie

Platz für weitere Notizen zum Thema Ökologie:

Ökologie

Lösungen

Abiotische Umweltfaktoren

1 Die Intensität der Lebensvorgänge einer Anolis-Echse lässt sich am Beispiel ihrer Laufgeschwindigkeit darstellen. Sie ist abhängig von der Umgebungstemperatur.

a Benennen Sie den Bereich 1 und die Punkte 2–4 mit den Fachbegriffen einer Toleranzkurve.

b Erklären Sie die Begriffe im Zusammenhang.

c Begründen Sie, wie sich die Temperaturtoleranzkurve eines gleichwarmen Tieres von der Toleranzkurve der wechselwarmen Anolis-Echse unterscheidet.

d Beschreiben Sie mithilfe der tiergeografischen Regeln den Einfluss der Umgebungstemperatur auf die Morphologie gleichwarmer Tierarten.

e Erläutern Sie am Beispiel von Zeigerarten den praktischen Nutzen von Toleranzkurven.

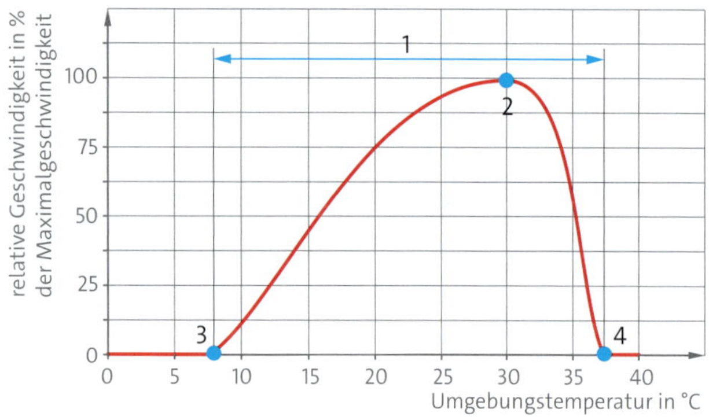

2 Die Lichtintensität beeinflusst Pflanzen.

a Vergleichen Sie Licht- und Schattenblätter.

b Erklären Sie die Begriffe Lichtsättigungspunkt und Lichtkompensationspunkt.

c Erläutern Sie anhand des Basiskonzepts Angepasstheit die Unterschiede von Lichtsättigungs- und Lichtkompensationspunkt bei Licht- und Schattenblättern.

d Nennen Sie weitere abiotische Umweltfaktoren, die die Lebensvorgänge von Pflanzen beeinflussen.

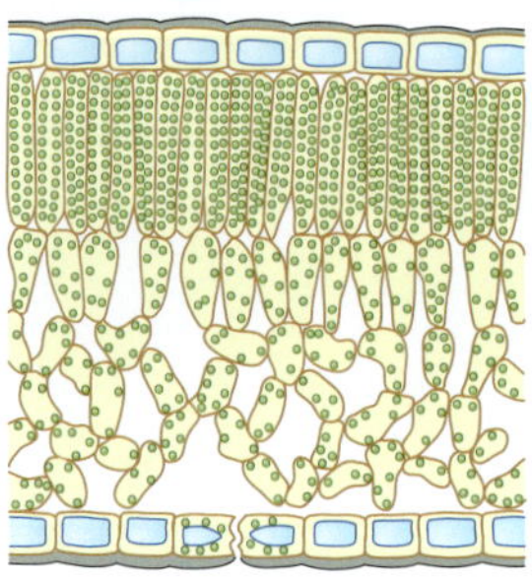

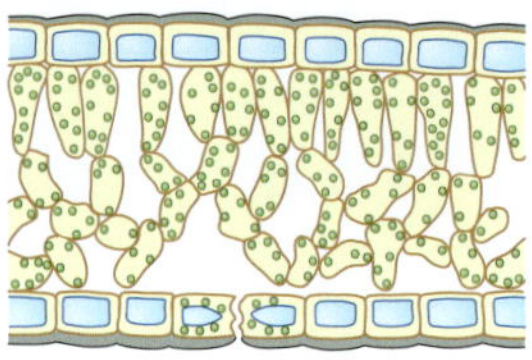

Biotische Umweltfaktoren

3 Lebewesen werden nicht nur von der leblosen Umwelt, sondern auch von anderen Lebewesen beeinflusst.

a Ordnen Sie den Abbildungen A, B und C die folgenden Beziehungen zwischen Lebewesen zu: Konkurrenz, Parasitismus, Räuber-Beute-Beziehung, Symbiose.

b Begründen Sie Ihre Zuordnung.

c Erklären Sie die Begriffe physiologische/ökologische Potenz, (realisierte) ökologische Nische, Fundamentalnische und Konkurrenzausschluss im Zusammenhang.

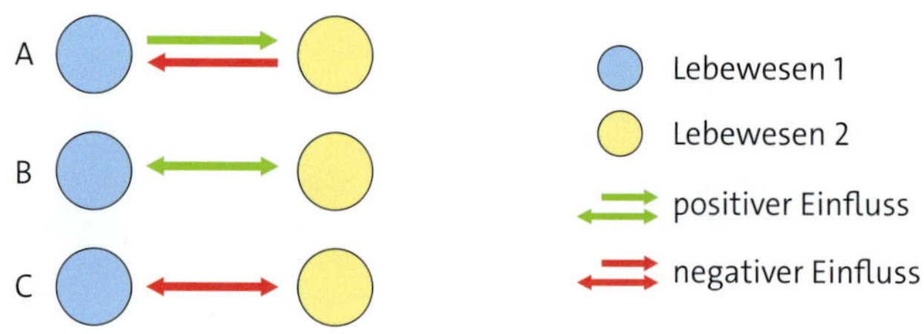

4 Eine Population ist eine Gruppe von Lebewesen, die in einem bestimmten Lebensraum eine Fortpflanzungsgemeinschaft bildet.

a Stellen Sie in einem Diagramm das Populationswachstum in einer Bakterienkultur dar.

b Beschreiben Sie die verschiedenen Phasen dieses Populationswachstums.

c Vergleichen Sie das Populationswachstum von r- und K-Strategen.

d Erläutern Sie die im Modell dargestellte Abhängigkeit zwischen den Populationsgrößen von Räubern und Beutetieren.

e Formulieren Sie die dritte Lotka-Volterra-Regel.

f Nennen Sie drei Beispiele, die die Gültigkeit der Lotka-Volterra-Regeln einschränken.

g Diskutieren Sie die Anwendbarkeit der Regeln auf die Beziehung zwischen Parasiten und ihren Wirten.

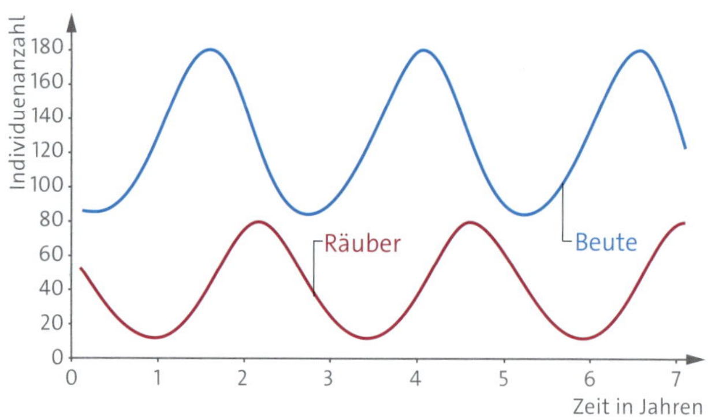

5 In einem Ökosystem können den Organismen eines Nahrungsnetzes Trophieebenen zugeordnet werden.

a Beschreiben Sie die Rolle von Produzenten, Konsumenten verschiedener Ordnungen und Destruenten in den Trophieebenen eines Ökosystems.

b Erklären Sie den Aufbau eines Nahrungsnetzes aus Produzenten und Konsumenten.

c Begründen Sie, weshalb Destruenten mit allen Organismen eines Nahrungsnetzes in Verbindung stehen.

d Erklären Sie die Form der Biomassepyramide.

e Erläutern Sie Energiefluss und Energieentwertung in einem Ökosystem unter Berücksichtigung des Basiskonzepts Stoff- und Energieumwandlung.

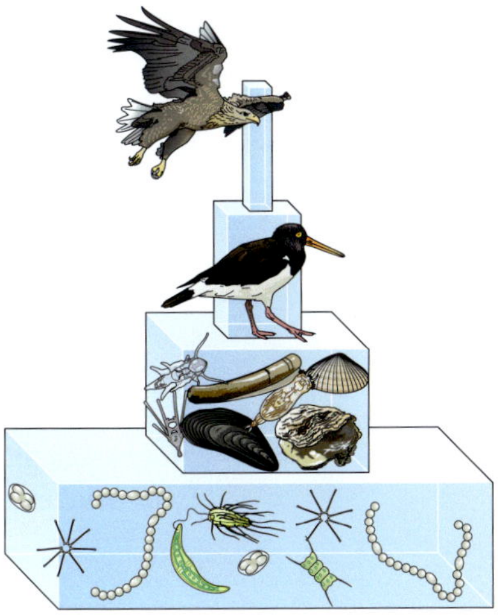

Ausgewählte Ökosysteme

6 Im Tiefenprofil eines Sees kann man unterschiedliche Messdaten ermitteln.

a Erklären Sie den Begriff Kompensationstiefe.

b Erklären Sie die Veränderung im Metalimnion des Sees und die sich daraus ergebenden Konsequenzen für die Zirkulationsvorgänge des Wassers im Sommer.

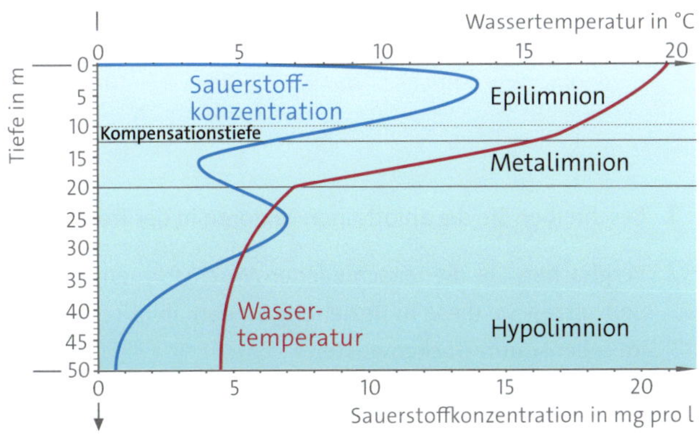

Menschlicher Einfluss

7 Pflanzen fixieren bei der Fotosynthese Kohlenstoff und stellen Kohlenhydrate her.

a Beschreiben Sie den Kohlenstoffkreislauf.

b Erklären Sie den Unterschied zwischen dem Kurzzeitkreislauf und dem Langzeitkreislauf.

c Nennen Sie drei Beispiele dafür, wo und wie der Mensch in den Kohlenstoffkreislauf eingreift.

8 Der Mensch beeinflusst auf vielfache Weise Ökosysteme auf der ganzen Welt.

a Beschreiben Sie, was man unter dem ökologischen Fußabdruck versteht.

b Nennen Sie je ein Beispiel für ökologisch, wirtschaftlich und sozial nachhaltiges Handeln.

c Erklären Sie die drei Ebenen der Biodiversität mithilfe des Basiskonzepts Variabilität.

d Diskutieren Sie folgenden Satz: „Der Ackerbau zerstört die Biodiversität, die er selbst benötigt."

e Vergleichen Sie die Entstehung und die Auswirkungen des natürlichen und des anthropogenen Treibhauseffekts.

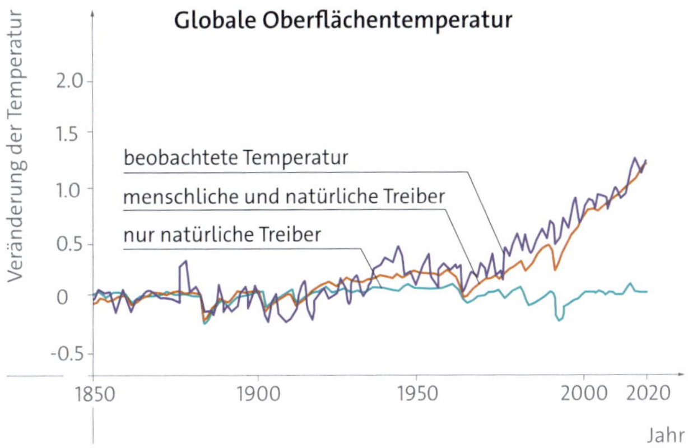

Training A Überlebenskünstler in der Wüste

Morphologische Angepasstheit

Wuchsformen

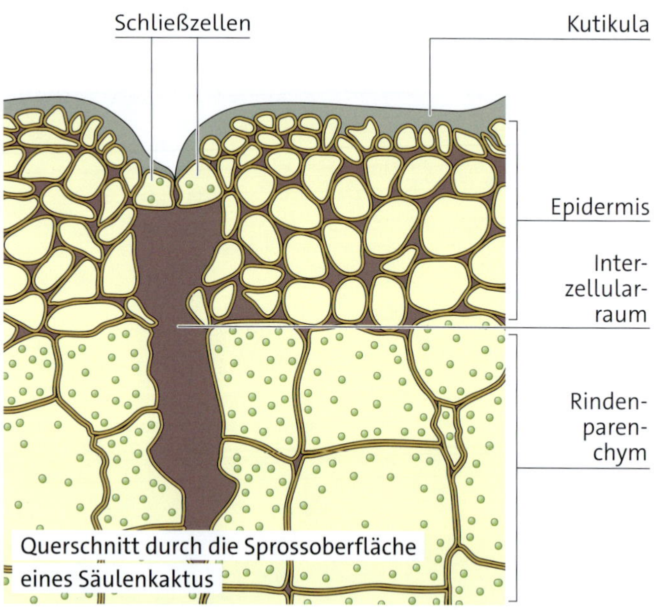

Querschnitt durch die Sprossoberfläche eines Säulenkaktus

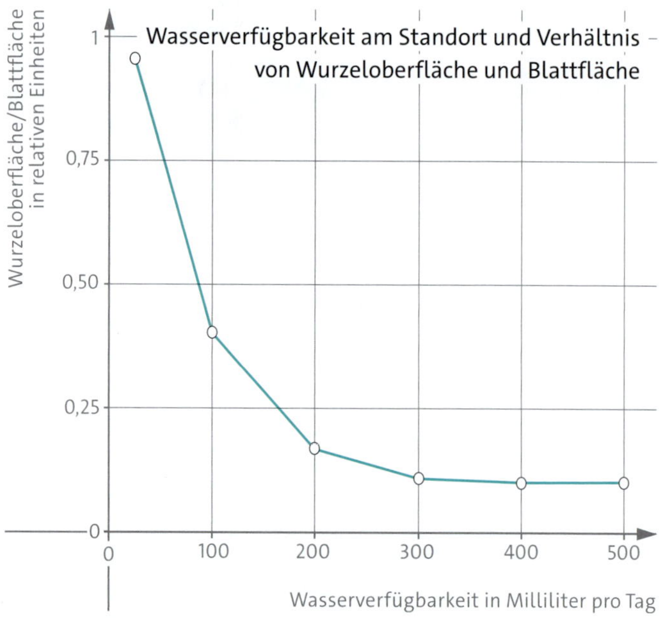

Trockenwüsten sind Lebensräume, die aufgrund ihres Klimas fast oder vollständig vegetationsfrei sind. Pflanzenarten, die hier gedeihen, weisen besondere Wuchsformen auf. So gibt es bei vielen Arten eine Stammsukkulenz. Auffällig ist auch eine verstärkte Wurzelbildung oder deren rübenartige Verdickung. Die Laubblätter sind meistens sehr klein, zu Dornen reduziert oder fehlen vollständig. Auch können weiße, tote Haare die Sprossachsen bedecken. Die Haare sind mit Luft gefüllt und reflektieren daher das Sonnenlicht vollständig. Je nach Standort können die genannten morphologischen Ausprägungen innerhalb einer Art variieren.

1 Beschreiben Sie die abiotischen Faktoren in der Trockenwüste.

2 Vergleichen Sie die verschiedenen Wuchsformen miteinander und setzen Sie diese in Beziehung zu den abiotischen Faktoren im Lebensraum Trockenwüste.

3 Erläutern Sie die Baumerkmale im Querschnitt durch die Oberfläche eines Säulenkaktus als Verdunstungsschutz.

4 Begründen Sie, weshalb tote Haare einen Spross weiß erscheinen lassen und vor übermäßiger Transpiration schützen.

5 Werten Sie das Diagramm aus.

Training B Beziehungen zwischen Akazien und Ameisen

A Ameisen und Akazien in Kenia

Auf Akazienbäumen in der Savanne Kenias leben vier verschiedene Ameisenarten. Viele Dornen der Akazien sind vergrößert und hohl und bieten damit Platz für Ameisennester. Darüber hinaus besitzen die Akazien zusätzlich Nektarien, in denen honigartiger Nektar gebildet wird. Dieser Blattnektar ist Nahrung der Ameisen. Zusätzlich ernähren sich die Ameisen von Insekten, Spinnen und Milben, von denen auch viele die Bäume schädigen.

Todd Palmer und seine Kollegen von der University of Florida in Gainsville fanden heraus, dass auch Giraffen eine Rolle in der Beziehung zwischen Akazien und Ameisen spielen: Die Wissenschaftler umzäunten ein Gebiet mit 1 700 Akazien, sodass Giraffen und andere Pflanzenfresser nicht mehr von den Bäumen fressen konnten. Sie beobachteten, dass die Bäume nun weniger Dornen und Nektarien ausbildeten. Daraufhin verließen die Ameisen die Akazien, was zu einem deutlich höheren Schädlingsbefall und einem verlangsamten Wachstum der Bäume führte. Zusätzlich besiedelten nun Borkenkäfer und andere Ameisenarten die Bäume, die ihre Nester in den Bohrgängen der Borkenkäfer anlegten.

1 Dornen

2 Nektarien

B Ameisen und Akazien in Mexiko

Bei Felduntersuchungen in Mexiko fanden der Biologe Martin Heil und seine Kollegen aus Jena und Würzburg heraus, dass Akazien auf ganz unterschiedliche Weise mit Ameisen kooperieren: Auf einigen Akazienarten leben dauerhaft sehr aggressive und wehrhafte Ameisen der Gattung *Pseudomyrmex*. Diese als Myrmecophyten bezeichneten Akazienarten produzieren ständig zuckerhaltigen Nektar, von dem sich die Ameisen ernähren. Die Ameisen vertilgen zudem die Schädlinge der Akazien wie Blatt fressende Raupen, Käfer und andere Insekten sowie Milben. Andere Akazienarten hingegen produzieren nur dann Nektar, wenn sie von Parasiten bedroht oder angefressen werden. Damit locken sie umherziehende Ameisen aus der Umgebung an, die die Feinde der Akazien vertreiben oder fressen. Die gleiche Forschergruppe stellte fest, dass die auf eine bestimmte Akazienart spezialisierten Ameisen nur den Nektar ihrer Wirtspflanze mögen, während die umherziehenden Ameisen nur den Nektar der jeweils anlockenden Akazienarten fressen.

Chemische Untersuchungen zeigten, dass der Nektar der ameisenbewohnten Akazienart neben den Zuckern Glucose, Fructose und Saccharose auch das Saccharose abbauende Enzym Saccharase enthält. Untersuchungen der Ameisen ergaben, dass den auf dieser Akazienart lebenden Ameisen dieses Verdauungsenzym fehlt.

1 Erläutern Sie die Beziehung zwischen den Ameisen und den Akazien in Kenia. Erklären Sie in diesem Zusammenhang auch die Funktion der Giraffen und anderer Pflanzenfresser.

2 Erklären Sie die unterschiedlichen „Strategien“ der mexikanischen Akazienarten unter dem Aspekt von Kosten und Nutzen.

3 Deuten Sie die Beziehung zwischen den Saccharase produzierenden Akazien und den Ameisen unter dem Aspekt „Koevolution“ und zeigen Sie Vorteile und Nachteile für beide Arten in dieser Beziehung auf.

Training C Veränderungen in Ökosystemen

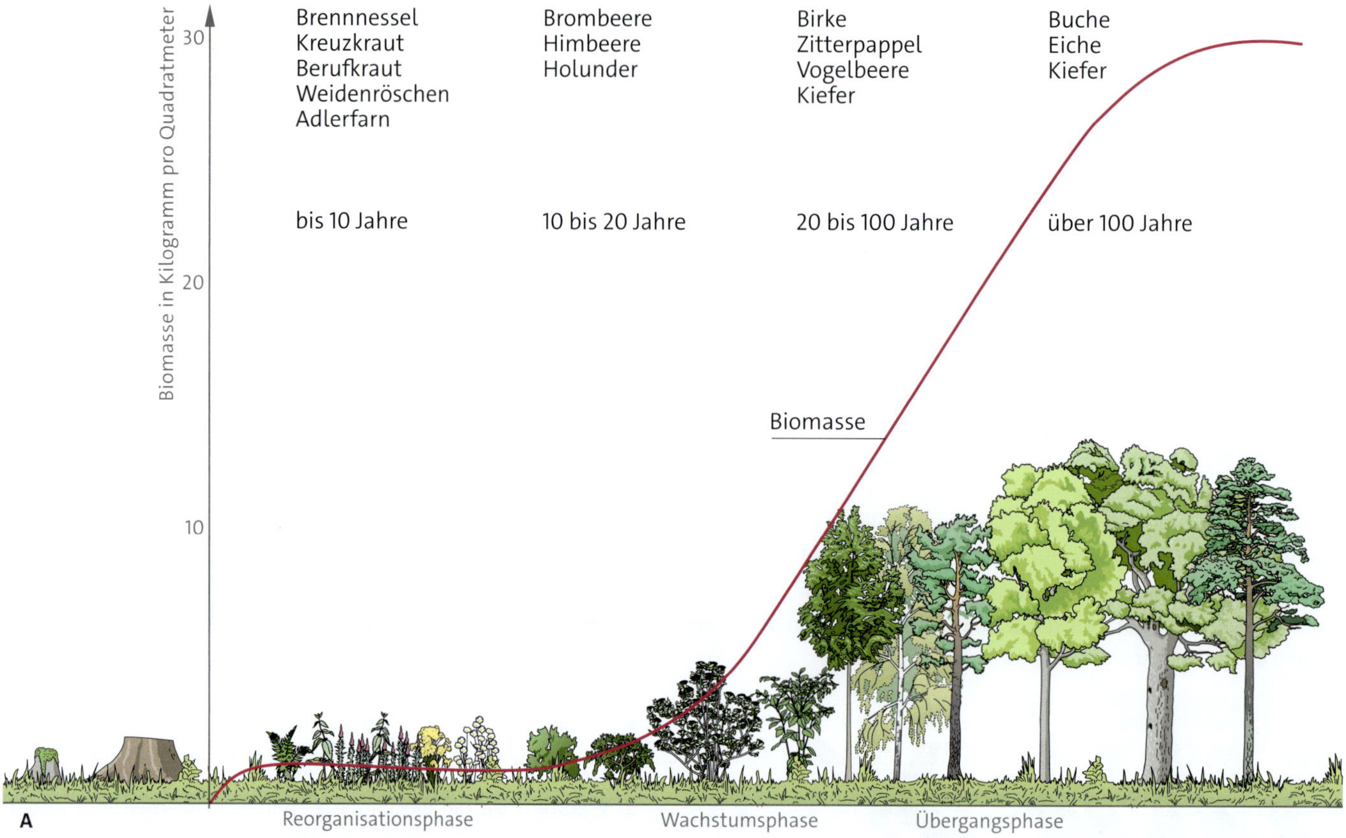

A

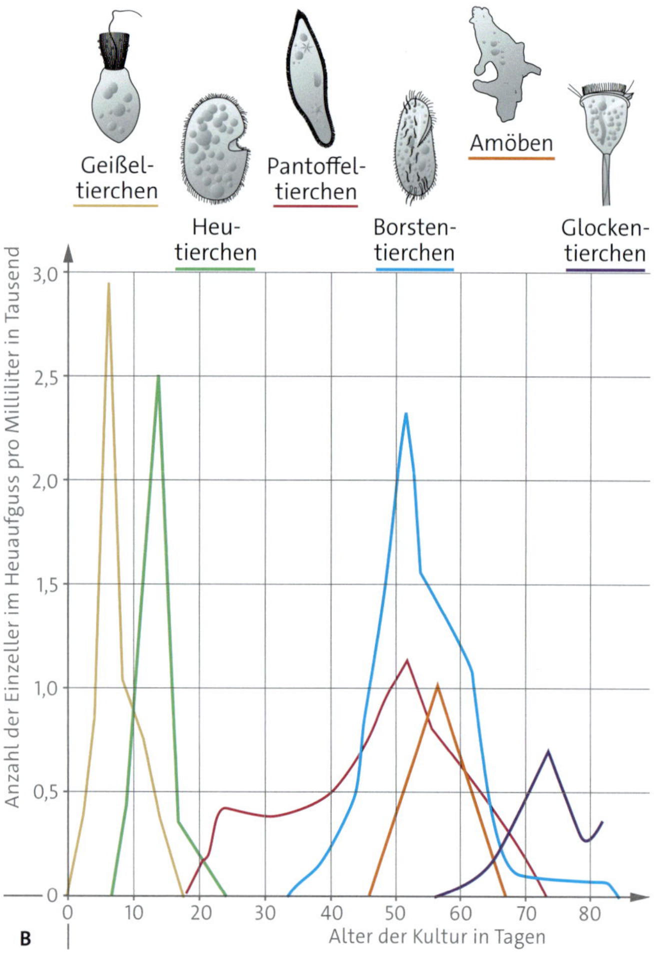

B

Die Abbildung A zeigt schematisch die Veränderung, die im Verlauf von mehr als 100 Jahren auf einem Areal mit Kahlschlag eintritt. Das Diagramm B zeigt das Vorkommen von Einzellern in einem Heuaufguss im Verlauf von 90 Tagen. Einen Heuaufguss stellt man her, indem man trockenes Heu in einem Glas mit Tümpelwasser übergießt und das Glas mit einer Glasplatte bedeckt. In der Flüssigkeit entwickeln sich sehr schnell verschiedene Mikroorganismen. In der Kahmhaut an der Oberfläche des Heuaufgusses findet man zuerst vor allem Bakterien. Diese werden von Einzellern gefressen, die sich anschließend stark vermehren.

1 Beschreiben und erläutern Sie die dargestellte Entwicklung nach einem Kahlschlag und benennen Sie den Vorgang.

2 Übertragen Sie die Biomassekurve in ein Koordinatensystem und zeichnen Sie eine daraus abgeleitete Kurve für die Nettoproduktion.

3 Erläutern Sie die im Diagramm B gezeigten Vorgänge im Heuaufguss und entwickeln Sie Hypothesen zu deren Erklärung.

4 Vergleichen Sie die Veränderung nach einem Kahlschlag mit den Veränderungen, die im Heuaufguss erfolgen.

Training D Ökologischer Fußabdruck und ökologische Tragfähigkeit der Erde

A Ökologischer Fußabdruck und ökologische Tragfähigkeit verschiedener Länder (2008)

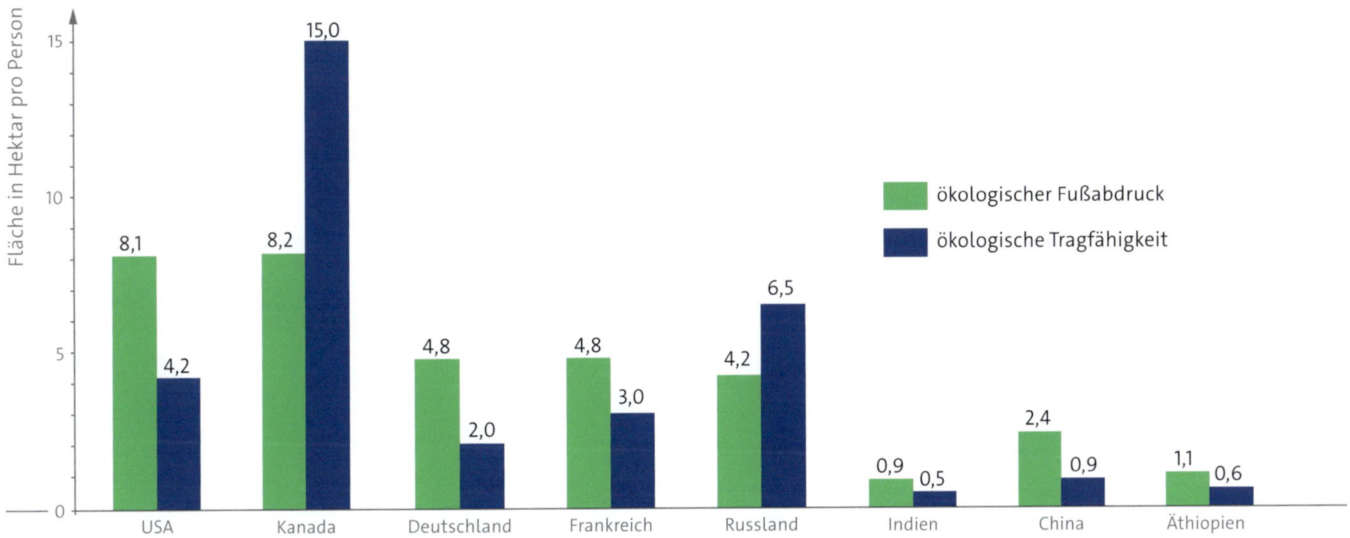

Die Differenz zwischen dem ökologischen Fußabdruck und der ökologischen Tragfähigkeit bezeichnet man als ökologisches Defizit beziehungsweise ökologische Reserve.

B UN-Umweltgipfel „Rio 1992“

Im Juni 1992 fand in Rio de Janeiro eine internationale Konferenz der Vereinten Nationen über Umwelt und Entwicklung mit Abgesandten fast aller Regierungen und Vertretern zahlreicher Nichtregierungsorganisationen statt. Es wurden mehrere multilaterale Umweltabkommen vereinbart, darunter die Klimarahmenkonvention. Sie legt völkerrechtlich verbindlich das Ziel fest, einen gefährlichen und menschlich verursachten Eingriff in das Klimasystem der Erde zu verhindern und Klimaschutzmaßnahmen zu treffen, selbst wenn noch keine endgültig gesicherten wissenschaftlichen Daten über den Klimawandel vorliegen. Um dieses Ziel zu erreichen, sollten gegebenenfalls ergänzende Protokolle und verbindliche Abkommen beschlossen werden. Die Klimarahmenkonvention wurde von den meisten Staaten unterschrieben und trat am 21. März 1994 in Kraft.

Außerdem sollte auch auf regionaler und lokaler Ebene mehr Wert auf Nachhaltigkeit gelegt werden. Dazu zählte ab sofort auch der Klimaschutz. Hierzu müssen die Vertragsstaaten regelmäßig über die aktuellen Treibhausgasemissionen und deren Tendenzen berichten.

1 Erläutern Sie das Konzept des ökologischen Fußabdrucks unter Berücksichtigung der ökologischen Tragfähigkeit der Erde.

2 Werten Sie das Diagramm in Material A aus.

3 Bewerten Sie den Vergleich des ökologischen Fußabdrucks in Relation zur ökologischen Tragfähigkeit verschiedener Länder vor dem Hintergrund der Zielvereinbarungen der Vereinten Nationen (UN) in Material B.

Folgende Aufgaben habe ich bereits gelöst:

Abiotische Umweltfaktoren
1 ○ 2 ○

Biotische Umweltfaktoren
3 ○ 4 ○ 5 ○

Ausgewählte Ökosysteme
6 ○

Menschlicher Einfluss
7 ○ 8 ○

Training
A ○ B ○ C ○ D ○

Abiturklausuren

Grundkurs

- Abiturklausur 1
- Abiturklausur 2
- Abiturklausur 3
- Abiturklausur 4
- Abiturklausur 5
- Abiturklausur 6

Leistungskurs

- Abiturklausur 1
- Abiturklausur 2
- Abiturklausur 3
- Abiturklausur 4
- Abiturklausur 5
- Abiturklausur 6

Lösungen

Abiturklausur 1

Grundkurs

Thema: Die Vogel-Vampirfliege auf den Galapagos-Inseln

Aufgabenstellung:

1 Stellen Sie die Nahrungsbeziehungen der in Material A beschriebenen Lebewesen in den Ursprungsregionen in Südamerika in einem Nahrungsnetz dar und ermitteln Sie die zugehörigen Trophieebenen (▶ Material A). Begründen Sie die starke Ausbreitung der Vogel-Vampirfliege auf den Galapagos-Inseln (▶ Material A).

(19 Punkte)

2 Stellen Sie die neurobiologischen Prozesse im Verlauf eines Aktionspotentials in Form eines Fließschemas dar und fassen Sie die in Abbildung 1B dargestellten Ergebnisse zusammen (▶ Material B). Erläutern Sie die neurophysiologische Wirkung von Permethrin und leiten Sie daraus die Folgen für das Insekt ab (▶ Material B).

(21 Punkte)

3 Fassen Sie die in Material C dargestellten Daten zusammen. Diskutieren Sie den Einsatz von Permethrin-behandelter Watte zum Schutz von Darwinfinken vor der Vogel-Vampirfliege (▶ Materialien A bis C).

(14 Punkte)

Zugelassene Hilfsmittel:

- GTR (Grafikfähiger Taschenrechner) oder CAS (Computer-Algebra-System)
- Wörterbuch zur deutschen Rechtschreibung

Material A: Biologie der Vogel-Vampirfliege

Die Vogel-Vampirfliege (*Philornis downsi*) ist eine Fliegenart, die in großen Teilen Südamerikas vorkommt. 1960 wurde die Vogel-Vampirfliege erstmals auf den Galapagos-Inseln nachgewiesen, wohin sie vermutlich per Schiff oder Flugzeug eingeschleppt wurde. Galapagos besteht aus 13 Hauptinseln. Die Inseln sind bis zu 1700 m hoch und weisen unterschiedliche Lebensräume auf, von heißen, trockenen Lavafeldern bis hin zum feuchten, kühlen Hochland. Die Vogel-Vampirfliege hat sich rasch auf fast allen Hauptinseln verbreitet.

Ausgewachsene Vogel-Vampirfliegen ernähren sich von frischen und faulenden Früchten und Blüten verschiedenster Pflanzenarten. Sie legen ihre Eier in Vogelnester. Die Vogel-Vampirfliegen-Larven saugen Blut von den Vogelküken, die daraufhin unter Blutarmut und geringem Wachstum leiden und meist sterben. Ein Fliegenweibchen legt bis zu 180 Eier, die es auf 20 bis 30 Nester verschiedener Vogelarten verteilt. In einer Vogel-Brutzeit entstehen mindestens drei Fliegengenerationen.

Tabelle 1 **Vergleich ausgewählter Faktoren der Lebensbedingungen der Vogel-Vampirfliege in ihren Ursprungsregionen in Südamerika und auf den Galapagos-Inseln** (Tabelle zusammengefasst nach [1])

	Ursprungsregionen in Südamerika	Galapagos-Inseln
von der Vogel-Vampirfliege befallene Vogelarten	zahlreiche kleine Sperlingsvögel einschließlich Finken, Kuckucksvögel und Spechtvögel	zahlreiche kleine Sperlingsvögel einschließlich fast aller Darwinfinken-Arten und Kuckucksvögel
Anteil von der Vogel-Vampirfliege befallener Nester	weniger als 30 %	mehr als 90 %
durchschnittliche Anzahl Larven je Nest	weniger als 10	mehr als 30
Anteil von Vogel-Vampirfliegen-Larven, die durch parasitische Schlupfwespen getötet werden	10 bis 20 %	maximal 5 %
Fressfeinde der Vogel-Vampirfliegen-Larven	Ameisen	keine

1 Fessl et al., 2018; O'Connor & Kleindorfer, 2019

Material B: Wirkung von Permethrin auf Nervenzellen

Der Befall mit Vogel-Vampirfliegen hat zu einem starken Rückgang der Anzahl vieler Darwinfinken geführt. Zur Bekämpfung der Vogel-Vampirfliegen auf den Galapagos-Inseln wird das Insektizid Permethrin eingesetzt. Insekten nehmen Permethrin über die Körperoberfläche auf. Bei ausreichend hoher Dosierung sterben die behandelten Insekten, bei zu niedriger Dosierung können sie sich wieder erholen. Permethrin bindet an spannungsgesteuerte Natriumionen-Kanäle in den Axonen. In Experimenten wurden die neurophysiologischen Auswirkungen von Permethrin untersucht. Dazu wurden Nervenzellen von Insekten mit Permethrin behandelt und kurz gereizt; es wurde das Membranpotential gemessen (▶ **Tabelle 1**).

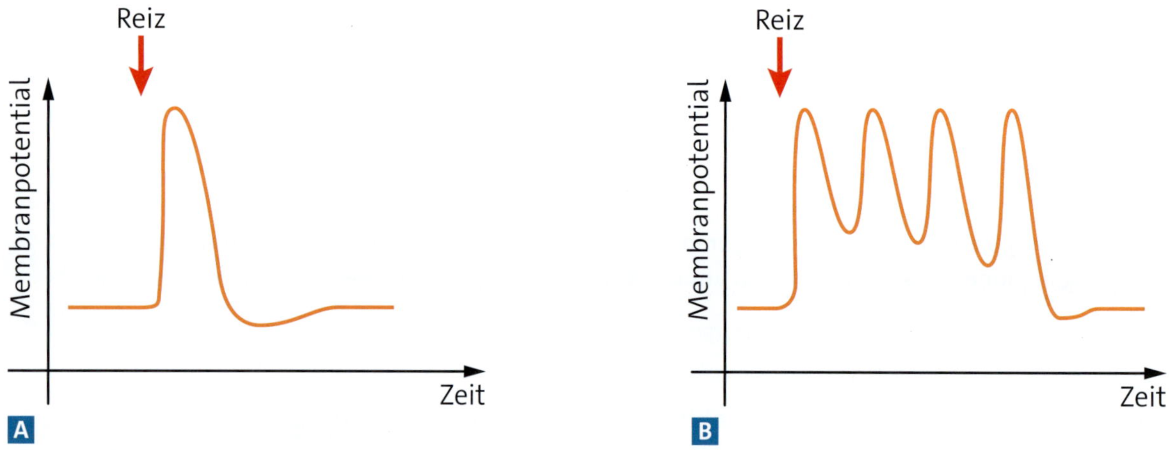

Abbildung 1 Wirkung von Permethrin auf das Membranpotential von Nervenzellen.
A ohne Permethrin-Zugabe, **B** nach Permethrin-Zugabe

Material C: Permethrin zum Schutz von Darwinfinken

Auf den Galapagos-Inseln ist die Anzahl vieler Darwinfinken durch den Befall mit Vogel-Vampirfliegen stark zurückgegangen, da jährlich bis zu 95 % der Küken im Freiland sterben. Um die Vogelbestände zu schützen, wurde in Freilandexperimenten eine Bekämpfungsmaßnahme mit dem Insektizid Permethrin genauer untersucht.

Dabei wurden in einem ersten Experiment Spender mit Baumwollfasern aufgestellt, welche von den Darwinfinken für den Nestbau genutzt werden. Die Versuchs-Spender enthielten Baumwollfasern, die mit 1 %iger Permethrin-Lösung behandelt worden waren. Die Baumwollfasern in den Kontroll-Spendern waren mit Wasser behandelt. Nach Beendigung der Brut wurden in den Nestern die Masse der zum Nestbau verwendeten Baumwolle sowie die Anzahl an Vogel-Vampirfliegen-Larven bestimmt (▶ **Abbildung 2**).

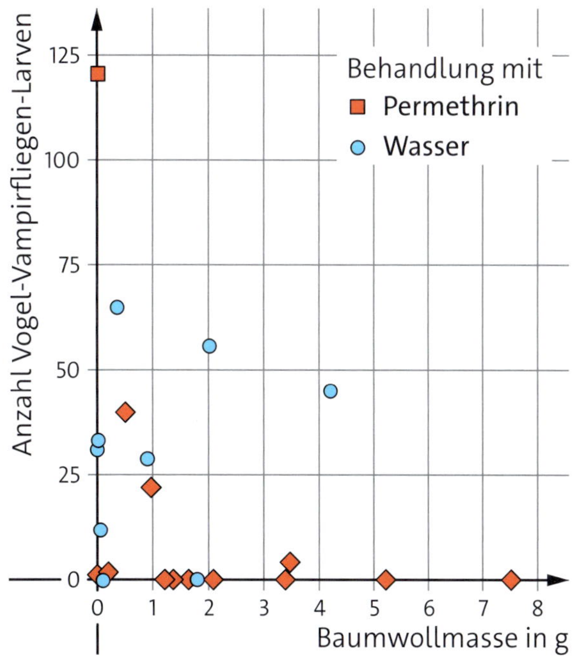

Abbildung 2 Anzahl von Vogel-Vampirfliegen-Larven bei verschiedenen Baumwollmassen im Nest (Abbildung verändert nach [2])

In einem zweiten Freilandexperiment wurden Nester mit 1 %iger Permethrin-Lösung oder mit Wasser eingesprüht. Anschließend wurde die Anzahl der in diesen Nestern flügge gewordenen Jungvögel bestimmt (▶ **Abbildung 3**).

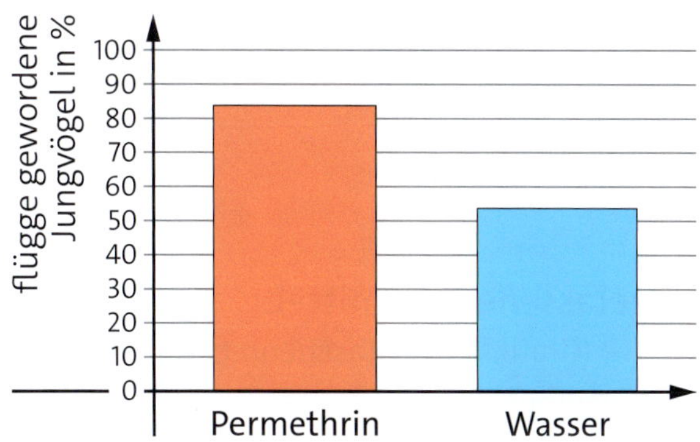

Abbildung 3 Anteil der flügge gewordenen Jungvögel an der gesamten Anzahl geschlüpfter Küken in Nestern mit und ohne Permethrin-Behandlung (Abbildung verändert nach [3])

Außerdem sollte untersucht werden, ob eine Permethrin-Behandlung langfristige Folgen für die Darwinfinken hat. Dazu wurden Laborexperimente mit den nah verwandten Zebrafinken (*Taeniopygia guttata*) durchgeführt, die leichter zu halten und zu vermehren sind als Darwinfinken. Für die Experimente wurden Zebrafinken über zwei Generationen gezüchtet. Bei beiden Generationen wurde jeweils entweder mit 1 % Permethrin behandeltes Nistmaterial oder mit Wasser behandeltes Nistmaterial verwendet. Für beide Generationen wurden die Eier und die Küken untersucht und der Bruterfolg ermittelt. Bei der ersten Generation wurden keine signifikanten Unterschiede zwischen der Kontrollgruppe und der Gruppe der mit Permethrin behandelten Nester festgestellt. In der zweiten Generation gab es keine signifikanten Unterschiede bei der Anzahl der Eier und der Anzahl der geschlüpften Küken, aber bei der Küken-Sterblichkeit. Während in den Kontrollnestern alle Jungvögel überlebten, waren es in den mit Permethrin behandelten Nestern 64 %.

2 Knutie et al., 2014, Abb. 1E, S. R356
3 Knutie et al., 2014, Abb. 1F, S. R356

Lösungen

Abiturklausur 2

Grundkurs

Thema: Ökologie und Evolution Eurasischer Spitzmäuse

Aufgabenstellung:

1 Fassen Sie die Angaben zu den Beutespektren der drei genannten Spitzmausarten zusammen (▶ Material A). Werten Sie Material A im Hinblick auf die ökologischen Beziehungen aus und begründen Sie die Koexistenz der drei Spitzmausarten (▶ Material A).

(14 Punkte)

2 Fassen Sie die in Abbildung 1A dargestellten Ergebnisse zusammen und deuten Sie das Verhalten der Spitzmausarten (▶ Materialien A und B). Stellen Sie unter Berücksichtigung der Daten aus Abbildung 1B eine begründete Hypothese über die Bedeutung des Giftes für die Eurasische Wasserspitzmaus auf (▶ Materialien A und B).

(20 Punkte)

3 Analysieren Sie den in Abbildung 2 gezeigten Stammbaum im Hinblick auf das Auftreten von Giften bei den dargestellten Gattungen (▶ Materialien B und C). Entwickeln Sie auf der Basis aller Materialien eine Hypothese zur evolutiven Entstehung von Eurasischer Wasserspitzmaus und Sumpfspitzmaus (▶ Materialien A bis C).

(20 Punkte)

Zugelassene Hilfsmittel:

- GTR (Grafikfähiger Taschenrechner) oder CAS (Computer-Algebra-System)
- Wörterbuch zur deutschen Rechtschreibung

Material A: Ökologie Eurasischer Spitzmausarten

Die Eurasische Wasserspitzmaus (*Neomys fodiens*) zählt wie die Sumpfspitzmaus (*Neomys anomalus*) und die Waldspitzmaus (*Sorex araneus*) zur Familie der Spitzmäuse. Alle drei Arten kommen in Europa und Teilen Asiens gemeinsam vor.

Die Eurasische Wasserspitzmaus ist die größte der drei Arten. Sie besitzt Schwimmborsten an den Hinterfüßen und am Schwanz. Sie kann gut schwimmen und tauchen. Das nachtaktive Tier bewohnt nicht zu dicht bewachsene Uferbereiche von meist schnell fließenden Gewässern. Auch Sümpfe, nasse Wälder und Wiesen werden besiedelt. Die nachtaktive Sumpfspitzmaus kann ebenfalls schwimmen und tauchen. Ihre Schwimmborsten sind kleiner als die der Eurasischen Wasserspitzmaus oder fehlen ganz. Sie lebt bevorzugt an Ufern langsam fließender Gewässer und in Feuchtgebieten mit dichtem Kraut- und Strauchbewuchs. Die tag- und nachtaktive Waldspitzmaus besiedelt insbesondere feuchte Wälder und Feuchtwiesen, aber auch andere Landlebensräume.

Neben den in Tabelle 1 gezeigten Wirbellosen zählen auch kleinere Wirbeltiere wie Frösche und Fische zur Beute der Eurasischen Wasserspitzmaus. Die Waldspitzmaus frisst selten kleinere Wirbeltiere wie Frösche oder junge Mäuse.

Tabelle 1 **Beutespektrum von Eurasischer Wasserspitzmaus, Sumpfspitzmaus und Waldspitzmaus.** Es wurden Fäkalien von gefangenen Spitzmäusen untersucht. Die gezeigten Werte geben an, bei wie viel Prozent der Spitzmäuse die jeweiligen Beutetiere gefunden wurden. (Tabelle zusammengefasst nach [1])

	Eurasische Wasserspitzmaus	Sumpfspitzmaus	Waldspitzmaus
landlebende Beute			
Laufkäfer	22,6 %	30,8 %	6,3 %
andere Käfer	32,3 %	38,5 %	56,3 %
Käferlarven	6,5 %	23,1 %	31,3 %
Ameisen	12,9 %	0,0 %	25,0 %
Tausendfüßer	61,3 %	38,5 %	3,1 %
Spinnen	74,2 %	76,9 %	63,3 %
Regenwürmer	45,2 %	100,0 %	90,6 %
wasserlebende Beute			
Köcherfliegenlarven	12,9 %	15,4 %	
Waffenfliegenlarven	6,5 %	15,4 %	
Wasserasseln	51,6 %	23,1 %	

1 Churchfield & Rychlik, 2006, Tab. 1, S. 384

Material B: Umgang von Spitzmausarten mit Beutetieren

Spitzmäuse nehmen täglich eine große Menge an Nahrung zu sich, ihr Energiebedarf ist sehr hoch. Da sie auch über den Winter aktiv sind, benötigen sie ganzjährig Nahrung. Sie erbeuten häufig mehr Beutetiere als sie direkt verzehren. Ein Teil der Beute wird für längere Zeit im Bau gehortet. Dafür werden einige Beutetiere durch Bisse immobilisiert. Dies kann mechanisch erfolgen, indem Nerven durchtrennt werden, welche die Muskeln innervieren. Möglich ist zudem eine Immobilisierung mithilfe von Giften.

Die Eurasische Wasserspitzmaus und die Sumpfspitzmaus produzieren ein Gift in Drüsen unter der Zunge. Das Gift kann bei einem Biss mit dem Speichel übertragen werden. Es hat eine muskellähmende Wirkung. Die Waldspitzmaus ist dagegen ungiftig.

In einem Laborexperiment wurde der Umgang mit der Beute von Eurasischer Wasserspitzmaus und der kleineren Waldspitzmaus im Zusammenhang mit der Beutegröße und Beutemasse untersucht. Dazu wurden den Spitzmäusen unterschiedliche Beutetiere angeboten. Als kleine, leichte Beute dienten Mehlkäfer-Larven, als mittelgroße Beute wurden Regenwürmer angeboten und als große, schwere Beute dienten Frösche. Es wurde ermittelt, welcher Anteil der jeweiligen Beutetiere sofort an Ort und Stelle oder nach und nach gefressen wurde. Zudem wurde erfasst, welcher Anteil der Beute im Bau gehortet oder ignoriert wurde (▶ **Abbildung 1A**). Abbildung 1B zeigt die jeweils zur Überwältigung der Beute benötigte Zeit.

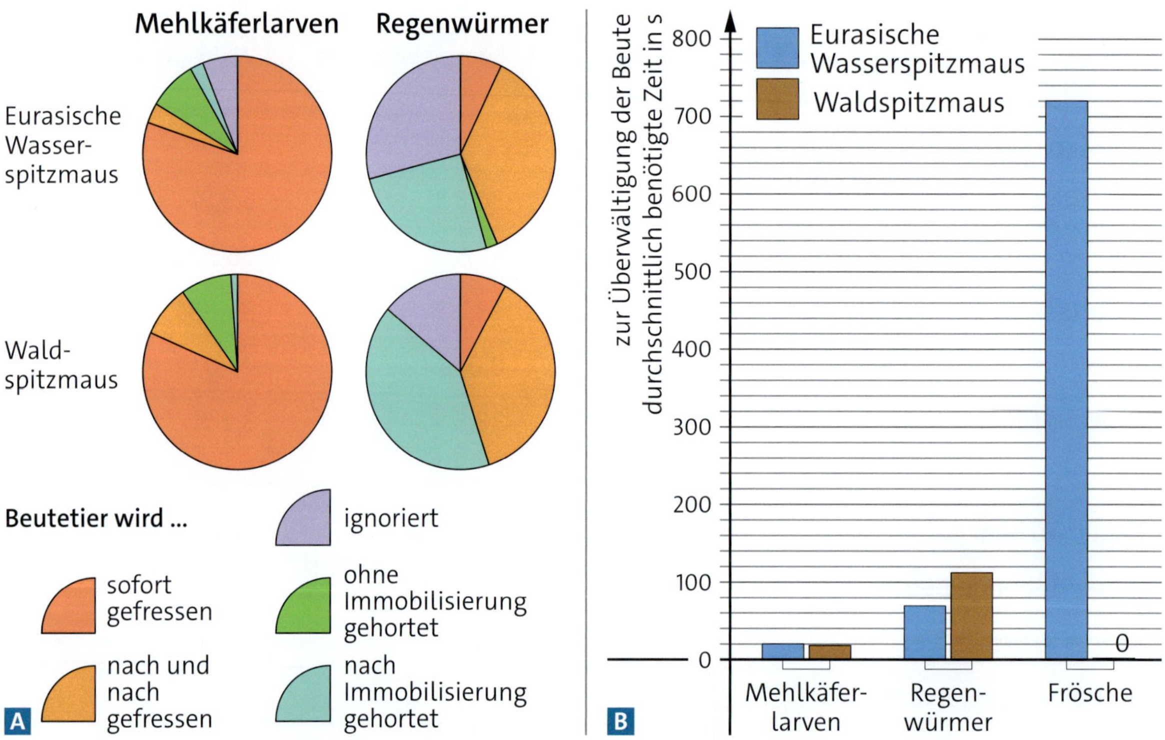

Abbildung 1 Umgang von Eurasischer Wasserspitzmaus und Waldspitzmaus mit Beutetieren.
A Fress- und Hortungsverhalten; **B** zur Überwältigung unterschiedlicher Beute benötigte Zeit; die Waldspitzmaus hat in diesen Experimenten keine Frösche überwältigt. (Abbildung 1A verändert nach [2], Abbildung 1B verändert nach [3])

2 Kowalski & Rychlik, 2018, Abb. 1, S. 355
3 Kowalski & Rychlik, 2018, Abb. 4, S. 357

Material C: Verwandtschaftsverhältnisse und Giftigkeit

Die Verwandtschaftsverhältnisse ausgewählter Spitzmausgattungen wurden auf der Grundlage molekularer Daten ermittelt und in Bezug zum Auftreten des Merkmals Giftigkeit in einem phylogenetischen Stammbaum dargestellt (▶ **Abbildung 2**). Die Eurasische Wasserspitzmaus und die Sumpfspitzmaus gehören zur Gattung *Neomys* (Wasserspitzmäuse).

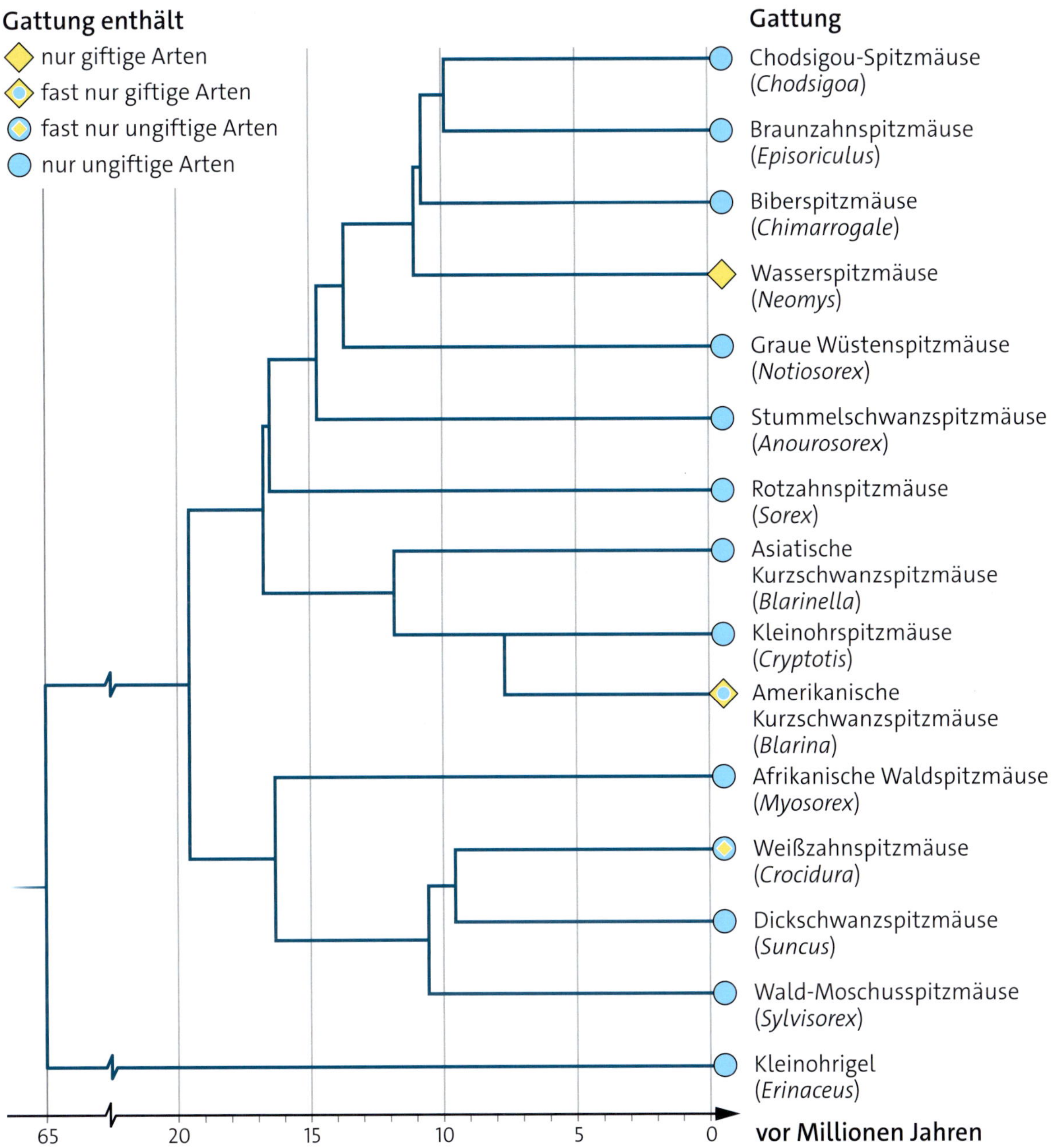

Abbildung 2 **Phylogenetischer Stammbaum ausgewählter Gattungen der Spitzmäuse.** Die Kleinohrigel (*Erinaceus*) gehören nicht zu den Spitzmäusen und bilden die Außengruppe. (Abbildung verändert nach [4])

4 Casewell et al., 2019, Abb. 4C, S. 25751

Lösungen

Abiturklausur 3

Grundkurs

Thema: Ivermectin-Überempfindlichkeit bei Hunden

Aufgabenstellung:

1 Beschreiben Sie die Abläufe an einer hemmenden chemischen Synapse und erklären Sie auf molekularer Ebene die Wirkung von Ivermectin bei Wirbellosen (▶ Material A).

(12 Punkte)

2 Vergleichen Sie die Verteilung von Ivermectin in den verschiedenen Geweben der Mäuse (Tabelle 1) und leiten Sie die Funktion des MDR1-Proteins bei Säugetieren ab (▶ Materialien A und B). Ermitteln Sie die Aminosäuresequenz der in Tabelle 2 dargestellten DNA-Sequenzen sowie den Mutationstyp (▶ Materialien C und E). Erläutern Sie die Auswirkungen für das MDR1-Protein und die betroffenen Hunde (▶ Materialien A bis C).

(24 Punkte)

3 Stellen Sie die wesentlichen Schritte der Polymerase-Kettenreaktion (PCR) dar und erklären Sie die Funktion der Primer im dargestellten Diagnoseverfahren (▶ Abbildung 1, ▶ Materialien C und D). Werten Sie Abbildung 2 im Hinblick auf die Genotypen der untersuchten Hunde aus (▶ Material D). Erläutern Sie mögliche Konsequenzen für die Hundezucht (▶ Materialien A bis D).

(18 Punkte)

Zugelassene Hilfsmittel:

- GTR (Grafikfähiger Taschenrechner) oder CAS (Computer-Algebra-System)
- Wörterbuch zur deutschen Rechtschreibung

Material A: Ivermectin

Hunde können von Parasiten wie Läusen, Milben oder Zecken befallen werden. Zur Bekämpfung dieser Parasiten wird zum Beispiel Ivermectin eingesetzt. Ivermectin ist ein Neurotoxin, das insbesondere auf Wirbellose tödlich wirkt. Es bindet an Glutamat-gesteuerte Chloridionen-Kanäle in der postsynaptischen Membran und öffnet sie dauerhaft. Glutamat-gesteuerte Chloridionen-Kanäle kommen nur bei Wirbellosen vor.

Auf Wirbeltiere wirkt Ivermectin weniger toxisch und wird daher auch bei Hunden zur Bekämpfung parasitären Befalls angewendet. Es ist ein fettlöslicher Wirkstoff, der durch die Zellmembran diffundiert. Er reichert sich in Leber und Fettgewebe der behandelten Tiere an und wird von dort langsam freigesetzt. Der Wirkstoff zirkuliert dann in geringer Menge im Blut der behandelten Tiere und wird von den Parasiten aufgenommen.

Material B: Überempfindlichkeit gegen Ivermectin

Ivermectin kann bei höheren Konzentrationen auch an GABA-gesteuerte Chloridionen-Kanäle bei Wirbeltieren binden und diese aktivieren. Insbesondere im Zentralnervensystem von Wirbeltieren kann dies zu neurotoxischen Effekten führen.

Bei Collies und anderen Hunderassen wurden nach einer Behandlung mit Ivermectin häufig Symptome wie Bewegungsstörungen, Krämpfe und Benommenheit bis hin zu Komazuständen beobachtet. Da nicht alle Hunde einer Rasse gleichermaßen davon betroffen sind, wurden die individuellen Ursachen für diese Überempfindlichkeit analysiert.

Die Ursache dieser Überempfindlichkeit konnte auf eine Veränderung im *MDR1*-Gen zurückgeführt werden. Um Erkenntnisse über die Funktion von MDR1 bei Säugetieren zu gewinnen, wurden Experimente mit Mäusen durchgeführt. Es handelte sich um Wildtyp-Mäuse und gentechnisch veränderte Mäuse, deren *MDR1*-Gen ausgeschaltet worden war. Bei beiden Gruppen wurden nach Behandlung mit Ivermectin die Wirkstoff-Konzentrationen in verschiedenen Geweben bestimmt (▶ **Tabelle 1**).

Tabelle 1 Ivermectin-Konzentration bei Wildtyp-Mäusen und gentechnisch veränderten Mäusen
(Tabelle zusammengefasst nach [1])

	Ivermectin-Konzentration [ng/g] im Gewebe von	
Gewebe	Wildtyp-Mäusen	gentechnisch veränderten Mäusen
Muskeln	9,6	48
Leber	130,0	497
Gehirn	1,5	131
Fettgewebe	188,0	486

Das *MDR1*-Gen codiert bei Säugetieren das Transportprotein MDR1. Es transportiert unter ATP-Verbrauch körperfremde Stoffe aus den Zellen zurück ins Blut, sodass sie abtransportiert werden können. MDR1 kommt auch in den Zellen der Blutgefäßwände der Blut-Hirn-Schranke vor. Die Blut-Hirn-Schranke lässt selektiv nur bestimmte Stoffe aus dem Blut in das Gehirn und grenzt so das Zentralnervensystem gegen das Blut ab.

1 Schinkel et al., 1994, Tab. 1, S. 496

Material C: MDR1-Mutation bei Collies

Genetische Analysen des *MDR1*-Gens bei Collies, die gegenüber Ivermectin überempfindlich sind, zeigten die in Tabelle 2 dargestellten Ergebnisse. Das gesamte MDR1-Protein hat eine Länge von 1281 Aminosäuren.

Tabelle 2 **Ausschnitt aus dem nicht-codogenen Strang des *MDR1*-Gens.** Nummerierung der Tripletts bezieht sich auf das Wildtyp-Allel. (Tabelle nach [2])

	Triplett-Nummer									
	5'→	73	74	75	76	77	78	79	80	81	→3'
Wildtyp-Allel		GGA	AAC	ATG	ACA	GAT	AGC	TTT	GCA	AAT	
mutiertes Allel		GGA	AAC	ATG	ACA	GCT	TTG	CAA	ATG	...	

2 Mealey et al., 2001, Abb. 2, S. 731; Nucleotide [Internet]. National Library of Medicine (US), National Center for Biotechnology Information, 2021

Material D: Nachweis der MDR1-Allele

Die Ivermectin-Überempfindlichkeit wird autosomal-rezessiv vererbt. Mithilfe der Polymerase-Kettenreaktion (PCR) wurden DNA-Proben verschiedener Hunde untersucht. Die jeweiligen Primer-Paare sowie die erwartete Größe der vervielfältigten Fragmente sind in Abbildung 1 dargestellt. Die Ergebnisse einer Gelelektrophorese der PCR-Produkte zeigt Abbildung 2.

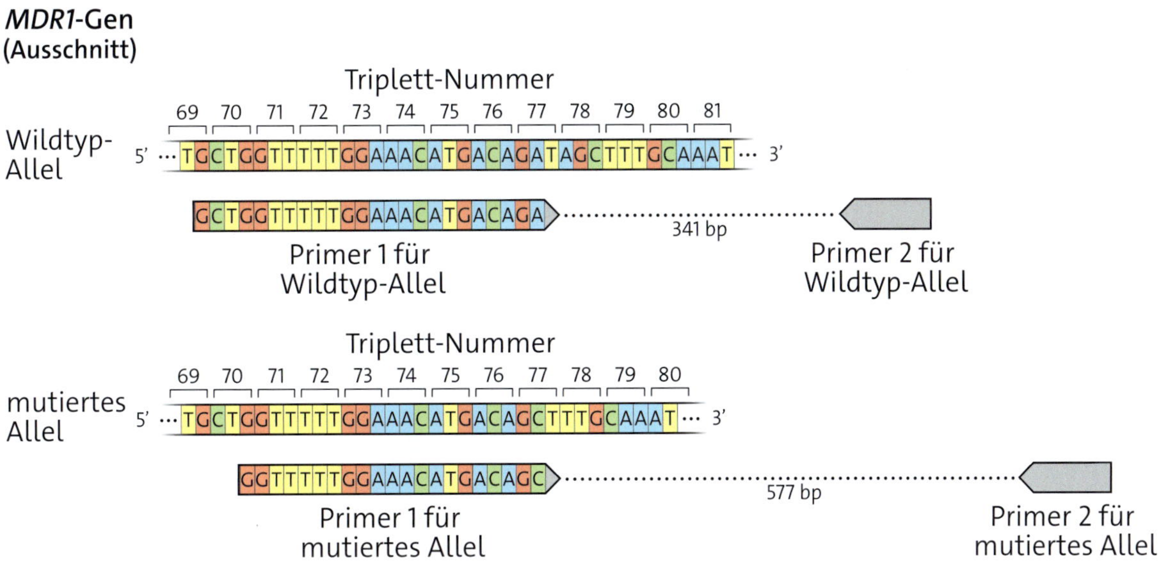

Abbildung 1 Schematische Darstellung der Lage der PCR-Primer und der Größe des jeweils vervielfältigten DNA-Fragments. Aus Gründen der Übersichtlichkeit ist der codogene DNA-Strang hier nicht dargestellt. (Abbildung verändert nach [3])

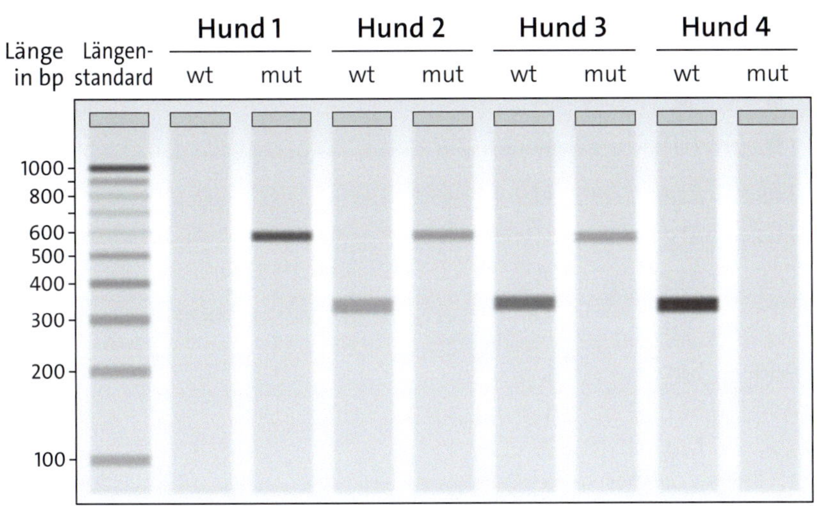

Abbildung 2 Ergebnis der Gelelektrophorese von PCR-Produkten verschiedener Hunde mit Primer-Paaren zum Nachweis des Wildtyp-Allels (wt) und des mutierten Allels (mut) (Abbildung verändert nach [4])

3 Asawakarn et al., 2012, Tab. 1, S. 39; Mealey et al., 2001, Abb. 2, S. 731; Nucleotide [Internet]. National Library of Medicine (US), National Center for Biotechnology Information, 2021

4 Asawakarn et al., 2012, Abb. 2, S. 40

Material E: Codesonne und Tabelle zum genetischen Code

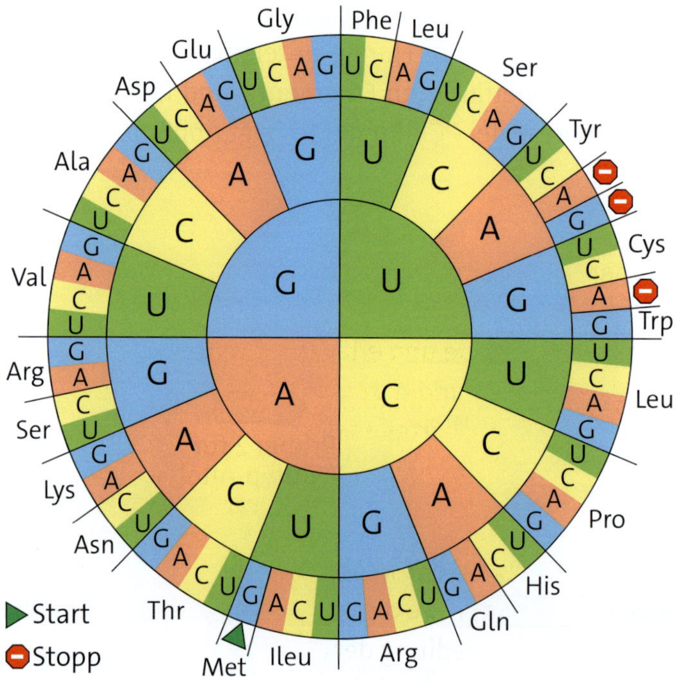

Aminosäuren
Gly = Glycin
Val = Valin
Ileu = Isoleucin
Phe = Phenylalanin
Cys = Cystein
Ser = Serin
Asn = Asparagin
Tyr = Tyrosin
Asp = Asparaginsäure
Glu = Glutaminsäure
Lys = Lysin
His = Histidin
Ala = Alanin
Leu = Leucin
Pro = Prolin
Met = Methionin
Thr = Threonin
Gln = Glutamin
Trp = Tryptophan
Arg = Arginin

Erste Base	Zweite Base				Dritte Base
5'	U	C	A	G	3'
U	Phe	Ser	Tyr	Cys	U
	Phe	Ser	Tyr	Cys	C
	Leu	Ser	■	■	A
	Leu	Ser	■	Trp	G
C	Leu	Pro	His	Arg	U
	Leu	Pro	His	Arg	C
	Leu	Pro	Gln	Arg	A
	Leu	Pro	Gln	Arg	G
A	Ile	Thr	Asn	Ser	U
	Ile	Thr	Asn	Ser	C
	Ile	Thr	Lys	Arg	A
	▸Met	Thr	Lys	Arg	G
G	Val	Ala	Asp	Gly	U
	Val	Ala	Asp	Gly	C
	Val	Ala	Glu	Gly	A
	Val	Ala	Glu	Gly	G

Abiturklausur 4

Grundkurs

Lösungen

Thema: Evolution der *Ariamnes*-Spinnen

Aufgabenstellung:

1 Nennen Sie eine Definition für die ökologische Nische und erläutern Sie vor diesem Hintergrund die Koexistenz der beiden Arten *A. huinakolu* und *A. kahili* (▶ Materialien A und B). Stellen Sie Hypothesen zu den jeweiligen Selektionsvorteilen der äußeren Merkmale der Arten *A. makue*, *A. corniger* und *A. hiwa* auf (▶ Material A).

(16 Punkte)

2 Nennen Sie die methodischen Schritte zur Erstellung des in Abbildung 2 gezeigten phylogenetischen Stammbaums (▶ Material B). Analysieren Sie die phylogenetischen Verwandtschaftsverhältnisse unter Berücksichtigung der Besiedlung der einzelnen Inseln der Hawaii-Inselgruppe (▶ Material B). Erläutern Sie zwei Möglichkeiten der Besiedlung der jeweils neu entstandenen Inseln durch *Ariamnes*-Spinnen (▶ Materialien A und B).

(22 Punkte)

3 Entwickeln Sie Hypothesen zur evolutiven Entstehung der Artenvielfalt der *Ariamnes*-Spinnen auf der Hawaii-Inselgruppe (▶ Materialien A und B). Prüfen Sie in diesem Zusammenhang, ob das Merkmal der goldenen Farbe das Ergebnis einer konvergenten Entwicklung ist (▶ Materialien A und B).

(16 Punkte)

Zugelassene Hilfsmittel:

- GTR (Grafikfähiger Taschenrechner) oder CAS (Computer-Algebra-System)
- Wörterbuch zur deutschen Rechtschreibung

Material A: Die Gattung *Ariamnes* auf der Hawaii-Inselgruppe

Die Gattung *Ariamnes* gehört zur Familie der Haubennetzspinnen und kommt mit zahlreichen Arten auf der Hawaii-Inselgruppe vor. Die größte Art *A. kahili* wird maximal 11,3 mm groß. *Ariamnes*-Spinnen halten sich tagsüber in unterschiedlichen Ruhehabitaten versteckt (▶ **Tabelle 1**).

Es handelt sich um nachtaktive Räuber, die keine standortgebundenen Netze bauen, sondern auf der Suche nach Beute frei umherlaufen und ihre Beute mit einem zwischen den Hinterbeinen gewebten Netz fangen. Bei einigen Arten konnte zusätzlich ein kleptoparasitäres Verhalten beobachtet werden, bei dem diese Spinnen auf die Netze anderer Spinnenarten klettern und deren Beute oder die Spinnen selbst fressen. Fressfeinde der *Ariamnes*-Spinnen sind neben anderen Spinnen insbesondere Vögel.

Tabelle 1 **Vorkommen und ausgewählte Merkmale der bekannten *Ariamnes*-Arten auf der Hawaii-Inselgruppe** (Tabelle verändert nach [1])

Art	Habitat	Ruhehabitat während des Tages	Form des Hinterleibs	Färbung	kleptoparasitäres Verhalten
A. huinakolu	Feuchtwald	Moos	kurz	dunkel	vorhanden
A. kahili	Feuchtwald	unter Blättern	langgestreckt	gold	vorhanden
A. uwepa	mäßig feucht	unter Blättern	langgestreckt	gold	nicht vorhanden
A. makue	mäßig feucht	abgestorbene Farne	langgestreckt	dunkel	vorhanden
A. poele	Feuchtwald	abgestorbene Farne	langgestreckt	dunkel	nicht vorhanden
A. melekalikimaka	Feuchtwald	unter Blättern	mittellang	gold	vorhanden
A. alepeleke	Feuchtwald	unter Blättern	mittellang	gold	nicht vorhanden
A. laau	Feuchtwald	abgestorbene Farne	langgestreckt	dunkel	vorhanden
A. corniger	trockener Wald	weiße Flechten	langgestreckt	matt weiß	nicht vorhanden
A. waikula	Feuchtwald	unter Blättern	langgestreckt	gold	nicht vorhanden
A. hiwa	Feuchtwald	Felsspalten	langgestreckt	dunkel	nicht vorhanden

1 Gillespie et al., 2018, Tab. 1, S. 943

Material B: Verwandtschaftsbeziehungen der *Ariamnes*-Spinnen

Die Hawaii-Inselgruppe liegt etwa 3800 km vom nordamerikanischen Kontinent entfernt im Pazifischen Ozean und ist vulkanischen Ursprungs. Sie umfasst neben der größten und jüngsten Insel Hawaii weitere Inseln, von denen Kauai die älteste ist (▶ **Abbildung 1**). Die Inseln bieten vielfältige Lebensräume für eine große Zahl von Tier- und Pflanzenarten.

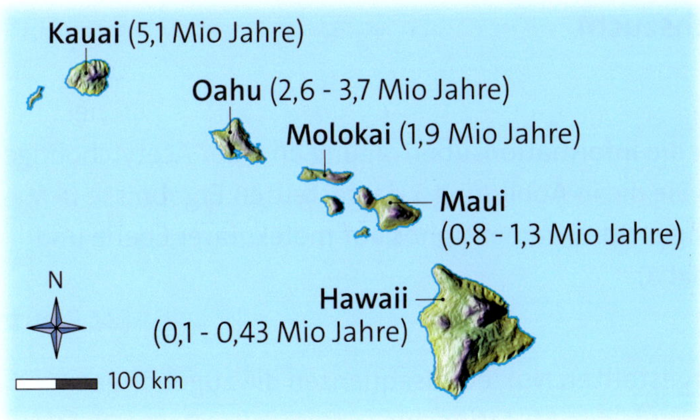

Abbildung 1 Geographische Lage und ungefähres Alter der Inseln der Hawaii-Inselgruppe. Das ungefähre Alter der Inseln ist in Klammern angegeben (Abbildung verändert nach [2])

Mithilfe von mitochondrialen und nukleären DNA-Sequenzen wurden die Verwandtschaftsbeziehungen der *Ariamnes*-Spinnen der Hawaii-Inselgruppe analysiert und ein phylogenetischer Stammbaum erstellt (▶ **Abbildung 2**). Dieser wurde um die Angaben zur heutigen Verbreitung der beschriebenen *Ariamnes*-Arten ergänzt. Die Spinnenart *Argyrodes trigonum* kommt in den USA vor, ist gelbbraun gefärbt und zeigt kleptoparasitäres Verhalten.

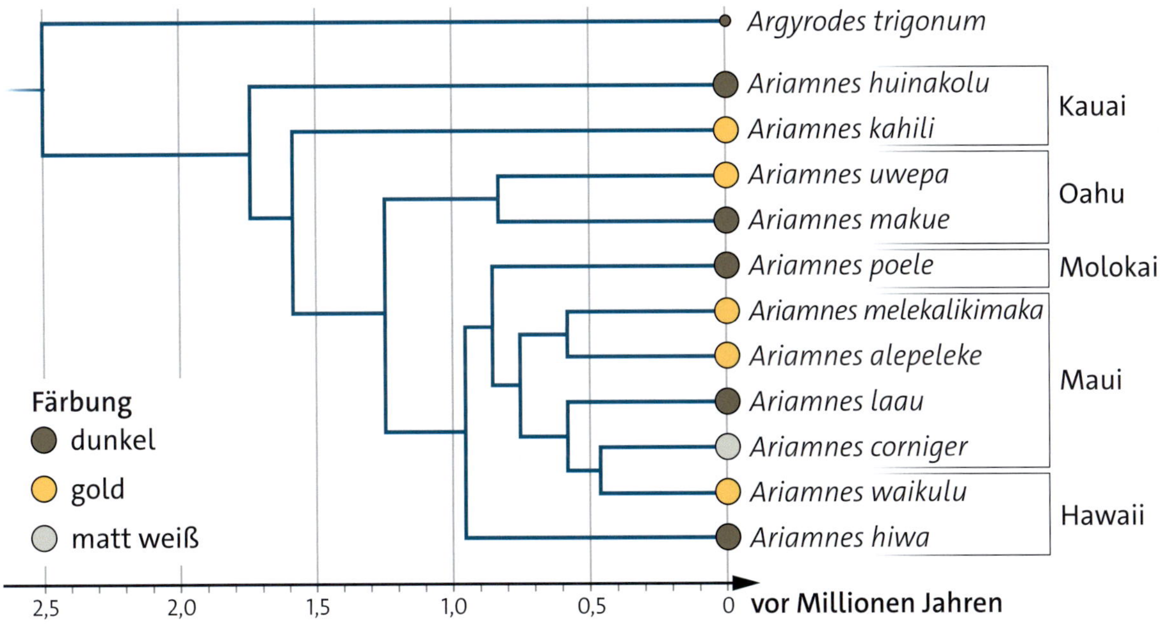

Abbildung 2 Phylogenetischer Stammbaum und heutiges Vorkommen von *Ariamnes*-Arten auf der Hawaii-Inselgruppe. *Argyrodes trigonum* bildet im Stammbaum die Außengruppe. (Abbildung verändert nach [3])

2 Gillespie et al., 2018, Abb. 1, S. 942

3 Gillespie et al., 2018, Abb. 3, S. 944

Lösungen

Abiturklausur 5

Grundkurs

Thema: Pestizideinsatz in der Lachszucht

Aufgabenstellung:

1 Stellen Sie in einem Fließdiagramm die Informationsübertragung an einer Acetylcholingesteuerten Synapse dar. Beschreiben Sie die in Abbildung 1 dargestellten Ergebnisse (▶ Material A). Erläutern Sie die Auswirkungen von Azamethiphos auf molekularer Ebene und auf Ebene des Organismus (▶ Material A).

(*21 Punkte*)

2 Ermitteln Sie für die in Tabelle 1 dargestellten Nukleotidsequenzen die zugehörigen mRNA- und Aminosäuresequenzen sowie den Mutationstyp (▶ Materialien B und D). Erläutern Sie mögliche Auswirkungen der Mutationen auf die Funktion der Acetylcholinesterase (▶ Materialien A und B).

(*16 Punkte*)

3 Ermitteln Sie für die Stämme 1, 2 und 3 begründend die entsprechenden Genotypen (▶ Materialien B und C). Vergleichen Sie die in Abbildung 3 gezeigten Ergebnisse mit denen in Abbildung 1 und entwickeln Sie eine Hypothese zur Erklärung der Befunde (▶ Materialien A bis C).

(*17 Punkte*)

Zugelassene Hilfsmittel:

- GTR (Grafikfähiger Taschenrechner) oder CAS (Computer-Algebra-System)
- Wörterbuch zur deutschen Rechtschreibung

Material A: Die Wirkung des Pestizids Azamethiphos

Lachsläuse (*Lepeophtheirus salmonis*) sind parasitäre Kleinkrebse. Sie befallen den Atlantischen Lachs, leben auf dessen Körperoberfläche und ernähren sich von Schleim, Hautpartikeln und Blut der Fische. Betroffene Fische zeigen offene Wunden in der Haut und Blutarmut. Dies kann zum Tod der Fische führen.

In der Lachszucht führt ein Befall der Fische zu großen wirtschaftlichen Verlusten. Als Maßnahme wird in der Aquazucht das Pestizid Azamethiphos verwendet, das in geringen Mengen (0,2 µg pro Liter) den Zuchtbecken beigefügt wird. Um die Wirkung des Pestizids auf die Nervenzellen von Lachsläusen zu untersuchen, behandelte man homozygote Wildtyp-Lachsläuse für 24 Stunden mit Azamethiphos. Anschließend wurde die Aktivität des Enzyms Acetylcholinesterase (AChE) bei den so behandelten Wildtyp-Lachsläusen ermittelt (▶ **Abbildung 1**).

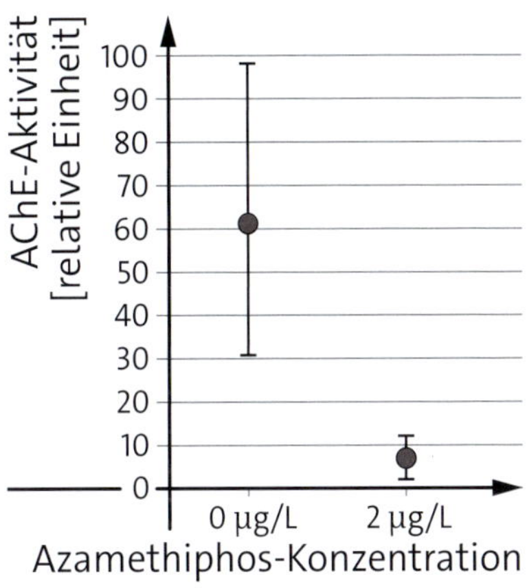

Abbildung 1 **Aktivität der Acetylcholinesterase (AChE) bei Wildtyp-Lachsläusen unter verschiedenen Bedingungen.** Dargestellt sind die Mittelwerte sowie die maximalen und minimalen Werte. (Abbildung verändert nach [1])

Material B: Azamethiphos-Resistenz und ihre genetischen Ursachen

Nach jahrelangem, dauerhaftem Einsatz von Azamethiphos in der Aquazucht wurde eine weit verbreitete Resistenz bei Lachsläusen gegen dieses Pestizid festgestellt. Auf der Suche nach den Ursachen der Resistenz stieß man auf das *ace1a*-Gen der Lachslaus. Dieses codiert die Acetylcholinesterase.

Tabelle 1 **Ausschnitt aus dem nicht-codogenen Strang des *ace1a*-Gens bei Lachsläusen.**
E: empfindlich; R: resistent (Tabelle verändert nach [2])

	Triplett-Nummer									
	5'	233	234	235	236	···	359	360	361	362	3'
ace1a-Allel beim Wildtyp (E-Allel)		GGT	TGC	TCC	GTA	···	GGG	AAT	TAT	TTC	
ace1a-Allel bei resistenten Lachsläusen (R-Allel)		GGT	TGC	TCG	GTA	···	GGG	AAT	TAT	TAC	

1 Kaur, Helgesen et al., 2015, Abb. 8 (SS-0 und SS-2), S. 15
2 Kaur, Helgesen et al., 2015, Abb. 1, S. 8

Material C: Wirksamkeit von Azamethiphos bei unterschiedlichen Stämmen der Lachslaus

In Lachszucht-Gewässern Norwegens fand man Lachslaus-Stämme mit unterschiedlichen Genotypen bezüglich des *ace1a*-Gens. Es wurde die Wirksamkeit von Azamethiphos auf Lachsläuse der drei Stämme untersucht. Dazu behandelte man drei Lachslaus-Stämme für 24 Stunden mit diesem Pestizid und untersuchte die Auswirkungen (▶ **Abbildung 2**). Anschließend wurde die Aktivität des Enzyms Acetylcholinesterase bei Stamm 1 unter dem Einfluss von Azamethiphos ermittelt (▶ **Abbildung 3**).

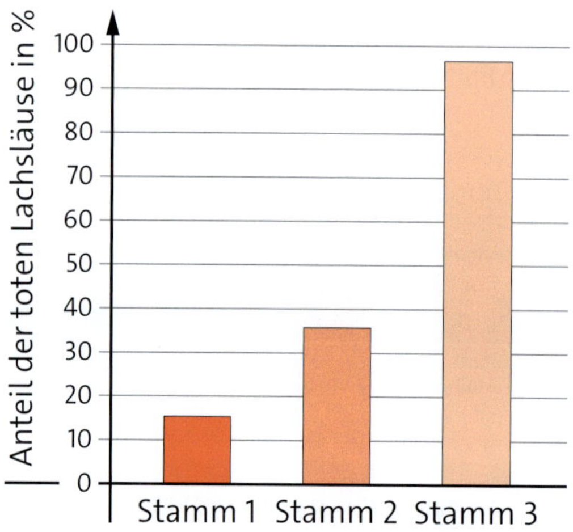

Abbildung 2 Anteil der toten Lachsläuse nach der Behandlung mit Azamethiphos. (Abbildung verändert nach [3])

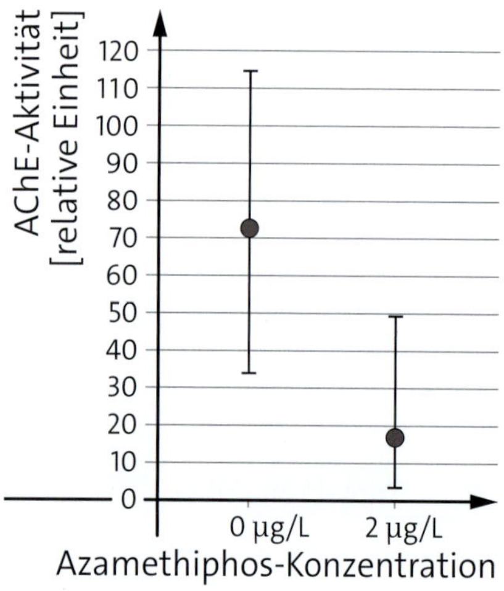

Abbildung 3 Aktivität der Acetylcholinesterase (AChE) bei Lachsläusen aus Stamm 1 unter verschiedenen Bedingungen. Dargestellt sind die Mittelwerte sowie die maximalen und minimalen Werte. (Abbildung verändert nach [4])

3 Kaur et al., 2016, Abb. 4 (unten), S. 10

4 Kaur, Helgesen et al., 2015, Abb. 8 (RR-0 und RR-2), S. 15

Material D: Codesonne und Tabelle zum genetischen Code

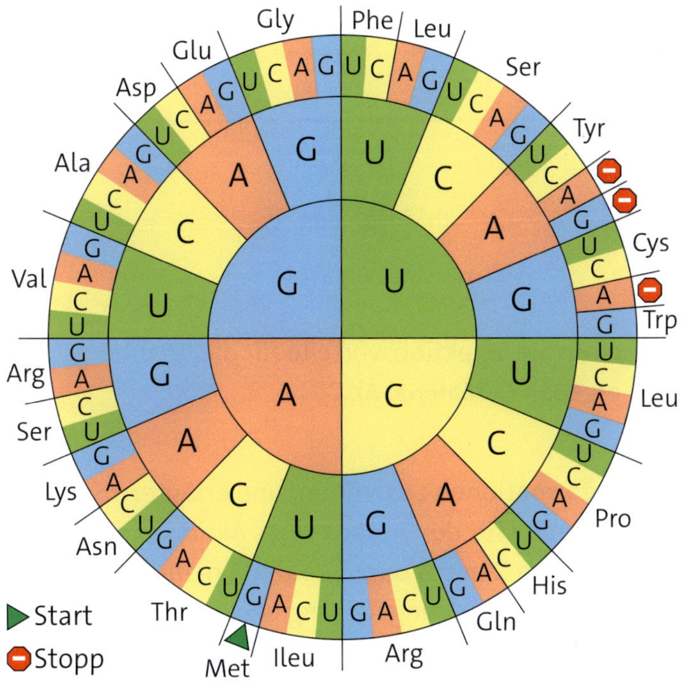

Aminosäuren
Gly = Glycin
Val = Valin
Ileu = Isoleucin
Phe = Phenylalanin
Cys = Cystein
Ser = Serin
Asn = Asparagin
Tyr = Tyrosin
Asp = Asparaginsäure
Glu = Glutaminsäure
Lys = Lysin
His = Histidin
Ala = Alanin
Leu = Leucin
Pro = Prolin
Met = Methionin
Thr = Threonin
Gln = Glutamin
Trp = Tryptophan
Arg = Arginin

Erste Base	Zweite Base				Dritte Base
5'	U	C	A	G	3'
U	Phe	Ser	Tyr	Cys	U
	Phe	Ser	Tyr	Cys	C
	Leu	Ser	■	■	A
	Leu	Ser	■	Trp	G
C	Leu	Pro	His	Arg	U
	Leu	Pro	His	Arg	C
	Leu	Pro	Gln	Arg	A
	Leu	Pro	Gln	Arg	G
A	Ile	Thr	Asn	Ser	U
	Ile	Thr	Asn	Ser	C
	Ile	Thr	Lys	Arg	A
	▸Met	Thr	Lys	Arg	G
G	Val	Ala	Asp	Gly	U
	Val	Ala	Asp	Gly	C
	Val	Ala	Glu	Gly	A
	Val	Ala	Glu	Gly	G

Lösungen

Abiturklausur 6

Grundkurs

Thema: Weinbergschnecken im Winter

Aufgabenstellung:

1 Erklären Sie den Begriff der Selektion. Leiten Sie Selektionsvorteile für die Weinbergschnecke ab, die sich durch ihre Lebensweise ergeben (▶ **Material A**).

(*13 Punkte*)

2 Fassen Sie die in Abbildung 1 gezeigten Informationen zusammen und erläutern Sie die Bedeutung der jeweiligen Natriumionen-Kanäle für den Ablauf eines Aktionspotentials (▶ **Material B**). Fassen Sie die in den Abbildungen 2 und 3 dargestellten Ergebnisse zusammen und erläutern Sie die Auswirkungen auf die Erregungsleitung bei der Weinbergschnecke während der Kältestarre (▶ **Materialien A** bis **C**).

(*27 Punkte*)

3 Geben Sie eine Definition für den Begriff Mutation an. Erläutern Sie auf Basis der Synthetischen Evolutionstheorie die Entwicklung der neurophysiologischen Angepasstheiten der Weinbergschnecke (▶ **Materialien A** bis **C**).

(*14 Punkte*)

Zugelassene Hilfsmittel:

- GTR (Grafikfähiger Taschenrechner) oder CAS (Computer-Algebra-System)
- Wörterbuch zur deutschen Rechtschreibung

Material A: Überwinterung bei der Weinbergschnecke

Die Weinbergschnecke (*Helix pomatia*) überwintert etwa von Oktober bis Anfang Mai zurückgezogen in ihrem mit einem Kalkdeckel dicht verschlossenem Schneckengehäuse unter Laubstreu eingegraben im Boden. Liegen die Temperaturen unter 8° Celsius, stellt sich der Stoffwechsel der Weinbergschnecke auf die Kältestarre um. Während der Kältestarre nimmt die Schnecke keine Nahrung auf. Ihre Stoffwechselrate, ihr Sauerstoffverbrauch, ihr Herzschlag und die Aktivität ihres Nervensystems sind reduziert. Die Weinbergschnecke zehrt während dieser Zeit von den angefressenen Nährstoffreserven. Bei ausreichender Feuchtigkeit ist die Weinbergschnecke ab Mai wieder aktiv auf Nahrungssuche. Sie ernährt sich von weichen, welken Pflanzenteilen und Algenbewüchsen.

Material B: Erregungsleitung bei der Weinbergschnecke

Die Ausbildung und Weiterleitung von Aktionspotentialen wird auch bei der Weinbergschnecke durch spannungsgesteuerte Ionenkanäle ermöglicht. Es werden verschiedene Typen spannungsgesteuerter Natriumionen-Kanäle, abgekürzt Na_V-Kanäle, aufgrund ihrer Eigenschaften unterschieden. Diese Na_V-Kanäle weisen während der unterschiedlichen Phasen eines Aktionspotentials unterschiedliche Leitfähigkeiten auf (▶ **Abbildung 1**). Je höher ihre Leitfähigkeit ist, umso mehr Natriumionen können durch den Na_V-Kanal strömen.

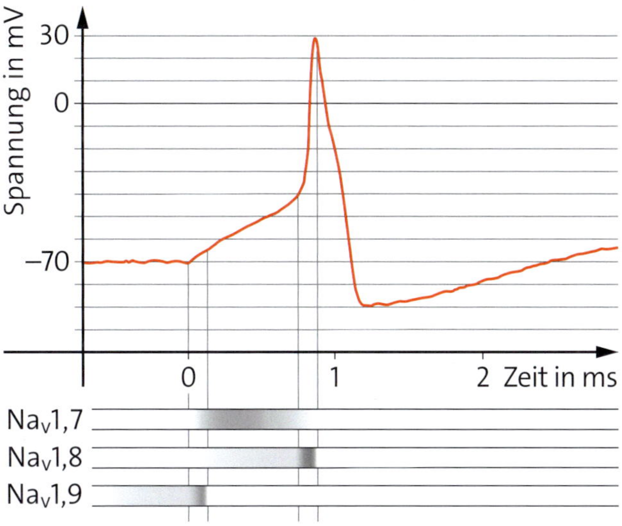

Abbildung 1 **Ablauf eines Aktionspotentials und schematische Darstellung der Leitfähigkeit ausgewählter spannungsgesteuerter Natriumionen-Kanäle (Na_V-Kanäle).** Je dunkler die Graufärbung ist, umso höher ist die Leitfähigkeit des betreffenden Na_V-Kanals. Weitere an Aktionspotential oder Ruhepotential beteiligte Membranproteine sind nicht eingezeichnet worden. (Abbildung verändert nach [1])

1 Hoffstaetter et al., 2018, Abb. 5, S. 751; Bennett et al., 2019, Abb. 3, S. 1084

Material C: Neurophysiologische Untersuchungen

Um die Aktivität von Neuronen im Gehirn der Weinbergschnecke genauer zu untersuchen, wurden verschiedene Experimente mit aktiven und mit überwinternden Weinbergschnecken durchgeführt. Die aktiven Schnecken wurden bei Raumtemperatur gehalten. Die überwinternden Schnecken wurden im Herbst in Kältestarre gesammelt und bei etwa 3° Celsius aufbewahrt.

Bei aktiven und bei überwinternden Weinbergschnecken wurde jeweils die relative Dichte ausgewählter Na_v-Kanäle der Neuronen im Gehirn untersucht (▶ **Abbildung 2**).

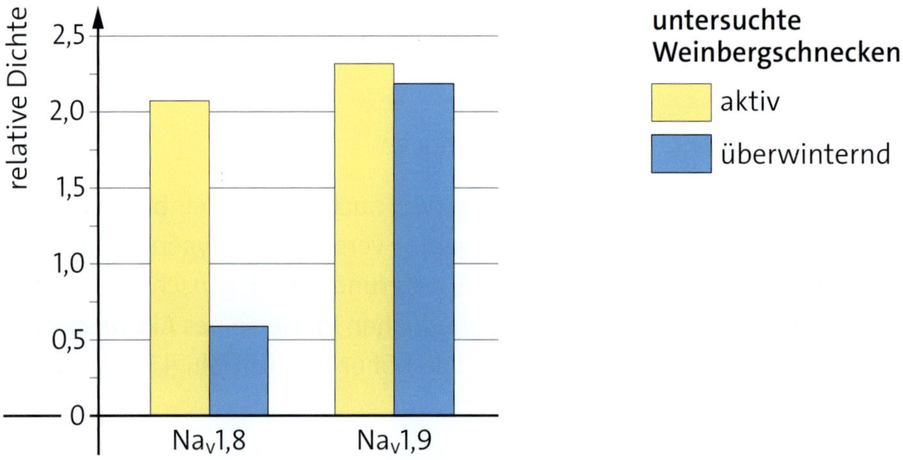

Abbildung 2 Relative Dichte ausgewählter Na_v-Kanäle der Neuronen im Gehirn von Weinbergschnecken (Abbildung verändert nach [2])

Bei Neuronen im Gehirn der Weinbergschnecken wurden neurophysiologische Messungen vorgenommen. Der maximale Natriumionen-Strom durch Na_v1.9-Kanäle nach Reizung wurde sowohl bei Neuronen aktiver als auch überwinternder Weinbergschnecken gemessen (▶ **Abbildung 3**).

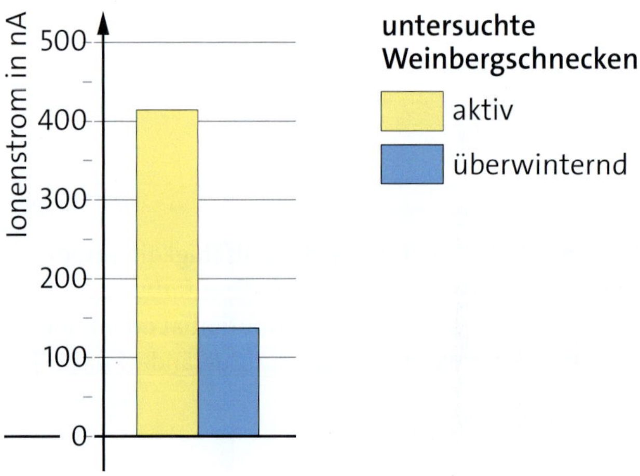

Abbildung 3 Natriumionen-Strom durch Na_v1.9-Kanäle im Gehirn von Weinbergschnecken (Abbildung verändert nach [3])

2 Kiss et al., 2014, Abb. 3 C und D, S. 96
3 Kiss et al., 2014, Abb. 5B, S. 97

Abiturklausur 1

Leistungskurs

Lösungen

Thema: Chemotaktile Wahrnehmung bei *Octopus*

Aufgabenstellung:

1 Stellen Sie kurz die experimentelle Vorgehensweise dar und werten Sie Abbildung 1 hinsichtlich der Bedeutung der Reizarten für *Octopus* aus (▶ Material A).

(*10 Punkte*)

2 Fassen Sie die in den Abbildungen 2 und 3 dargestellten Ergebnisse zusammen und erklären Sie die Signaltransduktion bei Mechano- und Chemorezeptorzellen von *Octopus bimaculoides* (▶ Material B). Deuten Sie diese Versuchsergebnisse im Hinblick auf die Bedeutung der verschiedenen Reizarten unter Berücksichtigung der neuronalen Informationsverarbeitung im Ganglion bei *Octopus bimaculoides* (▶ Materialien A und B).

(*22 Punkte*)

3 Stellen Sie die Patch-Clamp-Technik dar. Werten Sie Tabelle 1 im Hinblick auf die Spezifität der beiden CR-Proteine aus (▶ Material C). Erläutern Sie die Bedeutung der ausgewählten CR-Proteine und der Mechanorezeptoren für das Verhalten von *Octopus bimaculoides* unter natürlichen Bedingungen (▶ Materialien A bis C).

(*20 Punkte*)

4 Analysieren Sie den Stammbaum in Abbildung 4 bezüglich der Evolution der ausgewählten Rezeptorproteine (▶ Material D) und entwickeln Sie eine Hypothese zur Entwicklung der CR-Proteine mithilfe der Synthetischen Evolutionstheorie (▶ Materialien A bis D).

(*14 Punkte*)

Zugelassene Hilfsmittel:

- GTR (Grafikfähiger Taschenrechner) oder CAS (Computer-Algebra-System)
- Wörterbuch zur deutschen Rechtschreibung

Material A: Jagdverhalten bei *Octopus*

Die Vertreter der Gattung *Octopus* leben in Tiefen bis zu 200 Meter vorwiegend am Meeresboden. Sie besitzen einen Kopf, acht Arme, die mit jeweils zwei Reihen von Saugnäpfen besetzt sind, und einen Eingeweidesack mit Tintenblase. Oktopusse sind Jäger, die vorwiegend Krebstiere, Muscheln und Schnecken und manchmal Fische mithilfe ihrer Arme erbeuten. Beständig suchen sie mit ihren beweglichen Armen auf und im Untergrund nach Nahrung. Bei Gefahr entleert der *Octopus* seine Tintenblase und flüchtet vor Feinden wie etwa Kalmaren im Schutz des tintengefärbten Wassers. Oktopusse verfügen über empfindliche Sinnesorgane und ein leistungsfähiges Gehirn. Sie besitzen zwei hoch entwickelte Linsenaugen und können Wasserströmungen über ein Seitenlinienorgan wahrnehmen. Insbesondere die Arme mit den Saugnäpfen sind sehr stark von Neuronen durchzogen. Die Zellkörper dieser Neuronen liegen gemeinsam in einer Verdickung, dem Ganglion, an der Basis des jeweiligen Arms. Die Bewegung jedes Arms kann von dessen eigenem Ganglion und daher unabhängig vom Gehirn gesteuert werden.

In Experimenten mit dem Gewöhnlichen Kraken (*Octopus vulgaris*) wurde im Aquarium die Häufigkeit des zuerst geöffneten Schraubgefäßes ermittelt (▶ **Abbildung 1**). Als Nahrung bevorzugte *O. vulgaris* ohne Schraubgefäß immer Sardellen. Bei blickdichten Gefäßen mit Deckeln ohne Löcher wurden beide Gefäße annähernd gleich häufig zuerst geöffnet.

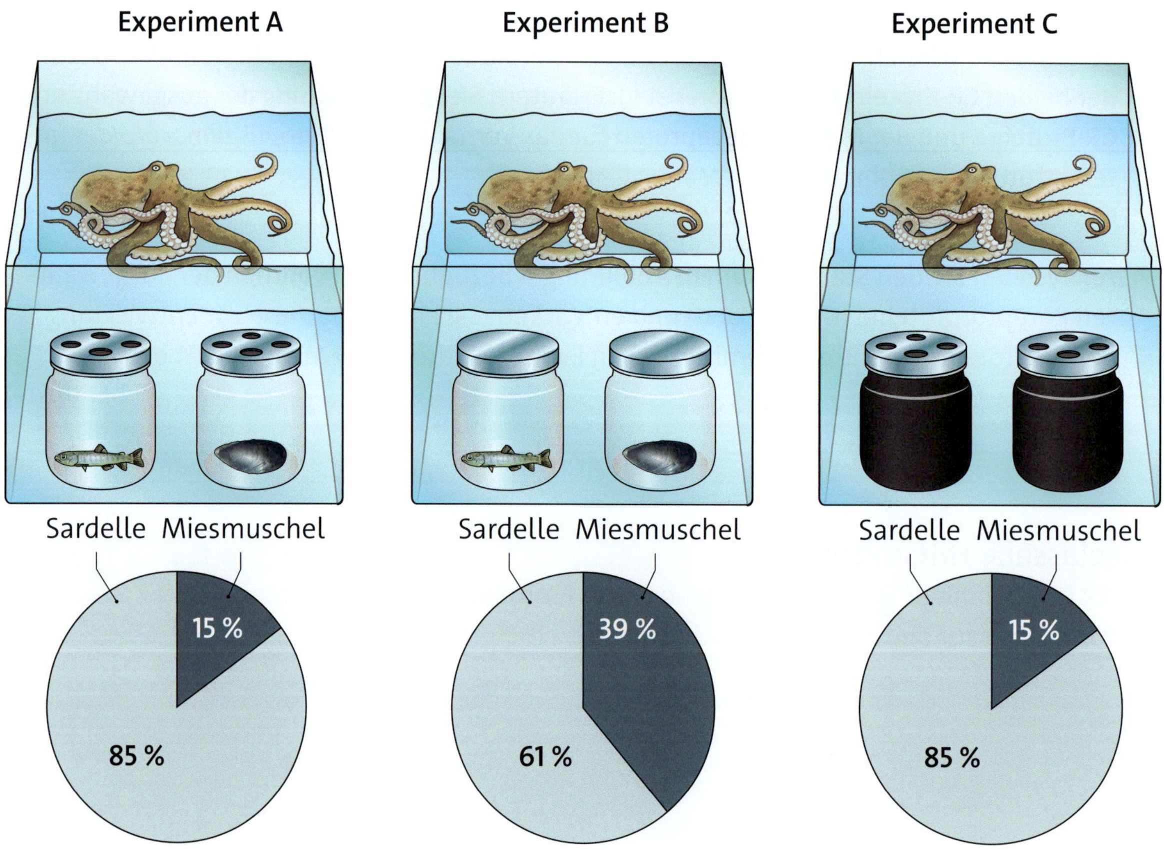

Abbildung 1 Verhaltensexperimente mit *Octopus vulgaris*. Die Kreisdiagramme geben die Häufigkeit des unter den jeweiligen Bedingungen zuerst geöffneten Gefäßes an (Abbildung nach [1])

1 Maselli et al., 2020, Abb. 2, S. 4

Material B: Neurophysiologische Untersuchungen bei Zelltypen von Saugnäpfen

Die Saugnäpfe der Arme des Kalifornischen Zweipunktkraken (*Octopus bimaculoides*) wurden genauer analysiert. Hier treten drei Zelltypen auf, die sich in ihrem Aufbau und ihrer neurophysiologischen Reaktion auf verschiedene Reizarten unterscheiden lassen. Untersucht wurde der reizabhängige Einstrom von Kationen wie etwa Natriumionen in den jeweiligen Zelltyp mithilfe elektrophysiologischer Messungen (► **Abbildung 2**).

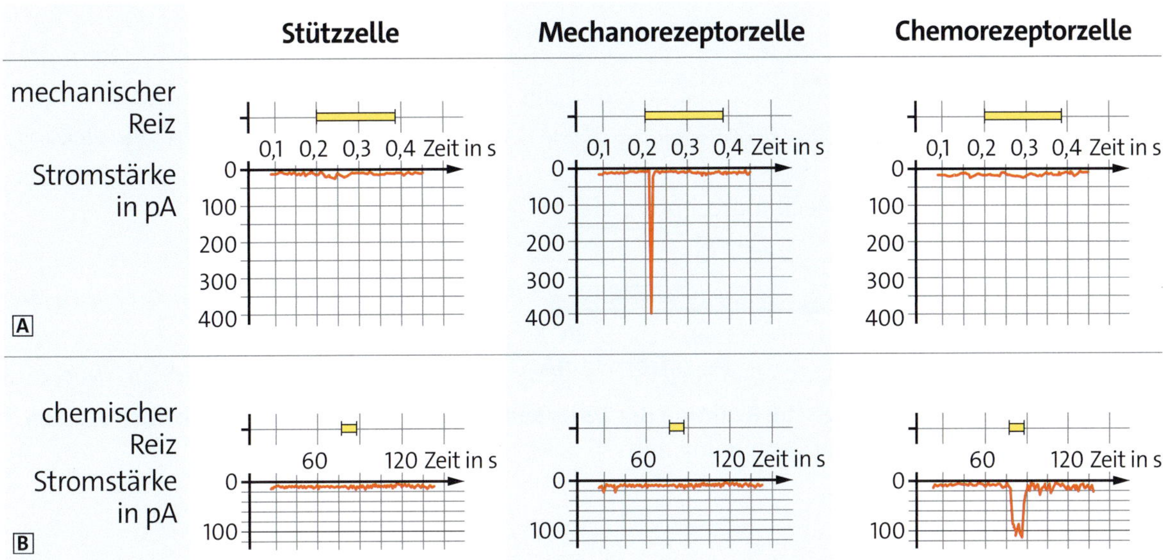

Abbildung 2 Neurophysiologische Untersuchungen bei verschiedenen Zelltypen des Saugnapfs.
A unter Verbiegung der Zellspitze um 1 µm als mechanischem Reiz; **B** unter Zugabe von Fischextrakt als chemischem Reiz; gemessen wurde jeweils der reizabhängige Einstrom von Kationen in den jeweiligen Zelltyp, pA = Pico-Ampere (Abbildung nach [2])

2 van Giesen et al., 2020, Abb. 1B und C, S. 595

Um die elektrophysiologischen Eigenschaften der drei Zelltypen zu untersuchen, wurden die verschiedenen Zelltypen unterschiedlich starken künstlichen Reizströmen ausgesetzt und die jeweilige Reaktion gemessen (▶ **Abbildung 3**).

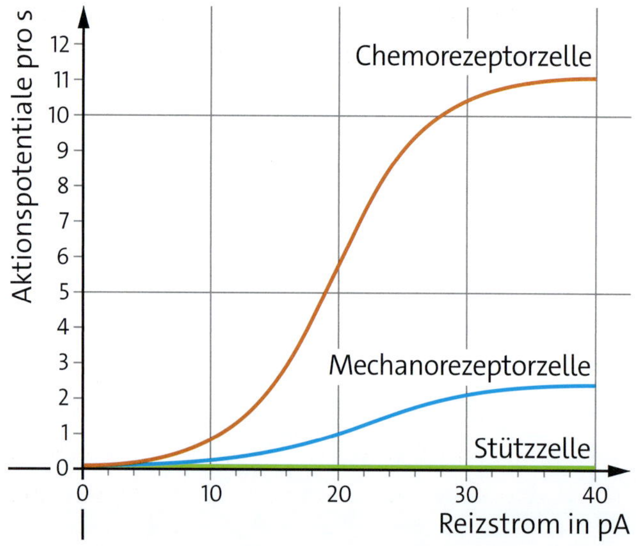

Abbildung 3 Elektrophysiologische Reaktion der Zelltypen des Saugnapfs bei unterschiedlich starken Reizströmen. pA = Pico-Ampere (Abbildung nach [3])

3 van Giesen et al., 2020, Abb. 2A, S. 596

Material C: Spezifität der Chemorezeptorproteine

Molekulare Analysen der Chemorezeptorzellen führten zur Identifikation einer Vielzahl von Chemorezeptorproteinen, den CR-Proteinen, bei *Octopus bimaculoides*. Allgemein sind Chemorezeptorproteine Transmembranproteine, die von außen kommende Stoffe zu Beginn der Signaltransduktion spezifisch binden. Bei *O. bimaculoides* bilden die unterschiedlichen CR-Proteine Ionenkanäle, die nach Aktivierung für Kationen permeabel werden. Um die Spezifität dieser CR-Proteine genauer zu analysieren, wurden ihre Reaktionen auf unterschiedliche chemische Substanzen wie zum Beispiel Oktopus-Tinte elektrophysiologisch untersucht, auch mithilfe der Patch-Clamp-Technik. Die Ergebnisse der Experimente für ausgewählte CR-Proteine sind in Tabelle 1 zusammengefasst.

Im Wasser werden gut wasserlösliche (hydrophile) Stoffe schneller gleichmäßig in einem großen Volumen verteilt. Schlecht wasserlösliche (hydrophobe) Stoffe bleiben länger in der Nähe der Stoffquelle. Fischextrakt enthält sowohl hydrophile als auch hydrophobe Stoffe. Physiologisch bedeutende hydrophobe Substanzen sind zum Beispiel Atractylon und Polygodial. Diese beiden hydrophoben Stoffe werden auch von Muscheln oder Schnecken insbesondere bei Bedrohung abgegeben.

Tabelle 1 **Reaktion von zwei CR-Proteinen auf verschiedene Substanzen** (Tabelle nach [4])

CR-Protein	elektrophysiologische Reaktion auf			
	Fischextrakt	Atractylon	Polygodial	Fischextrakt und Oktopus-Tinte
CR518	starke Aktivierung	starke Aktivierung	starke Aktivierung	keine Aktivierung
CR840	starke Aktivierung	keine Aktivierung	keine Aktivierung	mittlere Aktivierung

4 van Giesen et al., 2020, Abb. 5B und E, S. 599

Material D: Evolution von CR-Proteinen

Acetylcholin-gesteuerte Natriumionen-Kanäle chemischer Synapsen, kurz bezeichnet als ACh-Rezeptorproteine, kommen in vielen Variationen in den unterschiedlichen neuronalen Geweben bei Wirbellosen und Wirbeltieren vor. Sie weisen alle einen Bereich auf, der den Liganden Acetylcholin binden kann. Die verschiedenen Varianten dieser ACh-Rezeptorproteine werden zum Beispiel beim Menschen oder auch beim *Octopus* durch eine Vielzahl unterschiedlicher Genkopien codiert. Die CR-Proteine von *Octopus bimaculoi*des zeigen Sequenzübereinstimmungen zu Acetylcholin-gesteuerten Natriumionen-Kanälen erregender chemischer Synapsen, reagieren aber nicht auf den Liganden Acetylcholin. Die CR-Proteine findet man nur bei *Octopus* und anderen Kopffüßern in großer Vielfalt, aber nicht bei anderen Wirbellosen und auch nicht bei Wirbeltieren.

Durch Genverdopplungen können aus einem Ursprungsgen mehrere Genkopien entstehen, die sich evolutiv unterschiedlich entwickeln können. Solche Vorgänge führen zur Bildung von Genfamilien wie zum Beispiel bei den hier verglichenen Rezeptorproteinen. Abbildung 4 zeigt einen vereinfachten phylogenetischen Stammbaum ausgewählter ACh-Rezeptorproteine und CR-Proteine von *O. bimaculoides.*

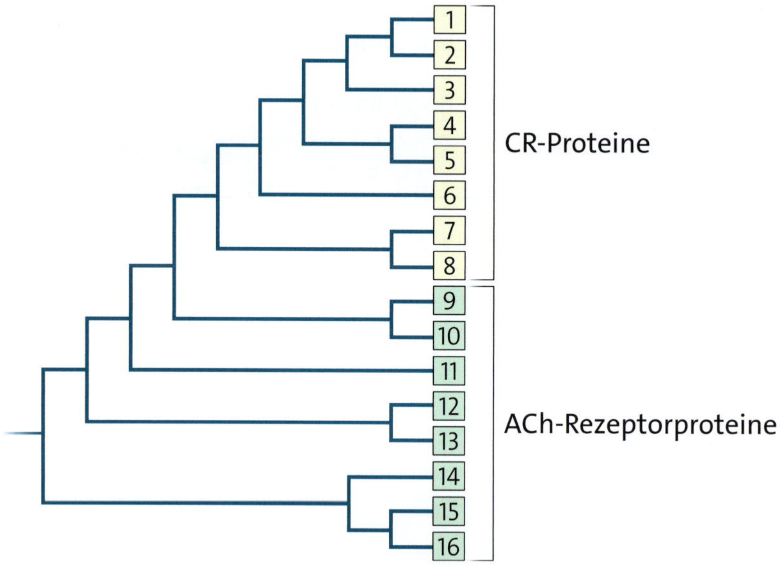

Abbildung 4 Vereinfachter phylogenetischer Stammbaum von ausgewählten, nummerierten ACh-Rezeptorproteinen und CR-Proteinen von *Octopus bimaculoides* (Abbildung nach [5])

5 van Giesen et al., 2020, Abb. 4B, S. 598

Abiturklausur 2

Leistungskurs

Lösungen

Thema: Genetik der Blütenfarben des Gewöhnlichen Kohlröschens

Aufgabenstellung:

1 Fassen Sie auf Basis von Material A die Aspekte zur Blütenfärbung des Gewöhnlichen Kohlröschens zusammen. Leiten Sie auf dieser Grundlage mögliche genetische Ursachen für das Zustandekommen der unterschiedlichen Blütenfarben ab (▸ **Material A**).

(12 Punkte)

2 Erläutern Sie die Regulation des *ANS*-Gens (▸ **Material B**). Nehmen Sie kritisch Stellung, ob sich die bei anderen Pflanzenarten gewonnenen Erkenntnisse auf die Funktionsweise des MYB1-Transkriptionsfaktors beim Gewöhnlichen Kohlröschen übertragen lassen (▸ **Material B**).

(13 Punkte)

3 Ermitteln Sie für die in Tabelle 1 dargestellten Nukleotidsequenzen die zugehörigen mRNA- und Aminosäuresequenzen sowie die Mutationstypen (▸ **Materialien C** und **E**). Werten Sie die in Material C gezeigten Daten aus und entwickeln Sie eine Hypothese zu den Auswirkungen der Mutationen sowohl auf molekularer als auch auf phänotypischer Ebene (▸ **Materialien A** bis **C**).

(22 Punkte)

4 Fassen Sie die in Material D gezeigten Ergebnisse kurz zusammen und analysieren Sie diese im Hinblick auf die Bedeutung der Bestäuber (▸ **Material D**). Entwickeln Sie auf dieser Basis eine Hypothese zur Erklärung der Anteile der Farbvarianten von 1997 bis 2016 und ihrer zukünftigen Entwicklung auch unter Berücksichtigung der *MYB1*-Allelverteilung (▸ **Materialien C** und **D**).

(19 Punkte)

Zugelassene Hilfsmittel:

- GTR (Grafikfähiger Taschenrechner) oder CAS (Computer-Algebra-System)
- Wörterbuch zur deutschen Rechtschreibung

Material A: Blütenfarben beim Gewöhnlichen Kohlröschen

Das Gewöhnliche Kohlröschen (*Gymnadenia rhellicani*) ist eine Orchidee, die in Bergregionen der Alpen bis in den Balkan vorkommt. Die mehrjährige Art besitzt einen Blütenstand mit zahlreichen, in der Regel dunkelroten Einzelblüten, die von Insekten wie Fliegen und Bienen bestäubt werden. Ohne Bestäubung entwickeln sich bei dieser Art keine Samen.

Am Puflatsch, einer Erhebung in Norditalien, findet man beim Gewöhnlichen Kohlröschen neben Pflanzen mit dunkelroten Blüten auch Pflanzen mit hellroter und weißer Blütenfarbe. Innerhalb der Population bestehen keine Unterschiede in der räumlichen Verteilung, verschiedene Farbvarianten kommen oft in unmittelbarer Nähe vor.

Die Färbung der Blüten beim Gewöhnlichen Kohlröschen ändert sich im Laufe des Lebens einer Pflanze nicht.

Beim Gewöhnlichen Kohlröschen ist der wichtigste Blütenfarbstoff das rote Cyanidin-3-glucosid. Der Farbstoff wird in den Blütenzellen mithilfe von Enzymen synthetisiert (▶ **Abbildung 2**).

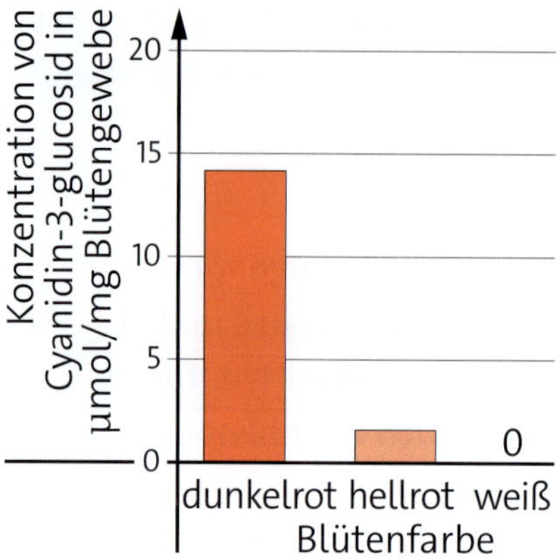

Abbildung 1 Konzentration von Cyanidin-3-glucosid in Blüten des Gewöhnlichen Kohlröschens bei verschiedenen Farbvarianten (Abbildung verändert nach [1])

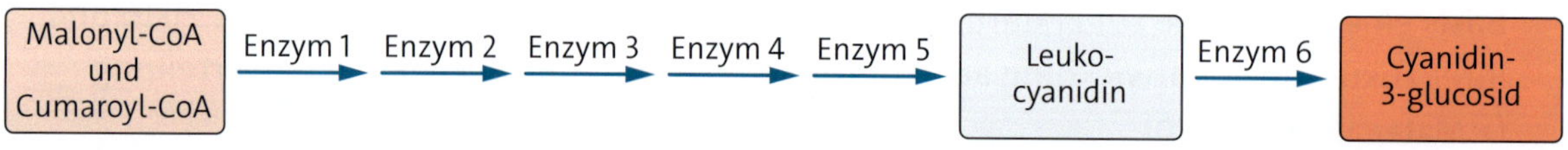

Abbildung 2 Syntheseweg von Cyanidin-3-glucosid. Leukocyanidin ist farblos

1 Kellenberger et al., 2019, Abb. 2b, S. 63.3

Material B: Regulation des *ANS*-Gens

Im Gewöhnlichen Kohlröschen wird die Synthese von Cyanidin-3-glucosid aus Leukocyanidin durch das Enzym Anthocyanidin-Synthase (ANS) katalysiert. Die Anthocyanidin-Synthase wird vom *ANS*-Gen codiert.

Die Regulation des ANS-Gens ist in anderen Pflanzenarten gut untersucht. Dort sind unter anderem MYB-Transkriptionsfaktoren an der Regulation beteiligt. Im Gewöhnlichen Kohlröschen wurde der MYB1-Transkriptionsfaktor identifiziert. Weil MYB1 große Aminosäuresequenz-Übereinstimmungen mit bekannten MYB-Transkriptionsfaktoren anderer Pflanzenarten zeigt, wird der in Abbildung 3 dargestellte Mechanismus auch beim Gewöhnlichen Kohlröschen vermutet.

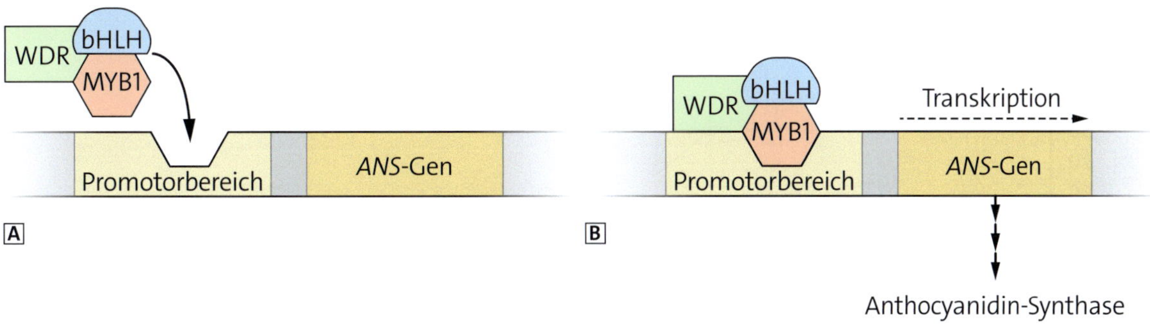

Abbildung 3 Modell zur Regulation der Transkription des ANS-Gens durch spezifische Transkriptionsfaktoren. **A** ohne Bindung und **B** mit Bindung der Transkriptionsfaktoren;
weitere, allgemein zur Transkription notwendige Faktoren sind aus Gründen der Übersichtlichkeit nicht gezeigt (Abbildung verändert nach [2])

Material C: *MYB1*-Allele und Blütenphänotyp

In der Population am Puflatsch wurden unterschiedliche Allele des *MYB1*-Gens gefunden, die im Gewöhnlichen Kohlröschen in unterschiedlichen Kombinationen vorkommen. Das MYB1-Protein besteht aus 262 Aminosäuren. DNA-Sequenzen der Allele und der Zusammenhang zwischen Allelkombination und Blütenfarbe des Gewöhnlichen Kohlröschens am Puflatsch wurden näher untersucht (▶ **Tabellen 1** und **2**).

Tabelle 1 Ausschnitt aus dem nicht-codogenen Strang des *MYB1*-Gens des Gewöhnlichen Kohlröschens

	Triplett-Nummer					
	5'→218	219	220	221	222	223→3'
Allel 1	TCG	GCA	GAT	TAC	GAC	CTC
Allel 2	TCG	GCA	GAT	TAG	GAC	CTC
Allel 3	TCG	GCA	GAT	TAA	GAC	CTC

Tabelle 2 Blütenphänotypen bei verschiedenen *MYB1*-Allelkombinationen

	Allel 1	Allel 2	Allel 3
Allel 1	dunkelrot	hellrot	hellrot
Allel 2	hellrot	weiß	weiß
Allel 3	hellrot	weiß	weiß

2 Kellenberger et al., 2019, Abb. 2a, S. 63.3

Material D: Entwicklung der Population am Puflatsch

Der prozentuale Anteil der Farbvarianten am Puflatsch wird seit 1997 wissenschaftlich erfasst und ausgewertet. In einer Studie wurden darüber hinaus Daten zum Besuch von Bestäubern und zur Anzahl der Samen pro Pflanze bei den verschiedenen Phänotypen erhoben. Untersuchungen von Bienen und Fliegen zeigten außerdem, dass an Bienen dreimal häufiger Blütenpollen zu finden waren als an Fliegen.

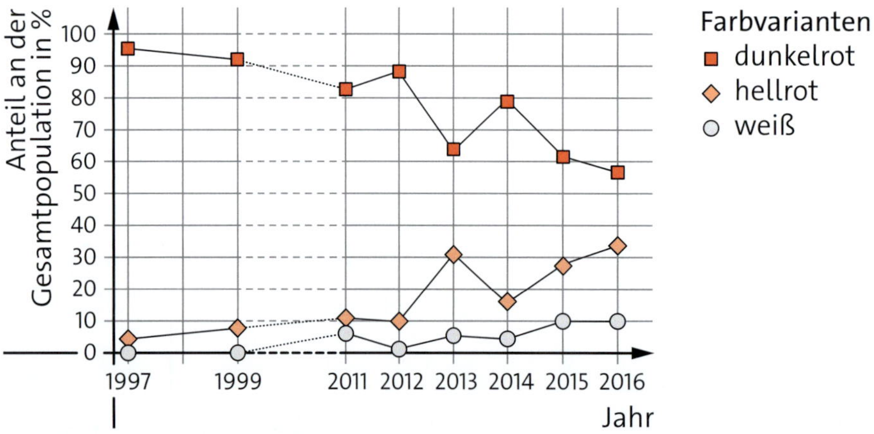

Abbildung 4 Anteile der drei Farbvarianten des Gewöhnlichen Kohlröschens an der Gesamtpopulation am Puflatsch zwischen 1997 und 2016 (Abbildung verändert nach [3])

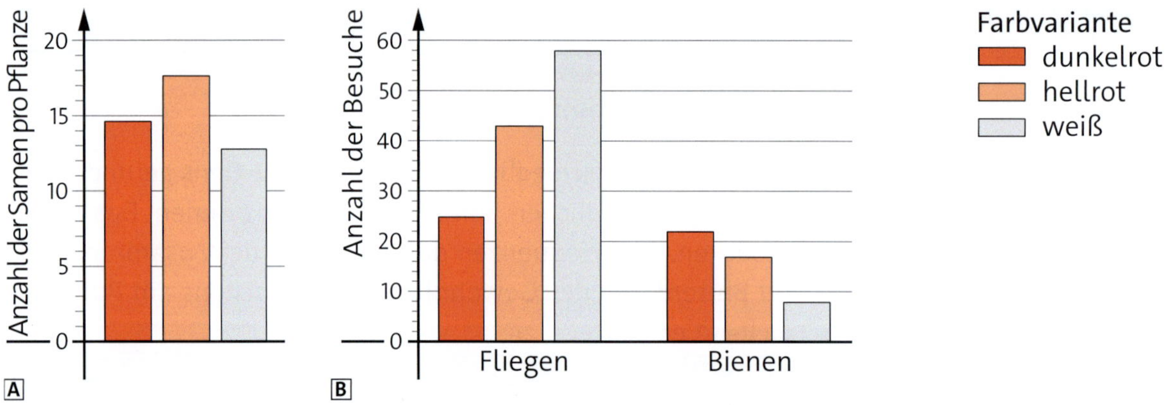

Abbildung 5 Effekte der verschiedenen Blütenfarben des Gewöhnlichen Kohlröschens. A Samenanzahl pro Pflanze; **B** Anzahl der Besuche durch verschiedene Insekten; die Daten zu Teilabbildung A stammen aus den Jahren 2015 und 2016, die Daten zu B aus 2015 bis 2017 (Abbildung 5A verändert nach [4], Abbildung 5B verändert nach [5])

3 Kellenberger et al., 2019, Abb. 1b, S. 63.2
4 Kellenberger et al., 2019, Abb. 2b, Anhang S. 4
5 Kellenberger et al., 2019, Abb. 1e, S. 63.2

Material E: Codesonne und Tabelle zum genetischen Code

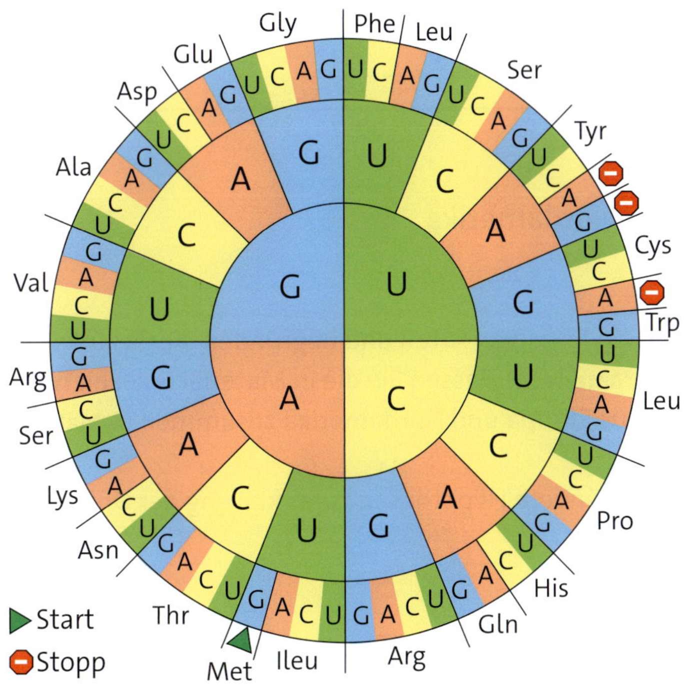

Aminosäuren
Gly = Glycin
Val = Valin
Ileu = Isoleucin
Phe = Phenyl-alanin
Cys = Cystein
Ser = Serin
Asn = Asparagin
Tyr = Tyrosin
Asp = Asparagin-säure
Glu = Glutamin-säure
Lys = Lysin
His = Histidin
Ala = Alanin
Leu = Leucin
Pro = Prolin
Met = Methionin
Thr = Threonin
Gln = Glutamin
Trp = Tryptophan
Arg = Arginin

Erste Base	Zweite Base				Dritte Base
5'	U	C	A	G	3'
U	Phe	Ser	Tyr	Cys	U
	Phe	Ser	Tyr	Cys	C
	Leu	Ser	■	■	A
	Leu	Ser	■	Trp	G
C	Leu	Pro	His	Arg	U
	Leu	Pro	His	Arg	C
	Leu	Pro	Gln	Arg	A
	Leu	Pro	Gln	Arg	G
A	Ile	Thr	Asn	Ser	U
	Ile	Thr	Asn	Ser	C
	Ile	Thr	Lys	Arg	A
	▸Met	Thr	Lys	Arg	G
G	Val	Ala	Asp	Gly	U
	Val	Ala	Asp	Gly	C
	Val	Ala	Glu	Gly	A
	Val	Ala	Glu	Gly	G

Lösungen

Abiturklausur 3

Leistungskurs

Thema: Die Rispen-Flockenblume in Nordamerika

Aufgabenstellung:

1 Erklären Sie allgemein Eigenschaften von invasiven Arten und begründen Sie das invasive Potenzial der Rispen-Flockenblume (▶ Material A). Fassen Sie die in Material B gezeigten Ergebnisse zu Rispen-Flockenblumen aus Europa und Nordamerika zusammen (▶ Material B).
Entwickeln Sie evolutionsbiologisch begründete Hypothesen zur Erklärung der Unterschiede (▶ Materialien A und B).

(24 Punkte)

2 Fassen Sie die in Material C dargestellten Ergebnisse zusammen und deuten Sie diese im Hinblick auf die ökologischen Beziehungen (▶ Material C).

(12 Punkte)

3 Skizzieren Sie auf der Grundlage von Material D ein Nahrungsnetz und geben Sie die Trophieebenen an (▶ Material D). Erläutern Sie die Bedeutung der Bohrfliegen für die Hirschmäuse und entwickeln Sie eine Hypothese zu den Populationsentwicklungen von Hirschmäusen und Rispen-Flockenblumen in Nordamerika nach Einführung der Bohrfliegen (▶ Material D).

(21 Punkte)

4 Beurteilen Sie die Einführung der Bohrfliegen zur biologischen Bekämpfung der Rispen-Flockenblume in Nordamerika und entwickeln Sie eine alternative Vorgehensweise (▶ Materialien A bis D).

(9 Punkte)

Zugelassene Hilfsmittel:

- GTR (Grafikfähiger Taschenrechner) oder CAS (Computer-Algebra-System)
- Wörterbuch zur deutschen Rechtschreibung

Material A: Die Rispen-Flockenblume

Die Rispen-Flockenblume (*Centaurea maculosa*) ist eine Pflanze aus der Familie der Korbblüter (Asteraceae). Sie bevorzugt trockene und halbtrockene Standorte. Die Lebensdauer beträgt drei bis fünf Jahre. Die Blüten werden durch Insekten bestäubt, allerdings ist auch eine Selbstbestäubung möglich. Jede Pflanze bildet pro Jahr durchschnittlich etwa 1 000 Samen, die über mehrere Jahre im Boden keimungsfähig bleiben. Es konnte zudem gezeigt werden, dass etwa ein Fünftel der von Schafen gefressenen Samen keimungsfähig blieben. Grundsätzlich werden Rispen-Flockenblumen jedoch von größeren Herbivoren eher gemieden. Die Pflanzen bilden den Stoff Cnicin in kleinen Härchen auf den Blättern, den Trichomen. Cnicin hemmt im Verdauungstrakt von Schafen das Wachstum von Bakterien, die für die Verdauung der pflanzlichen Nahrung wichtig sind. Der Stoff führt zu Übelkeit, Erbrechen, Krämpfen und Durchfall.

Material B: Rispen-Flockenblumen aus Europa und Nordamerika

Die Rispen-Flockenblume stammt ursprünglich aus Europa und Asien. Dort ist die Rispen-Flockenblume meist vereinzelt bis mäßig häufig verbreitet. Die Pflanze hat sich allerdings seit dem Beginn des 20. Jahrhunderts auch in Teilen Nordamerikas ausgebreitet und verdrängt dort heimische Pflanzenarten. Die nordamerikanischen Rispen-Flockenblumen gehen wahrscheinlich auf eine osteuropäische Population zurück.

Um Erkenntnisse über die Hintergründe der Ausbreitung in Nordamerika zu gewinnen, wurden Rispen-Flockenblumen aus Europa und Nordamerika im Gewächshaus in Töpfen entweder alleine oder zusammen mit dem Blaubüschel-Weizengras (*Pseudoroegneria spicata*) angezogen. *P. spicata* ist eine in Nordamerika heimische Grasart. Bei den Rispen-Flockenblumen wurden Biomasse und Blütenanzahl unter beiden Bedingungen ermittelt (▶ **Abbildung 1**). Zudem wurde die Dichte ihrer kleinen Blatthärchen, der Trichome, auf den Blättern bestimmt (▶ **Abbildung 2**) und die Fraßschäden durch Raupen der Aschgrauen Höckereule (*Trichoplusia ni*), einem Schmetterling, ermittelt (▶ **Abbildung 3**). Die Aschgraue Höckereule kommt in weiten Teilen der Welt vor, auch in Eurasien und Nordamerika.

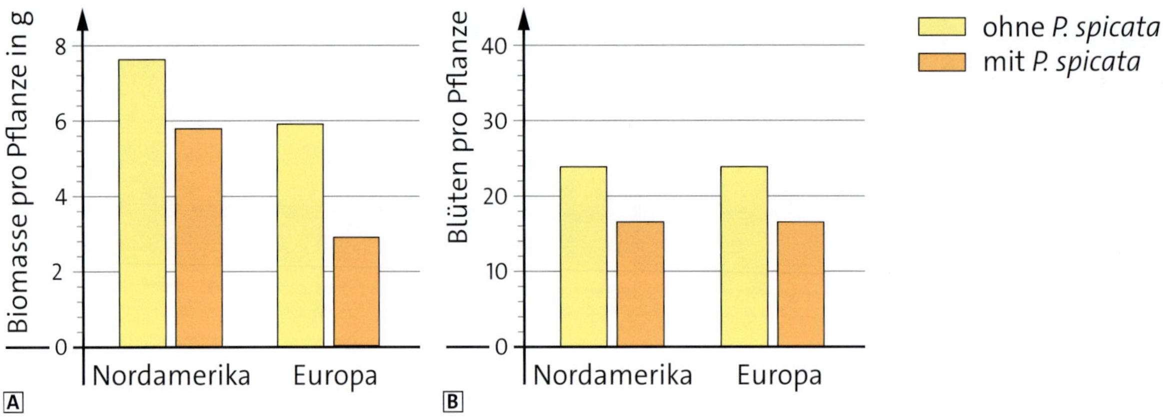

Abbildung 1 Vergleich von Biomasse und Blütenanzahl mit und ohne *P. spicata*. A Biomasse von Rispen-Flockenblumen aus Nordamerika und Europa ohne *P. spicata* und in Anwesenheit von *P. spicata*; **B** Blütenzahl von Rispen-Flockenblumen aus Nordamerika und Europa ohne *P. spicata* und in Anwesenheit von *P. spicata* (Abbildung verändert nach [1])

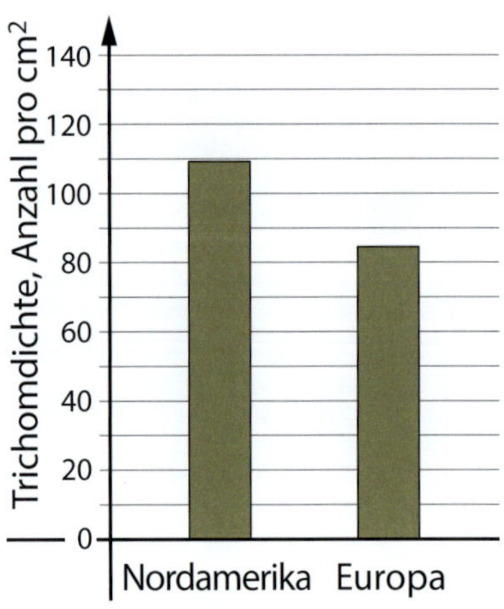

Abbildung 2 Trichome pro Blattfläche (Abbildung verändert nach [2])

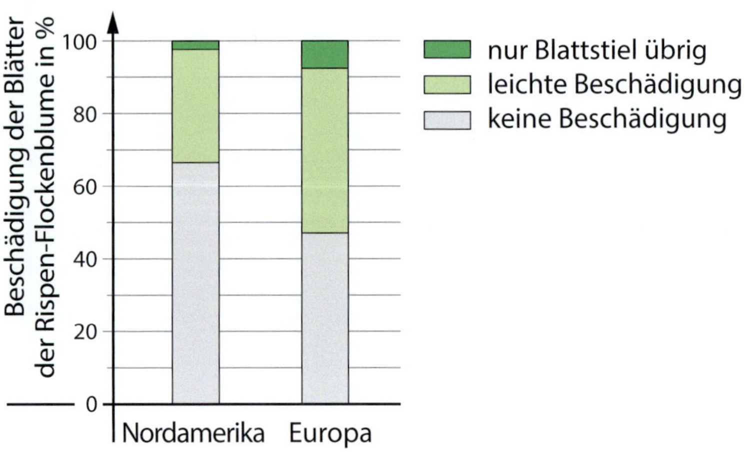

Abbildung 3 Fraßschäden durch Raupen der Aschgrauen Höckereule (Abbildung verändert nach [3])

1 Ridenour et al., 2008, Abb. 1, S. 377
2 Ridenour et al., 2008, Abb. 8C, S. 383
3 Ridenour et al., 2008, Abb. 4B, S. 380

Material C: Wachstum nordamerikanischer Pflanzen

Im US-Bundesstaat Montana wurde der Einfluss der Rispen-Flockenblume auf das Wachstum heimischer Pflanzenarten im Freiland untersucht. Als Maß für das Wachstum verwendete man den Bedeckungsgrad, der angibt, welcher Anteil der Untersuchungsfläche durch die betrachtete Pflanzenart bewachsen ist (▶ **Tabelle 1**). An vergleichbaren Standorten, an denen die Rispen-Flockenblume nicht wächst, ist der Bedeckungsgrad des Idaho-Schwingels und des Blaubüschel-Weizengrases typischerweise etwa 15 bis 20 Prozent.

Tabelle 1 **Bedeckungsgrad verschiedener Pflanzenarten in einem Untersuchungsgebiet im US-Bundesstaat Montana**

Art	Bedeckungsgrad
Rispen-Flockenblume	41,3 %
Idaho-Schwingel	3,8 %
Blaubüschel-Weizengras	3,9 %

Es wurde vermutet, dass die Rispen-Flockenblumen über die Wurzeln bioaktive Stoffe absondern, die Effekte auf andere Pflanzen haben. Dazu wurden in Gewächshäusern Wachstumsversuche mit der Rispen-Flockenblume und der in Nordamerika heimischen Grasart Idaho-Schwingel (*Festuca idahoensis*) durchgeführt. Einzelne Idaho-Schwingel wurden mit einer Rispen-Flockenblume in einem Topf angezogen. Die Biomasse der Pflanzen wurde in Anwesenheit und Abwesenheit von Aktivkohle in der Erde ermittelt (▶ **Abbildung 4**). Aktivkohle bindet von den Wurzeln abgegebene Stoffe im Boden.

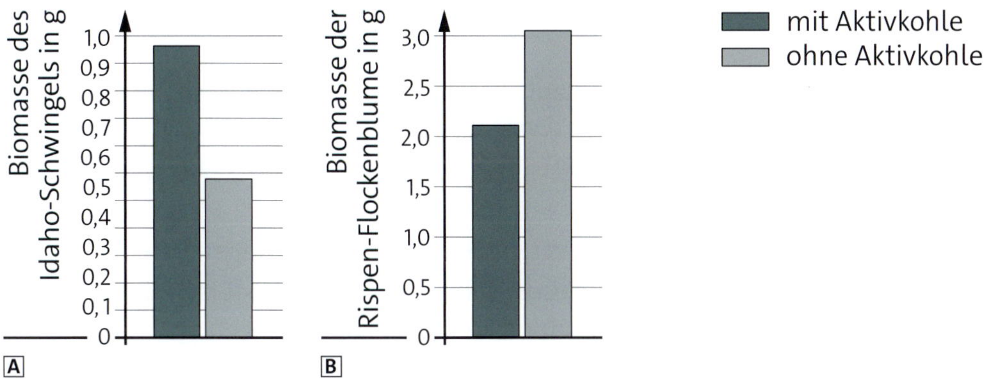

Abbildung 4 Wachstumsversuche mit und ohne Aktivkohle. A Biomasse des Idaho-Schwingels in Anwesenheit der Rispen-Flockenblume; B Biomasse der Rispen-Flockenblume in Anwesenheit des Idaho-Schwingels (Abbildung 4A verändert nach [4], Abbildung 4B verändert nach [5])

4 Ridenour & Callaway, 2001, Abb. 4, S. 447
5 Ridenour & Callaway, 2001, Abb. 5, S. 448

Material D: Bohrfliegen und Hirschmäusee

Zur Bekämpfung der Rispen-Flockenblume in Nordamerika wurden im Jahr 1973 Bohrfliegen der Gattung *Urophora* aus Europa eingeführt. Die eingeführten Arten legen ihre Eier wirtsspezifisch in die Fruchtstände von Rispen-Flockenblumen. Ihre Larven schlüpfen ab August und überwintern in den Fruchtständen, indem sie dort die Bildung von Gewebewucherungen, den Gallen, auslösen. Dadurch sinkt die Zahl der Samen bei befallenen Rispen-Flockenblumen. Die Larven entwickeln sich im Juni zu ausgewachsenen Fliegen und schlüpfen aus den Gallen.

In Gebieten, in denen sich die Flockenblumen ausbreiten, leben auch Hirschmäuse (*Peromyscus maniculatus*). Es wurde beobachtet, dass die Hirschmäuse die Fruchtstände der Rispen-Flockenblume anknabbern und so die Fruchtstände schädigen. Um Erkenntnisse über die Nahrung der Hirschmäuse zu erhalten, wurden ihre Mageninhalte untersucht (▸ **Abbildung 5**).

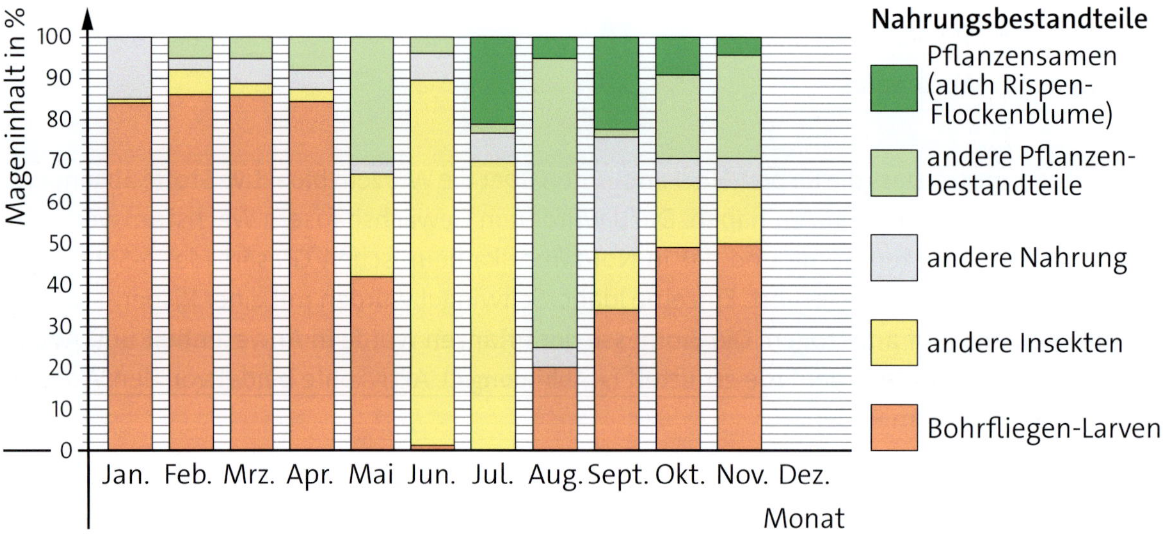

Abbildung 5 Nahrung der Hirschmäuse im Jahresverlauf. Die Samen der Rispen-Flockenblumen fanden sich nur im Zeitraum von September bis November in den Mägen der Hirschmäuse; im Dezember wurden keine Mäuse untersucht. (Abbildung verändert nach [6])

Hirschmäuse können über ihren Speichel, Kot und Urin Hantaviren übertragen, die beim Menschen starke fiebrige Erkrankungen auslösen. Dieses Fieber geht manchmal mit schweren Begleiterscheinungen wie Lungenerkrankungen oder Nierenversagen einher. Die Hirschmäuse selbst zeigen keine Krankheitssymptome.

6 Pearson et al., 2000, Abb. 1b, S. 123

Abiturklausur 4

Leistungskurs

Lösungen

Thema: Das Weißnasen-Syndrom bei Fledermäusen

Aufgabenstellung:

1 Nennen Sie eine Definition des Begriffs der ökologischen Nische und werten Sie Material A im Hinblick auf die ökologische Nische des Nördlichen Mausohrs aus.
Beurteilen Sie, inwieweit das Nördliche Mausohr und die Große Braune Fledermaus im gemeinsamen Verbreitungsgebiet koexistieren können (▶ Material A).

(18 Punkte)

2 Erläutern Sie die Beziehung zwischen Fledermäusen und dem Pilz *Pseudogymnoascus destructans* (▶ Material B). Vergleichen Sie die in Abbildung 1 A und 1 B dargestellten Daten und analysieren Sie die Daten im Hinblick auf die Todesursache pilzbefallener Fledermäuse in Nordamerika. (▶ Materialien A und B).

(20 Punkte)

3 Werten Sie Abbildung 2 im Hinblick auf die Temperaturtoleranz von *P. destructans* aus (▶ Material C). Stellen Sie eine Hypothese zur Erklärung des unterschiedlichen Ausmaßes des Weißnasen-Syndroms beim Nördlichen Mausohr und bei der Großen Braunen Fledermaus auf (▶ Materialien A bis C).

(12 Punkte)

4 Fassen Sie die in Abbildung 3 dargestellten Daten zusammen und erläutern Sie die Beziehung zwischen europäischen Fledermäusen und *P. destructans* aus evolutionsbiologischer Sicht (▶ Materialien A bis D). Nehmen Sie auf dieser Grundlage Stellung zu der Frage, ob das Weißnasen-Syndrom zum Aussterben des Nördlichen Mausohrs führen wird (▶ Materialien A bis D).

(16 Punkte)

Zugelassene Hilfsmittel:

- GTR (Grafikfähiger Taschenrechner) oder CAS (Computer-Algebra-System)
- Wörterbuch zur deutschen Rechtschreibung

Material A: Zwei nordamerikanische Fledermausarten

Fledermäuse verbringen die kalte Jahreszeit in frostfreien Winterquartieren, vor allem in Höhlen. Die Absenkung von Herzschlag, Atemfrequenz und Körpertemperatur verringert ihre Stoffwechselaktivität, sodass die Fledermäuse ohne Nahrungsaufnahme mithilfe ihrer Fettreserven bis zum Frühjahr überdauern können. Nur gelegentlich erwachen die Fledermäuse aus diesem Überwinterungszustand und betreiben Fellpflege. Nach Verlassen des Winterquartiers verbringen Fledermäuse den Tag in einem Sommerquartier. In der Dämmerung und in der Nacht jagen sie fliegende Insekten durch Echoortung mit Ultraschall.

Das Nördliche Mausohr (*Myotis septentrionalis*) und die Große Braune Fledermaus (*Eptesicus fuscus*) kommen in Gebieten der USA und Kanadas vor, in denen die Winter häufig lang und kalt sind. In Tabelle 1 werden die beiden Arten miteinander verglichen.

Tabelle 1 **Merkmale des Nördlichen Mausohrs und der Großen Braunen Fledermaus**

Art	Nördliches Mausohr	Große Braune Fledermaus
Masse	5–8 g	11–23 g
Ultraschallfrequenz	59 kHz	28 kHz
Beuteinsekten	vor allem Schmetterlinge, außerdem Käfer, Fliegen und Hautflügler	vor allem Käfer, außerdem Fliegen, Hautflügler und Schmetterlinge
Jagdgebiet	vor allem in dichtem Bewuchs, über Gewässern, am Waldrand	offenes Land, über Gewässern, in dichtem Bewuchs, am Waldrand
Sommerquartier	meistens auf lebenden Laubbäumen	meistens auf toten Nadelbäumen
Winterquartier	Höhlenbereiche mit einer Durchschnittstemperatur von 7 °C	Höhlenbereiche mit einer Durchschnittstemperatur von 2 °C

Material B: Das Weißnasen-Syndrom

Das Weißnasen-Syndrom (WNS) bei Fledermäusen bezeichnet eine Erkrankung von Fledermäusen in ihren Überwinterungsquartieren, die zu Gewichtsverlust und oft zum Tod führt. Namensgebendes Kennzeichen des Syndroms sind kleine weiße Polster an Nase, Ohren und Flughäuten überwinternder Fledermäuse. Seit der ersten Beobachtung 2006 in einer Höhle im Bundesstaat New York hat sich WNS rasch in Nordamerika verbreitet und wird mit einem drastischen Rückgang der Populationsgrößen verschiedener Fledermausarten in Verbindung gebracht.

Verursacht wird WNS durch den schimmelartigen Pilz *Pseudogymnoascus destructans*, der erst nach dem Jahr 2000 aus Europa nach Nordamerika gelangt ist. *P. destructans* überdauert den Sommer an den Wänden von Höhlen. Im Herbst infiziert der Pilz Fledermäuse, bei denen er Nährstoffe aus haarlosen Hautbereichen enzymatisch herauslöst. Dabei verursacht der Pilz eine Reaktion des Immunsystems und kleinere, abgegrenzte Hautverletzungen, die äußerlich sichtbar sind und als Läsionen bezeichnet werden.

Die Fledermausarten Nordamerikas, die in Höhlen mit *P. destructans* überwintern, sind unterschiedlich stark von WNS betroffen. Das zuvor nicht seltene Nördliche Mausohr wurde durch WNS an den Rand des Aussterbens gebracht, während die Bestände der Großen Braunen Fledermaus stabil blieben. Der oft tödliche Verlauf von WNS wurde an der Kleinen Braunen Fledermaus (*Myotis lucifugus*) erforscht. Dazu wurden Individuen dieser stark von WNS betroffenen Fledermausart im Freiland während der Überwinterung mit Temperaturmessfühlern versehen und die Hauttemperatur protokolliert (▶ **Abbildung 1**).

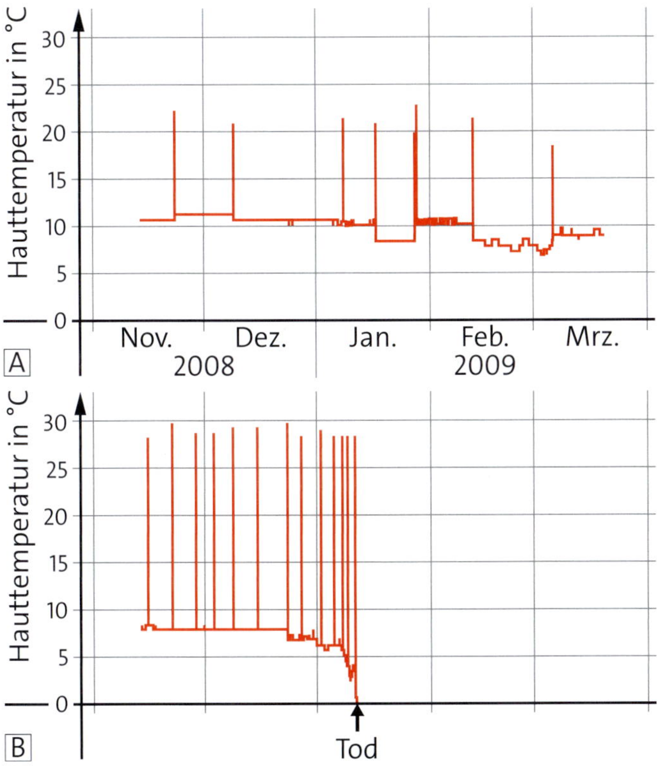

Abbildung 1 Hauttemperaturmessungen bei zwei Individuen der Kleinen Braunen Fledermaus im Winter 2008/2009. A Messergebnisse einer Fledermaus ohne WNS; B Messergebnisse einer Fledermaus mit WNS (Abbildung verändert nach [1])

1 Reeder et al., 2012, Abb. 2B und C, S. 6

Material C: Wachstum von *Pseudogymnoascus destructans*

Um den Einfluss der Temperatur auf das Wachstum von *P. destructans* zu untersuchen, wurden Kulturen des Pilzes auf einem Nährmedium angelegt und bei verschiedenen Temperaturen gehalten. Nach fünf Wochen wurde die vom Pilz bewachsene Fläche gemessen. Abbildung 2 zeigt das Ergebnis der Untersuchung.

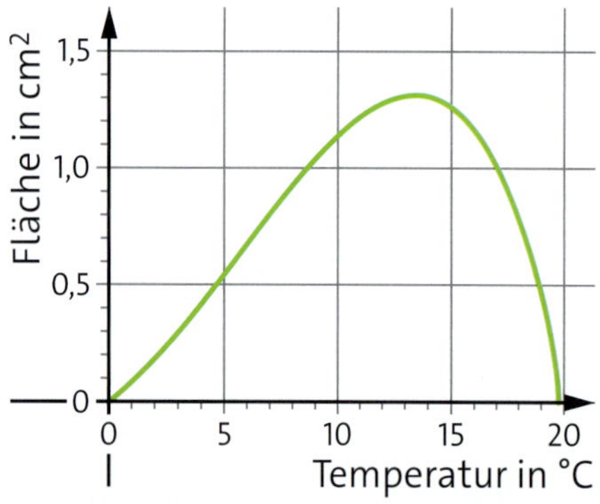

Abbildung 2 Temperaturabhängigkeit des Wachstums von *P. destructans* (Abbildung verändert nach [3])

Material D: *Pseudogymnoascus destructans* in Europa

Schon seit Jahrtausenden lebt *P. destructans* in Höhlen in Europa und infiziert hier überwinternde Fledermäuse, ohne Massensterben wie in Nordamerika auszulösen. Genetisch sind sich die Pilzpopulationen in Europa und Nordamerika sehr ähnlich.

Das Große Mausohr (*Myotis myotis*) ist eine mittel- und südeuropäische Fledermausart, die in Höhlen überwintert, in denen auch *P. destructans* vorkommt. Zur Aufklärung eines möglichen Zusammenhangs zwischen dem Ausmaß der Infektion mit *P. destructans* und der Häufigkeit des Erwachens wurden überwinternde Große Mausohren in mitteleuropäischen Höhlen untersucht. Die Häufigkeit des Erwachens während der Überwinterungsperiode wurde mit Temperaturmessfühlern registriert. Alle untersuchten Individuen überstanden die Überwinterung lebend. Die Anzahl der Läsionen gibt Aufschluss über das Ausmaß der Infektion (▶ **Abbildung 3**).

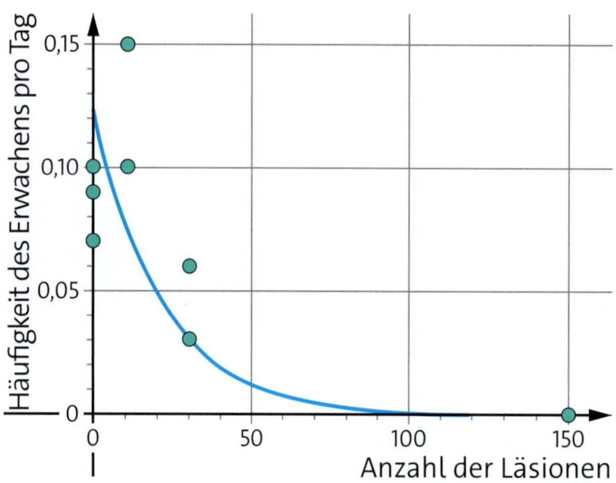

Abbildung 3 Anzahl der Läsionen durch *P. destructans* und Häufigkeit des Erwachens während der Überwinterungsperiode beim Großen Mausohr (Abbildung verändert nach [3])

2 Verant et al., 2012, Abb. 1 (links, Week 5), S. 2
3 Fritze et al., 2021, Abb. 2B, S. 5

Abiturklausur 5

Leistungskurs

Lösungen

Thema: Die Südliche Seide und die Zeit zum Blühen

Aufgabenstellung:

1 Stellen Sie die Angepasstheiten der Südlichen Seide an die parasitäre Lebensweise dar (▶ Material A). Geben Sie eine Definition des Begriffes reproduktive Fitness an. Fassen Sie die in Abbildung 1 gezeigten Daten zusammen und erläutern Sie die Bedeutung des Zeitpunkts der Blütenbildung für die reproduktive Fitness der Südlichen Seide (▶ Material A).

(20 Punkte)

2 Stellen Sie die wesentlichen Schritte der mRNA-Prozessierung bei Eukaryoten dar. Beschreiben Sie mithilfe von Abbildung 2 das Verfahren der Reversen Transkriptase-PCR und erläutern Sie die Funktionen der eingesetzten Primer (▶ Material B).

(15 Punkte)

3 Werten Sie die in Abbildung 3 gezeigten Ergebnisse in Bezug auf die Expression des arteigenen *FT*-Gens der Südlichen Seide aus (▶ Material C). Erläutern Sie die einzelnen experimentellen Schritte (▶ Material D). Werten Sie die Ergebnisse des Experiments in Bezug auf die Fragestellung aus (▶ Abbildung 4, Materialien A bis D).

(18 Punkte)

4 Erläutern Sie die Bedeutung der artfremden *FT*-Genprodukte für die Südliche Seide (▶ Materialien A, C und D). Entwickeln Sie eine evolutionsbiologisch begründete Hypothese zur Entstehung der Angepasstheit des Blühbeginns der Südlichen Seide an die jeweiligen Wirtspflanzen (▶ Materialien A, C, und D).

(13 Punkte)

Zugelassene Hilfsmittel:
- GTR (Grafikfähiger Taschenrechner) oder CAS (Computer-Algebra-System)
- Wörterbuch zur deutschen Rechtschreibung

Material A: Blühen zur rechten Zeit

Die Südliche Seide (*Cuscuta australis*) ernährt sich als Vollparasit von anderen Pflanzen, indem sie über spezielle Saugorgane bis zu den Leitungsbahnen der Wirte vordringt und die dort transportierten Nährstoffe nutzt. Die Pflanze bildet kleine weißliche Blüten, die bis zu 100 000 Samen pro Pflanze produzieren können. Die Samen können bis zu 20 Jahre überdauern.

Der junge Keimling der Südlichen Seide weist noch Wurzeln und auch etwas Chlorophyll in den Blättern auf. Die Wurzeln und auch das Chlorophyll werden aber innerhalb der ersten zehn Tage abgebaut. Durch Drehbewegung des Sprosses wird in dieser Zeit eine mögliche Wirtspflanze im Umfeld gesucht. Im Unterschied zu vielen anderen Parasiten ist die Südliche Seide nicht wirtsspezifisch, sondern findet sich zum Beispiel auf Kulturpflanzen wie Tomaten, Sojabohnen, Gurken und auch vielen anderen Wildpflanzen. Die meisten dieser Arten sind genau wie die Südliche Seide einjährig. Nach der Keimung im Frühjahr und einer Wachstumsphase beginnen die Wirtspflanzen bei guter Nährstoffversorgung zu blühen (▶ **Abbildung 1**) und sterben nach der Samenbildung im Herbst ab.

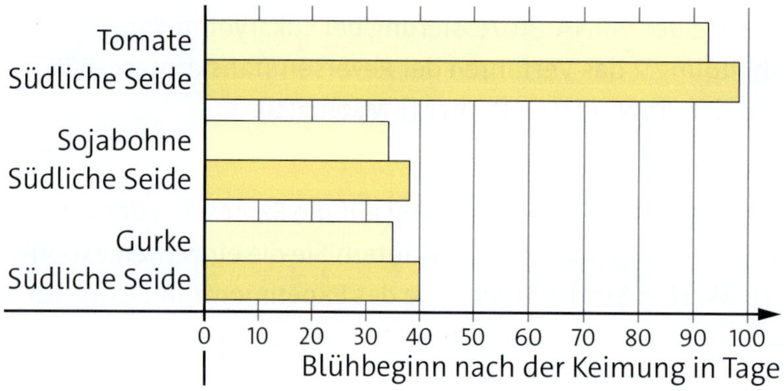

Abbildung 1 **Durchschnittlicher Blühbeginn verschiedener Wirtspflanzen und der sie parasitierenden Südlichen Seide** (Abbildung verändert nach [1])

1 Shen et al., 2020, Abb. 2A (links und rechts) und B (rechts), S. 23127

Material B: Nachweis von mRNA mittels RT-PCR

Um die Expression eines Gens in einer Zelle zu untersuchen, verwendet man die Reverse Transkriptase-Polymerase-Kettenreaktion (RT-PCR). Die Reverse Transkriptase ist ein Enzym, das mRNA in die komplementäre DNA (cDNA) umschreibt (▶ **Abbildung 2**)

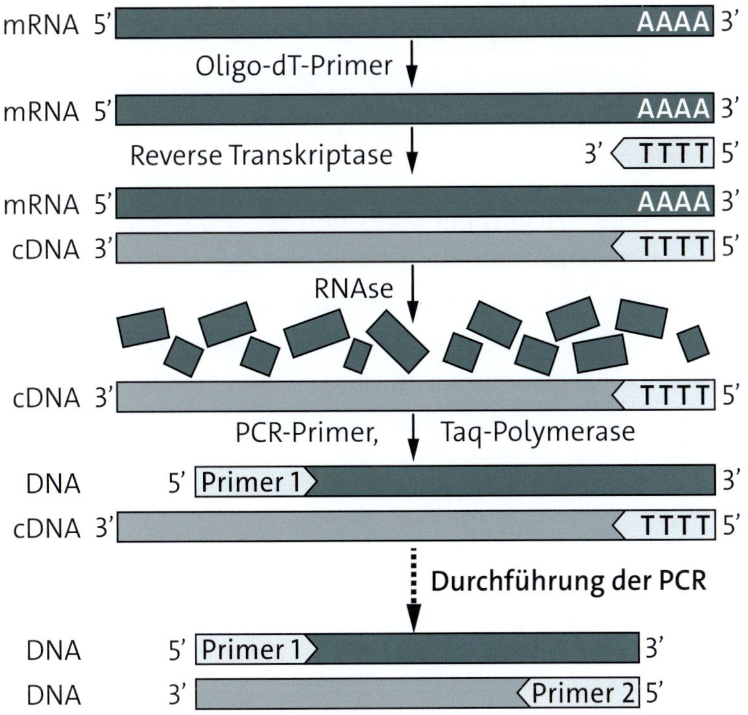

Abbildung 2 Ablauf einer RT-PCR. Waagerechte Pfeile kennzeichnen Primer; Oligo-dT-Primer: DNA-Primer, der nur aus Thymin-Nukleotiden besteht; RNAse: RNA-abbauendes Enzym

Material C: Expression des *FT*-Gens der Südlichen Seide

Der Blühbeginn wird bei den Blütenpflanzen maßgeblich durch das FT-Protein (Flowering Locus T) gesteuert. Sobald die tägliche Belichtungsdauer für die jeweilige Art ausreichend ist, wird das *FT*-Gen in den Blattzellen exprimiert und das FT-Protein gebildet. Aus den Blättern wird das FT-Protein durch die Leitbündel innerhalb der Pflanze bis zu den Blütenknospen transportiert und steuert dort als ein beteiligter Transkriptionsfaktor die Blütenbildung. Die aus der genomischen DNA abgeleiteten Aminosäuresequenzen der FT-Proteine verschiedener Blütenpflanzen zeigen über die Artgrenzen hinweg eine hohe Übereinstimmung der Sequenz gerade in funktionell bedeutenden Abschnitten.

Mithilfe der RT-PCR wurde die Expression des *FT*-Gens der Südlichen Seide untersucht. Dazu wurden Sojabohnen mit der Südlichen Seide parasitiert. Bis zum Blühbeginn der Sojabohnen und der Südlichen Seide am 35. Tag wurden alle fünf Tage Zellen des Sprosses der Südlichen Seide auf mRNAs des *FT*-Gens mittels RT-PCR untersucht. Zur Kontrolle wurden zeitgleich die Zellen des Sprosses auf die Expression des *EF*-Gens untersucht. Das *EF*-Gen wird kontinuierlich in den Sprosszellen der Südlichen Seide exprimiert, sodass stets EF-mRNA vorhanden ist. Abbildung 3 zeigt das gelelektrophoretische Bild nach erfolgter RT-PCR.

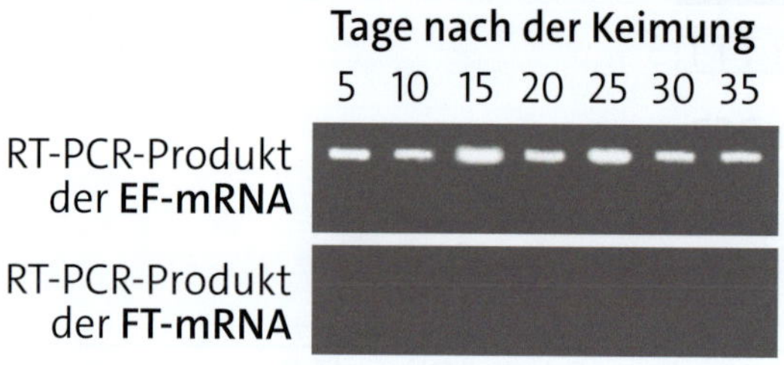

Abbildung 3 Gelelektrophoretischer Nachweis der Produkte der RT-PCR
(Abbildung verändert nach [2])

2 Shen et al., 2020, Abb. 1B, S. 23126

Material D: Protein oder mRNA?

Zur Klärung der Fragestellung, ob artfremde FT-Proteine oder artfremde FT-mRNA für den Blühbeginn der Südlichen Seide verantwortlich sind, wurde ein Experiment durchgeführt. Abbildung 4 zeigt den experimentellen Ablauf sowie die beobachteten Ergebnisse.

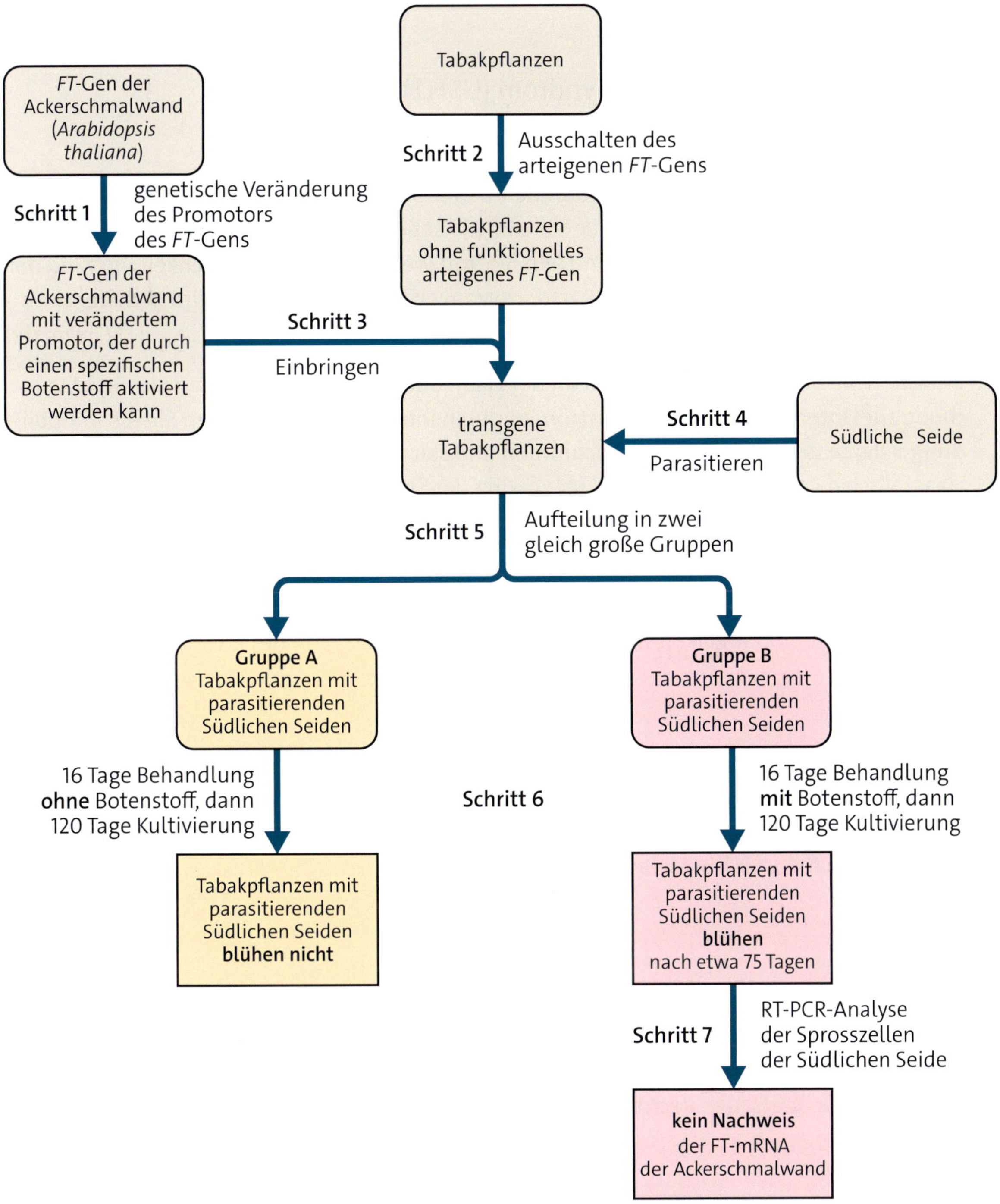

Abbildung 4 **Übersicht zum experimentellen Vorgehen und den Ergebnissen des Experiments** (Abbildung verändert nach [3]).

3 Shen et al., 2020, Abb. 1B, S. 23126

Lösungen

Abiturklausur 6

Leistungskurs

Thema: Das angeborene Usher-Syndrom (USH1)

Aufgabenstellung:

1 Ermitteln Sie den Erbgang des angeborenen Usher-Syndroms (USH1), indem Sie andere Erbgänge begründet ausschließen (▸ Material A). Geben Sie für die Personen 8, 9, 12 und 17 die Genotypen an (▸ Material A). Ermitteln Sie, mit welcher Wahrscheinlichkeit ein Kind der Person 12 mit einer heterozygoten Partnerin vom USH1 betroffen sein wird (▸ Material A).
(12 Punkte)

2 Erläutern Sie die Signaltransduktion an der Haarzelle (▸ Material B). Stellen Sie eine Methode zur Untersuchung von Ionenströmen durch Ionenkanäle dar. Fassen Sie die in Abbildung 3 dargestellten Ergebnisse zusammen und skizzieren Sie je ein Rezeptorpotential der Haarzelle bei geringer und starker Auslenkung der Stereozilien (▸ Materialien B und C).
(21 Punkte)

3 Erklären Sie die Erregungsweiterleitung an die nachgeschaltete Nervenzelle (▸ Material B). Stellen Sie den zeitlichen Verlauf eines Aktionspotentials in einem Fließschema dar. Begründen Sie die Abhängigkeit der Aktionspotentialfrequenz von der Reizstärke (▸ Materialien B und C).
(18 Punkte)

4 Ermitteln Sie für die in Tabelle 1 gezeigten Sequenzausschnitte die Aminosäuresequenz sowie den Mutationstyp und erläutern Sie die Auswirkungen auf das Protein (▸ Materialien D und E). Entwickeln Sie eine Hypothese zur Erklärung der Ursache der Gehörlosigkeit bei Patienten mit USH1 (▸ Materialien B und C).
(15 Punkte)

Zugelassene Hilfsmittel:

- GTR (Grafikfähiger Taschenrechner) oder CAS (Computer-Algebra-System)
- Wörterbuch zur deutschen Rechtschreibung

Material A: Symptome und Vererbung des angeborenen Usher-Syndroms Typ 1 (USH1)

Das Usher-Syndrom ist gekennzeichnet durch früh einsetzende Schwerhörigkeit oder Gehörlosigkeit. Je nach Zeitpunkt des Gehörverlustes unterscheidet man unterschiedliche Formen des Usher-Syndroms. Patienten mit einem angeborenen Usher-Syndrom Typ 1 (USH1) leiden unter dem schwersten Verlauf der Krankheit und sind von Geburt an taub. Abbildung 1 zeigt den Stammbaum einer vom USH1 betroffenen Familie.

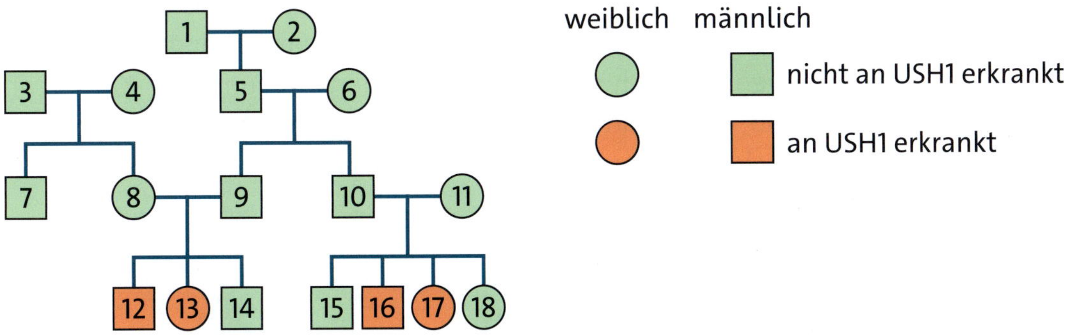

Abbildung 1 **Stammbaum einer Familie mit angeborenem Usher-Syndrom Typ 1 (USH1)**
(Abbildung verändert nach [1])

1 Weil, 2003, Abb. 1, S. 465

Material B: Aufbau und Funktion der Haarzellen im Innenohr

Der Hörprozess beginnt damit, dass die Schallwellen eines akustischen Reizes aus der Luft aufgefangen werden. Im weiteren Verlauf wird über verschiedene Zwischenschritte die Lymphflüssigkeit im Innenohr zum Schwingen gebracht. Im Innenohr befinden sich Hörsinneszellen, die aufgrund ihrer haarähnlichen Stereozilien als Haarzellen bezeichnet werden (► **Abbildung 2**). Es handelt sich um Mechanorezeptorzellen, deren Stereozilien durch die Bewegungen der Flüssigkeit ausgelenkt werden können. Die Endolymphe in der Hörschnecke hat eine höhere Kaliumionen-Konzentration als das Innere der Haarzelle. Die Stereozilien sind der Größe nach aufsteigend angeordnet und durch elastische Proteinfäden – die Tip-Links – miteinander verbunden. An der Spitze der Stereozilien befinden sich mechanisch gesteuerte Kaliumionen-Kanäle, an denen die Tip-Links verankert sind. Die Signaltransduktion an Haarzellen ist in Abbildung 2 vereinfacht dargestellt. Der Hörnerv leitet die ausgebildeten Aktionspotentiale ans Gehirn.

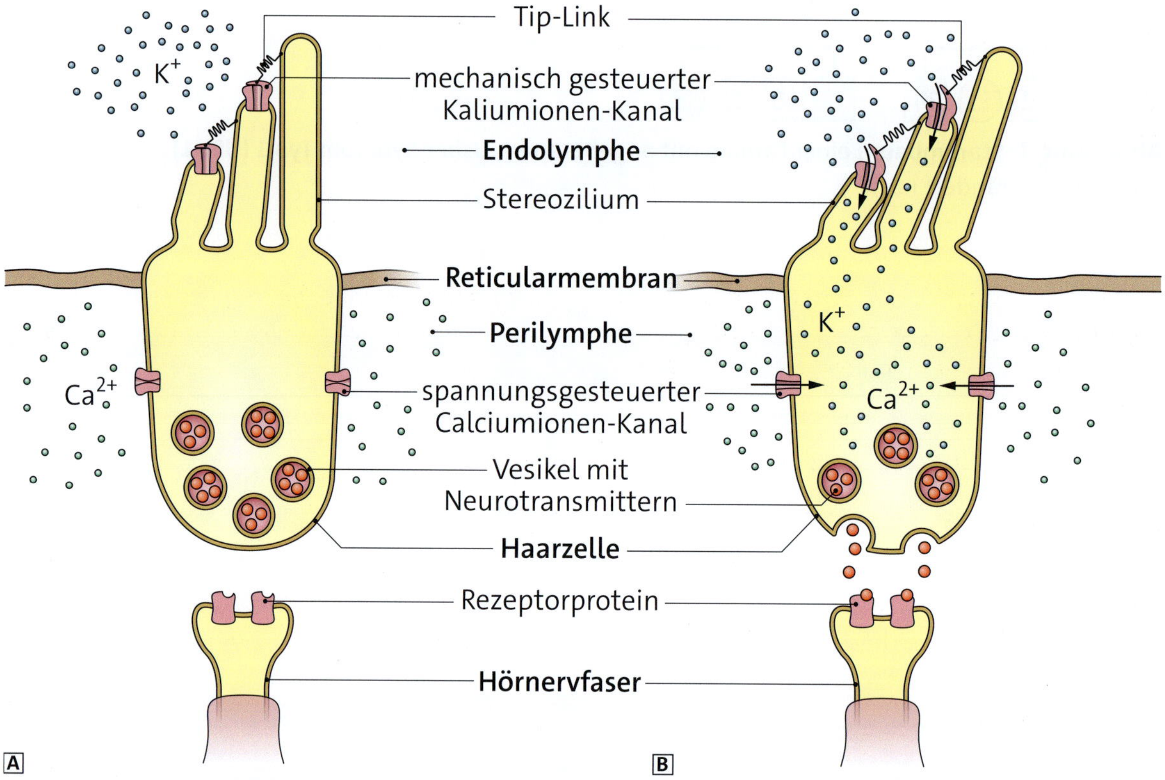

Abbildung 2 Schematische Darstellung der Signaltransduktion an Haarzellen im Innenohr.
A Haarzelle im Ruhezustand und **B** bei Auslenkung der Stereozilien (Abbildung verändert nach [2])

2 Purves, 2012, Abb. 13.8, S. 327

Material C: Neurophysiologische Experimente

In verschiedenen Experimenten wurde der Ionenfluss durch die mechanisch gesteuerten Kaliumionen-Kanäle der Stereozilien bei unterschiedlich starker, künstlicher Auslenkung gemessen (► **Abbildung 3**).

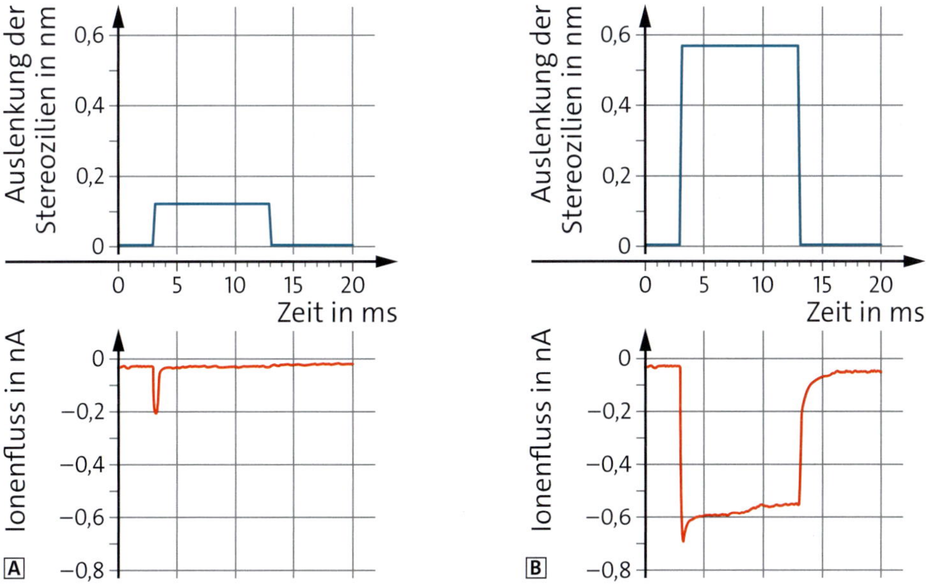

Abbildung 3 Ionenfluss durch mechanisch gesteuerte Kaliumionen-Kanäle bei manueller Reizung. **A** geringe Auslenkung; **B** starke Auslenkung. Die Angabe negativer Werte für den Ionenfluss ist messtechnisch bedingt (Abbildung verändert nach [3])

Material D: Genetische Ursachen des USH1

Bei der genetischen Analyse verschiedener, an USH1 erkrankter Personen konnte das in Tabelle 1 gezeigte mutierte Allel des *Sans*-Gens ermittelt werden. Das *Sans*-Gen codiert das aus 461 Aminosäuren bestehende Sans-Protein. Dieses Protein ist unter anderem an der Verankerung der Tip-Links an den mechanisch gesteuerten Kaliumionen-Kanälen der Stereozilien beteiligt.

Tabelle 1 Ausschnitt aus dem codogenen DNA-Strang des *Sans*-Gens

	Triplett-Nummer								
	3' ...	130	131	132	133	134	135	136	5' ...
Normal-Allel		TTC	GAC	CAC	CCA	TTC	GAC	TTC	
Mutiertes Allel		TTC	GAC	CCA	CCC	ATT	CGA	CTT	

3 Fettiplace & Kim, 2014, Abb. 4A, S. 957

Material E: Codesonne und Tabelle zum genetischen Code

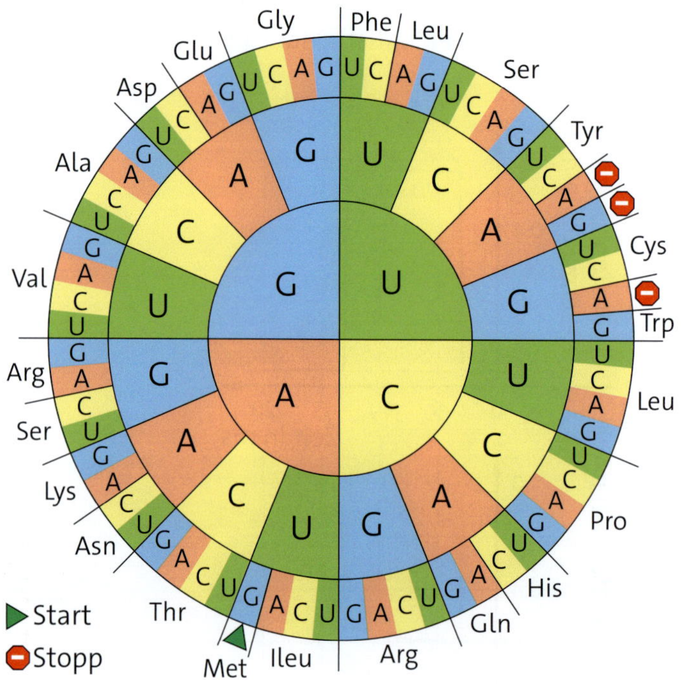

Aminosäuren
Gly = Glycin
Val = Valin
Ileu = Isoleucin
Phe = Phenylalanin
Cys = Cystein
Ser = Serin
Asn = Asparagin
Tyr = Tyrosin
Asp = Asparaginsäure
Glu = Glutaminsäure
Lys = Lysin
His = Histidin
Ala = Alanin
Leu = Leucin
Pro = Prolin
Met = Methionin
Thr = Threonin
Gln = Glutamin
Trp = Tryptophan
Arg = Arginin

Erste Base	Zweite Base				Dritte Base
5'	U	C	A	G	3'
U	Phe	Ser	Tyr	Cys	U
	Phe	Ser	Tyr	Cys	C
	Leu	Ser	■	■	A
	Leu	Ser	■	Trp	G
C	Leu	Pro	His	Arg	U
	Leu	Pro	His	Arg	C
	Leu	Pro	Gln	Arg	A
	Leu	Pro	Gln	Arg	G
A	Ile	Thr	Asn	Ser	U
	Ile	Thr	Asn	Ser	C
	Ile	Thr	Lys	Arg	A
	►Met	Thr	Lys	Arg	G
G	Val	Ala	Asp	Gly	U
	Val	Ala	Asp	Gly	C
	Val	Ala	Glu	Gly	A
	Val	Ala	Glu	Gly	G

Quellenverzeichnis

Bildnachweis

Cover: Cornelsen/Synapse: Science Photo Library/Alfred Pasieka, Neuron: Cornelsen/Hannes von Goessel | Cornelsen/ Andrea Thiele: 127/3, 131/m.r., Cornelsen/Andrea Thiele, Tom Menzel bearbeitet durch newVision!GmbH, Bernhard A. Peter: 70/1; Cornelsen/Angelika Kramer: 45/u.; Cornelsen/Angelika Kramer, bearbeitet durch newVision!GmbH, Bernhard A. Peter: 88/2; Cornelsen/Claudia Hild: 37/8; Cornelsen/Hannes von Goessel: 22/6l., 25, 35/4, 37/7, 46/o.+m., 47/l., 96/1+3, 97/5; Cornelsen/Hannes von Goessel, bearbeitet durch Matthias Emde: 38/9; Cornelsen/Hannes von Goessel, bearbeitet durch newVISION GmbH, Bernhard A. Peter: 64/1; Cornelsen/Jörg Mair: 117/u.l.; Cornelsen/Karin Mall: 20, 21, 34, 35/3, 36/5, 52/2, 59/7, 62/3, 63/6, 66, 71/4, 72/3, 82/5, 83/7, 86, 88/1, 93/r., 102/1, 109/4, 113/3, 117/o.r., 125/9, 126; Cornelsen/Karin Mall, bearbeitet durch Andrea Thiele: 85; Cornelsen/Karin Mall, bearbeitet durch newVISION GmbH, Bernhard A. Peter: 44/o.+m., 46/u., 76, 92/u.l., 93/m.l., 52/1, 65/4, 114; Cornelsen/Markus Ruchter: 112/1; Cornelsen/Matthias Emde: 22/4+6r., 36/6, 39, 40/5, 41, 50, 51, 53/3, 54-57, 101/6, 102/7, 103/2, 106/1, 108, 125/7, 135; Cornelsen/newVISION GmbH, Bernhard A. Peter: 19, 40/4, 44/u., 47/r., 62/1, 74, 95/m.r., 104, 105, 106/2, 125/8, 127/4; Cornelsen/Oliver Hauptstock: 123/2; Cornelsen/Rainer Götze: 64/2, 113/4, 130/m.l.+o.r.; Cornelsen/Tom Menzel: 26, 32, 33/o., 38/1, 40/3, 63/5, 65/3, 73/2, 81, 82/6, 84, 89, 94/o.l.-m., 95/o., 109/3, 115/3, 120/2+3, 121/5, 123/1, 124/4, 130/u.r., 132, 134, 150, 157, 171, 190; Cornelsen/Tom Menzel, Angelika Kramer, bearbeitet durch Matthias Emde: 123/3; Cornelsen/Tom Menzel, bearbeitet durch Angelika Kramer: 24/r.; Cornelsen/Tom Menzel, bearbeitet durch Hannes von Goessel: 124/5, 131/u.l.; Cornelsen/Tom Menzel, bearbeitet durch Matthias Emde: 24/l., 53/4, 80/2, 100/1, 101/3-5, 103/3, 109/2, 120/1, 121/4, 122, 133; Cornelsen/Tom Menzel, bearbeitet durch newVISION GmbH, Bernhard A. Peter: 33/u., 92/m.l.+m.r.+u.r., 93/u.l., 124/6, 130/u.l, 131/m.l.; Cornelsen/Werner Wildermuth: 14-15, 16/1, 18, 58, 59/6, 63/4, 67, 70/2, 71/3, 72/1, 73/3, 77, 80/1, 83/8, 87, 96/2, 97/4, 112/2, 113/5, 115/4, 116/o.l., 117/m.l., 140-149, 153-156, 159-170, 174-189 | Depositphotos/Matthijs Kuijpers: 107/B | interfoto e.k./FLPA/Matt Cole: 107/A | Juniors/F.Banfi/Photoshot: 94/o.r. | mauritius images/alamy stock photo/Life on white: 78-79 | mauritius images/Minden Pictures: 100/2B | PEFC Deutschland e.V.: 2/u. | Science Photo Library/SCIENCE PICTURE CO: 48-49 | sciencephotolibrary/CLAUDE NURIDSANY & MARIE PERENNOU: 100/2A | Shutterstock.com/ArthurStock: 11 | Shutterstock.com/Billion Photos: 17 | Shutterstock.com/fizkes: 12 | Shutterstock.com/Ger Bosma Photos: 107/o. | Shutterstock.com/Gunnar Pippel: 1/136-137 |Shutterstock.com/Hamza CHEGGOUR: 68-69 | Shutterstock.com/Pheelings media: 13 | Shutterstock.com/Prostock-studio: 27 | Shutterstock.com/VH-studio: 16/2 | stock.adobe.com/matis75: 98-99 | stock.adobe.com/Eric Isselée: 118-119, 29 | stock.adobe.com/Oksana: 30-31; Ulrike Austenfeld: 45/m..

Textnachweis

Qualitäts-und UnterstützungsAgentur – Landesinstitut für Schule (QUA-LiS NRW): Abitur-Prüfungsaufgaben: 138-190